徴用工裁判と
日韓請求権協定

韓国大法院判決を読み解く

山本晴太・川上詩朗・殷勇基・
張界満・金昌浩・青木有加 著

現代人文社

はじめに

　徴用工や女子勤労挺身隊などの強制動員問題を巡り日韓両国政府の対立が続いていますが、そもそもこの問題は、日韓両国政府が対立しなければならい問題なのでしょうか。

　1944年当時、13歳から14歳であった少女らは、「日本に行けば学校に行ける」「工場で働きながらお金も稼げる」などの誘いを信じて、挺身隊員に志願させられ、日本に連れて来られました。少女は宿舎から自由に外出することもできず、食事は貧しく、しかも給料も支払われずに過酷な労働を強いられました。
　戦後、韓国に帰った少女らは、日本で被った苦痛を忘れることはできず、1999年に日本で三菱重工を相手に損害賠償（慰謝料）を求める訴訟を提起しました。日本の裁判所は、強制連行・強制労働の事実を認め、当時の企業に対して損害賠償責任が生じることを認めました。しかし、日韓請求権協定2条により請求権についていかなる主張もできなくなったとして、少女らの訴えを退けました。
　彼女らは諦めることはできず、今度は韓国で裁判を始めました。そしてついに、2018年11月29日、韓国大法院は、彼女らの訴えを認め、三菱重工に対して、1億ウォンから1億2千万ウォンの賠償金の支払を命じる判決を出しました。彼女らが裁判を始めてから、19年目にしてやっとその訴えが認められたのです。

　騙されて日本に連れて来られ、給料も支払われずに過酷な労働を強いられた被害者が、無償労働を強いた日本企業を相手に慰謝料の支払いを求め、それが裁判で認められたということはそれほどおかしなことでしょうか。
　日韓請求権協定で韓国は被害者個人の賠償請求権も含めて「完全かつ最終的に解決」することを約束したのだから、その後の問題は韓国政府が対応すべきであり、日本政府や日本企業は関係がないという人もいます。しかし、日韓両国政府は、日韓請求権協定を締結するときに、彼女らの日本企業に対する慰謝料請求権も含めて解決すると、疑いもないほど明確に合意をしたと

いえるのでしょうか。日韓請求権協定には、国家としての基盤を築こうとしていた韓国への経済協力資金として有償3億ドル・無償2億ドルの「役務」を提供すると明記されていますが、そこには彼女らの慰謝料請求権に充てることは書かれていません。

　何よりも一番重要な問題は、過酷な被害を受けた彼女らが13歳の少女の時代から今日に至るまで救済されずに放置されてきたということであり、第一次的責任を負うのは、日本政府と、直接被害を与えた日本企業であるということではないでしょうか。

　日韓両国政府及び日本企業などに今求められているのは、その事実に誠実に向き合い、彼女ら、さらには彼女らと同じような被害を受けたが未だに救済されていない多くの強制動員被害者を救済するために協力し合うことではないでしょうか。

　このような問題の本質について、冷静に考えるために必要とされる情報が、残念ながらほとんど提供されていません。

　そこで、私たちは、徴用工をはじめとする強制動員問題や韓国大法院判決を正確に理解し、被害者を救済するための課題について冷静に考えるために必要な情報を提供するために、この本を作成しました。国家間の争いに目を奪われることなく、被害者個人にしっかりと視点を据えて、この問題の解決の在り方について考える上で、参考になることを願っています。

2019年7月
著者を代表して
川上詩朗

2018年韓国大法院判決をどう捉えるか——本書の概要

日本による朝鮮の植民地支配、強制連行

　1910年の日韓併合条約により日本は朝鮮を植民地にしました。そして1937年の日中戦争の開始後、戦争による労働力不足を補うために日本政府は計画的に朝鮮人を強制連行しました（→Q２）。

日韓請求権協定の締結

　戦後、日韓両国は長期の交渉の末、1965年に日韓基本条約【資料８】及びその付属協定のひとつとして日韓請求権協定【資料６】を締結しました。この協定と合意議事録【資料７】には「完全かつ最終的に解決」「いかなる主張もなしえないこととなる」との文言があります（→Q７、Q８）。

日本政府による解釈の変遷

　しかし日本政府は、この文言は国家の権利である外交保護権（国民が他国の違法行為によって損害を受けた場合に、国家が他国の国家責任を追及する権利）の放棄を意味するだけであって、個人の請求権を消滅させるものではないと解釈していました【資料18、19】。この解釈にしたがい2000年頃までは、日本政府が法廷で「日韓請求権協定で解決済み」と主張することはありませんでしたが、日本政府に不利な下級審の判断が相次ぐようになると突然解釈を変更し、日韓請求権協定などの条約により解決済みと主張するようになりました。そして強制連行された中国人労働者が原告の2007年の西松建設強制労働事件最高裁判決【資料３】は基本的にこのような主張を受け容れ、権利の存否に関わらず訴訟で請求することができなくなるというのがサンフランシスコ平和条約【資料13】の枠組みであり、その枠組みの中にある日中共同声明【資料20】によって中国人被害者は裁判で損害賠償を請求することができなくなったと判断しました。しかし、これは世界人権宣言【資料14】と自由

権規約【資料15】で保障された裁判を受ける権利と真っ向から衝突するものです。ただし、最高裁はこの判決で被害者個人の請求権が消滅していないことを認め、当事者間での解決を勧めました。西松建設と中国人被害者らはこれを受けて和解を成立させました。

　被害者は裁判で損害賠償を請求できないとするこの最高裁判決の理論は、日韓請求権協定にもあてはめられるようになりました。その後の韓国人被害者の訴訟では、日韓請求権協定により被害者が裁判で請求することができなくなったとして原告が敗訴するようになりました（→Q3）。

当初は被害者の訴えを認めなかった韓国裁判所

　一方韓国では、被害者らが提起した文書公開訴訟の結果、請求権協定締結に至る日韓会談関連文書が公開されると政府は民官共同委員会を開催して協議し、2005年8月26日に民官共同委員会見解【資料10】を公表して韓国政府の解釈を明らかにしました。また、韓国の裁判所への被害者の提訴も始まりました。しかし、韓国の地方法院や高等法院は消滅時効（権利が一定期間行使されない場合、その権利は消滅するという制度）や日本判決の既判力（確定判決の拘束力）等を理由に、被害者の訴えを認めませんでした（→Q4）。

　そのような中、2010年、韓国併合100年を期して日本弁護士連合会と大韓弁護士協会は共同宣言【資料5】を発表し、日本政府に強制動員被害の真相究明と謝罪と賠償を目的とした措置をとることを求め、強制動員にかかわった企業に自発的な補償のための努力を訴えました。

韓国裁判所の流れを変えた2012年大法院判決と
それを踏襲した2018年大法院判決

　韓国裁判所の判決の流れを変えたのは2012年の日本製鐵徴用工事件大法院上告審判決【資料2】です。この判決は、高等法院の判断は日本の植民支配は不法な強制的占領であったという大韓民国憲法【資料16】の根本理念に反し、植民支配と直結した不法行為に対する損害賠償請求権は日韓請求権協定

の対象外であるとして事件を高等法院に差し戻しました。差し戻しを受けた高等法院は新日鉄住金に賠償を命じ、同社の再度の上告に対する判断が2018年の日本製鐵徴用工事件大法院再上告審判決【資料１】なのです（→Q１）。

　この2018年大法院判決は2012年大法院判決を踏襲したもので、特に新しい判断ではありません。また、この事案は日本の裁判所の判決でも強制労働と認めたものだったのですが、日本政府や多くのメディアからは原告らに対する慰労や謝罪の言葉は一言もなく、「韓国が問題を蒸し返した」などと激しく非難したのです（→Q12）。

　これに対して日本の弁護士有志は、問題の本質は植民地被害者の人権回復であるとする声明を発表しました【資料４】。

日本国憲法と大韓民国憲法の共通理念＝人権の回復のための協力を

　ここで注意すべきは、日本政府・裁判所も、韓国政府・裁判所も、被害者の個人請求権は認めているということです。確かにその根拠づけについては、上述したように韓国大法院判決が、日本の植民支配が不法であったことを挙げるなど、日韓で一様ではありません。しかしここで重視されるべきは、被害者の人権回復のために何ができるか、ということなのではないでしょうか。

　大法院判決は大韓民国憲法の根本理念を理由としています。そして、大韓民国憲法と日本国憲法【資料17】の理念は、決して対立するものではありません。日本国憲法は1945年に日本がポツダム宣言【資料12】を受諾することにより大日本帝国憲法の旧制度が否定されて制定されましたが、ポツダム宣言８条には「カイロ宣言の条項は遵守されるべく」と記載され、そのカイロ宣言【資料11】には「朝鮮の人民の奴隷状態に留意し、やがて朝鮮を自由独立のものとする」と記載されています。そうすると日本国憲法前文の「自国のことのみに専念して他国を無視してはならない」「全世界の国民が、ひとしく恐怖と欠乏から免れ、平和のうちに生存する権利を有することを確認する」などの文言は、日本の侵略戦争と植民地支配を反省し、二度とこのようなことをしないことによって平和を維持しようという意味であることがわかります。一方大韓民国憲法前文でも、独立を維持することによって国際平和に貢献していこうという理念が示されています。そして、両憲法とも憲法によって守

られる最高の価値は、個人の尊厳（＝人権）であることを認めているのです（→Q16）。

　大法院判決後の日本政府による韓国敵視はとどまるところを知りませんが、両国の法体系は平和と人権について同じ価値観を共有しているのです。少なくとも1998年に両国政府が発表した「日韓パートナーシップ宣言」【資料9】に立ち返り、日韓政府が協力して強制動員被害者らの人権回復のために努力すべきであると考えます。

　以上について、本書ではQ&Aにまとめました（第1章〜第3章）。それに加えて、より詳細な議論を第4章に掲載しました。あわせてお読みいただければ幸いです。

山本晴太

※　2018年10月に大法院判決が出た「日本製鐵徴用工事件」では、財閥解体や経営統合の影響で、被告の社名が変遷しています。強制動員当時の社名は「日本製鐵」。訴訟提起時は「新日本製鐵（新日鉄）」。大法院判決時は「新日鐵住金」。そして2019年4月からは「日本製鉄」となっています。本書では、旧日本製鐵については旧字の「鐵」、現在の日本製鉄については新字の「鉄」の字を用いて区別しています。

[目次]

はじめに………2

2018年韓国大法院判決をどう捉えるか——本書の概要………4

第1章　徴用工裁判韓国大法院判決を知る

Q1 判決の概要：2018年10月から韓国の裁判所で、日本企業に対して強制動員被害者への賠償を命じる判決が何件か出されました。これらはどのようなものだったのでしょうか？………12

Q2 判決が認定した労働実態：韓国で勝訴した原告らは、どのような体験をした人たちなのでしょうか？………14

Q3 判決に至るまでの経過（日本）：原告らの一部は日本でも裁判をしたとのことですが、どのようなものでしたか？………21

Q4 判決に至るまでの経過（韓国）：韓国での裁判はどのようなものでしたか？………29

第2章　背景事情を知る

Q5 強制動員の規模・背景：「強制動員」とは、いつごろ、どのような規模で行われたのでしょうか？　このようなことが行われた背景にはどんなことがあったのですか？………40

Q6 様々な形態の強制動員：「募集」「官斡旋」「徴用」「女子勤労挺身隊」とはどのような制度ですか？　それはどのように実施されましたか？………45

第3章　日韓請求権協定の内容と解釈を知る

Q7 協定の内容：日韓請求権協定とは何ですか？………54

Q8 協定締結過程：請求権協定の締結過程では、徴用工問題について、どのような話し合いがされたのですか？………59

Q9 経済協力支援：請求権協定では、日本政府は、韓国政府に対し、合計5億米ドル（無償3億米ドル、有償2億米ドル）の経済協力支援を行うと規定されていますが、5億ドルの経済協力はどのような形で韓国政府に提供されたのですか？………63

Q10 日本側解釈の変遷：請求権協定では、「両締約国及び其の国民」の「財産、権利及び請求権に関する問題が」「完全かつ最終的に解決されたこととなることを確認する」としています。そのため、徴用工の未払賃金や慰謝料を含む個人請求権の問題も「完全かつ最終的に解決された」のではないでしょうか？　日本政府及び日本の裁判所は、どのような解釈をとってきたのですか？………66

Q11 韓国側解釈の変遷：請求権協定において、両国の請求権に関する問題が、完全かつ最終的に解決されたとされていることについて、韓国政府は、どのように解釈しているのでしょうか？　盧武鉉政権において、日韓の請求権協定には徴用工の問題も含まれており、賠償を含む問題は韓国政府が持つべきだという見解が公表さ

れているのではありませんか？..........72

Q12 今回の判決の位置づけ：2018年10月に出された韓国大法院の判決は従来の韓国政府の立場と矛盾しないのでしょうか？..........77

Q13 請求権協定が定める紛争解決方法：日韓請求権協定について、両国政府及び裁判所の解釈が一致しない場合、協定の解釈を最終的にどのような手続で判断すればよいのでしょうか？　また、日本政府は、国際司法裁判所（ICJ）への提訴も検討していると表明していますが、提訴することは可能なのでしょうか？　仮に仲裁や裁判が実施された場合、どのような決定が出されるのでしょうか？..........79

Q14 海外の参考事例：ドイツでは戦時強制動員の被害者にどのような補償をしてきたのでしょうか？..........83

Q15 判決の執行：韓国の大法院判決で日本製鉄や三菱重工の敗訴が確定しましたが、日本企業が支払いに応じない場合、この判決はどのように執行されるのでしょうか？日本や韓国以外の国でも判決は執行できるのでしょうか？..........85

Q16 強制動員問題への今後の対応：元徴用工などの強制動員被害者が日本企業に対して損害賠償を請求する訴訟が複数起こされており、今後こうした訴訟が増加するとも言われる中で、今回の判決を受けて、日本政府及び韓国政府は、強制動員問題に対してどのような対応を取ればよいのでしょうか？..........88

Q17 基金による解決：個別の訴訟による対応ではなく、日本企業等が共同で基金（財団）を設立するという提案も出されていますが、具体的にはどのような提案なのでしょうか？　実現のためにどのような課題があるのでしょうか？　基金（財団）が設立されても、基金（財団）に納得しない被害者が個別に訴訟を提起することは可能なのでしょうか？..........93

第4章　徴用工裁判を深く知る

韓国大法院判決と日韓両国の日韓請求権協定解釈の変遷..........100

資料

資料1　日本製鐵徴用工事件再上告審判決〔韓国大法院2018年10月30日判決〕..........138

資料2　日本製鐵徴用工事件上告審判決〔韓国大法院2012年5月24日判決〕..........170

資料3　西松建設強制労働事件上告審判決〔最高裁判所2007年4月27日判決〕..........182

資料4　元徴用工の韓国大法院判決に対する弁護士有志声明〔2018年11月5日〕..........189

資料5　日本弁護士連合会と大韓弁護士協会の共同宣言〔2010年12月11日〕..........194

資料6　日韓請求権並びに経済協力協定（財産及び請求権に関する問題の解決並びに経済協力に関する日本国と大韓民国との間の協定・1965年6月22日）..........197

資料7　日韓請求権並びに経済協力協定合意議事録⑴〔1965年6月22日〕..........200

資料8　日韓基本条約〔抜粋・1965年6月22日〕..........203

資料9　日韓共同宣言――21世紀に向けた新たな日韓パートナーシップ〔1998年10月8日〕..........205

資料10　韓国民官共同委員会見解〔韓日会談文書公開後続関連民官共同委員会開催に関する国務調整室報道資料・2005年8月26日〕..........210

資料11　カイロ宣言〔日本国ニ関スル英、米、華三国宣言・1943年12月1日〕..........212

資料12　ポツダム宣言〔米、英、華三国宣言・抜粋・1945年7月26日〕..........213

資料13　サンフランシスコ平和条約〔抜粋・1951年9月8日署名〕..........215

資料14　世界人権宣言〔抜粋・1948年12月10日採択〕..........218

資料15　自由権規約〔市民的及び政治的権利に関する国際規約・抜粋・1966年12月16日採択〕..........218

資料16　大韓民国憲法（第10号・現行憲法）〔抜粋・1987年10月29日公布〕..........218

資料17　日本国憲法〔抜粋・1946年11月3日公布〕..........219

資料18　柳井俊二・外務省条約局長（当時）の国会答弁〔抜粋・1991年8月27日参議院予算委員会・第121回国会参議院予算委員会会議録3号10頁〕..........220

資料19　伊藤哲雄・外務省条約局法規課長（当時）「第二次世界大戦後の日本の賠償・請求権処理」〔抜粋・外務省調査月報1994年度1号112頁〕..........221

資料20　日中共同声明〔日本国政府と中華人民共和国政府の共同声明・1972年9月29日〕..........223

資料21　請求権協定年表..........225

資料22　関係地図..........227

コラム

コラム1　韓国と日本での情報公開請求　27

コラム2　韓国の大法官はどのように選任されているのか　36

コラム3　「土地」に対する差別と「人」に対する差別　51

コラム4　ドイツ「記憶・責任・未来」基金や日本「西松基金」など　98

参考文献..........228

第1章

徴用工裁判韓国大法院判決を知る

> Q1 判決の概要
>
> 2018年10月から韓国の裁判所で、日本企業に対して強制動員被害者への賠償を命じる判決が何件か出されました。これらはどのようなものだったのでしょうか?

　以下のように、現在(2019年7月31日)までに判決で賠償を認められた徴用工などの強制動員被害者は64人、関係する被告企業は4社です。そのうち日本製鐵と三菱重工に関する10人の被害者については大法院で判決が確定し、残りの事件は全て被告が上告して大法院に係属中です。

日本製鐵徴用工事件

　2018年10月30日、韓国大法院は新日鉄住金(旧日本製鐵。現日本製鉄)に対し、大阪、釜石、八幡の製鉄所と清津の製鉄所建設に強制動員された韓国人の被害者4人について、1人当たり1億ウォン(約909万円)の損害賠償金の支払いを命ずる判決を確定させました。
　さらに同年11月29日、ソウル中央地方法院控訴合議部は2次訴訟の原告1人について、2019年6月26日にはソウル高等法院が3次訴訟の7人の原告について、各1億ウォンの損害賠償を認める判決を宣告しました。

三菱広島徴用工事件

　続いて大法院は2018年11月29日に三菱重工に対し、広島の機械製作所と造船所に強制動員された韓国人の元徴用工5人について1人当たり8000万ウォン(約727万円)の損害賠償金の支払いを命ずる判決を確定させました。
　さらに2019年6月27日、ソウル高等法院は2次訴訟の原告13人について、1人当たり9000ウォン(約818万円)の賠償を三菱重工に命じました。

三菱名古屋勤労挺身隊事件

　三菱広島徴用工事件の判決と同じ2018年11月29日、大法院は名古屋の航空機工場に強制動員された韓国人元女子勤労挺身隊員5人について、死亡、負傷など被害の程度に応じて1人あたり1億ウォンから1億5000万ウォン（約909万円から1367万円）の賠償を三菱重工に命ずる判決を確定させました。
　同年12月5日には光州高等法院が2次訴訟の原告4人について、1人当たり1億から1億5000万ウォンの賠償を認め、さらに同14日には3次訴訟の2人の原告について、1人当たり1億2000万ウォン（約1091万円）の賠償を認めました。

不二越勤労挺身隊事件

　2019年1月18日、同月23日、同月30日、ソウル高等法院は1次から3次訴訟の合わせて21人の不二越女子勤労挺身隊員被害者について、動員期間に応じて1人当たり8000万ウォン又は1億ウォンの賠償を不二越に命じました。

日立造船徴用工事件

　2019年1月11日、ソウル高等法院は日立造船に対し、1人の徴用工被害者について5000万ウォン（約455万円）の賠償を命じました。

青木有加

Q2　判決が認定した労働実態

韓国で勝訴した原告らは、どのような体験をした人たちなのでしょうか？

　Q1で紹介した事件のうち日立造船事件以外の4件は、韓国での訴訟以前に日本の訴訟でも永年争われてきました。これらの事件の原告らについて、日本の裁判所も韓国の裁判所も同じような事実を認定しています。むしろ原告らが若く記憶が鮮明だった日本の裁判の方が、詳しい認定をしています。これらの判決の認定を要約すると、原告らの体験は次のようなものです（当事者または遺族の意思を確認することができませんので、原告の名は匿名としています。ただし、現在も実名で記者会見などを行っている日本製鉄事件の李春植（イ・チュンシク）さんと三菱名古屋女子勤労挺身隊事件の梁錦徳（ヤン・クムドク）さんについては実名で記載することにします。また、原告○○と表記する際には敬称を省略します）。

日本製鐵徴用工事件

大阪製鉄所に動員されて現員徴用されたふたりの原告

　旧日本製鐵は1943年頃、平壌で大阪製鉄所の工員募集の新聞広告を出しました。その広告には、大阪製鉄所で2年間の訓練を受ければ技術を習得できて、韓半島（朝鮮半島）の製鉄所に技術者として就職できると記載されていました。

　当時17歳と20歳だった原告李春植と原告2はこのような内容に惹かれて応募し、訓練工として働くことになりました。1日8時間の3交代制で、休みは月に1、2回。月に2、3円程度の小遣いが支給されるだけで、賃金全額を支給すると浪費する恐れがあると言って原告らに無断で原告ら名義の口座に賃金の大部分を入金し、その貯金通帳と印章を寄宿舎の舎監が保管しました。

　原告らは火炉に炭を入れて割って混ぜたり、直径150センチ、長さ100メートルの鉄管の中に入って中腰で熱気と粉塵に耐えながら石炭滓を除去するな

ど、火傷の危険があり、技術の習得とは関係がない重労働をさせられました。原告2は感電したり火傷を負ったりしたこともあります。

　寮や工場の食事の量は非常に少なく、いつも空腹でした。寄宿舎の窓には鉄格子がはめられ、門には見張りがいて夜は鍵をかけられ、警察官が頻繁に立ち寄り、「逃げてもすぐに捕まえることができる」と言いました。原告2が逃げたいと言ったことが発覚し、寄宿舎の舎監から殴打されたこともあります。

　政府は1944年2月ころ、すでに働いている原告ら訓練工を現員徴用しました。徴用された後は小遣いも全く支給されなくなり、監視も厳しくなりました。

　大阪製鉄所は1945年3月頃に空襲で破壊され訓練工の一部が死亡しました。原告らは6月頃に朝鮮の清津に建設中の製鉄所に移動しました。そのとき舎監に賃金が入金された貯金通帳と印章を返せと要求しましたが拒否され、清津では1日12時間工場建設のための土木工事に従事したのに賃金を全く支給されませんでした。

釜石製鉄所に動員され、その後徴兵された原告3

　原告3は1941年に大田市長の推薦を受けて報国隊として動員されて日本に渡り、旧日本製鉄の釜石製鉄所で働かされました。コークスを溶鉱炉に入れ、溶鉱炉から鉄がでればまた窯に入れるという労働に従事し、ひどい粉塵に悩まされ、作業中に躓いて転倒し3カ月入院したこともありました。賃金を貯金してやるという話を聞いただけで、賃金を受取ることはありませんでした。半月に一回憲兵が来て人員を点検し、病気で仕事に出ない者を仮病だと言って足蹴にしました。1944年に徴兵され、神戸の部隊で捕虜監視員として敗戦まで働かされました。

八幡製鉄所に動員され、逃走が発覚して殴打された原告4

　原告4は1943年月頃、群山府（現在の群山市）の指示を受けて動員され、旧日本製鐵の八幡製鉄所で働かされました。貨物鉄道のポイント操作や保守などの作業に従事しましたが賃金は全く支給されず、逃走して発覚し、数日間殴打され食事を与えられなかったこともありました。

三菱広島徴用工事件

徴用による動員
　亡Aと原告１、２、３、４は満18歳から21歳だった1944年9月から10月に、ソウルと京畿道のそれぞれの居住地で徴用令書を受け取りました。他の徴用工と共に列車で釜山、船で日本の下関港、そこから列車で三菱重工業の機械製作所と造船所等がある広島に連れて行かれ、亡Aと原告１は機械製作所、原告２，３、４は造船所に配置されました。

重労働と自由の剥奪
　その後各作業場で月２回の休日を除き毎日朝８時から夕方６時まで鉄板切断、銅管曲げ、配管作業等に従事し、会社が設置した寮で生活しました。食事は粗末で量も少なく、12畳程度の部屋に10人から12人の徴用工が生活させられました。宿舎周辺には鉄条網が張りめぐらされ、休日にも憲兵、警察らによる厳重な監視が行われ、自由がほとんどなく、家族との手紙のやり取りも事前検閲によって内容が制限されました。給料からは寮費や貯金が控除され、通帳も渡されませんでした。給料の半分は家族に送られていると聞いていましたが、実際には送られていませんでした。

被爆後放置される
　1945年8月6日に広島に原爆が投下されました。機械製作所は爆心地から3.7キロメートル、造船所は4.3キロメートルのところにあり、負傷した原告もいましたが、会社は原告らを放置し、救護措置も帰国のための措置もとりませんでした。そのため原告らはそれぞれ徒歩で下関や博多に移動し、闇船や帰国船で帰国しました。

402号通達による差別
　原告らは帰国後も被爆の後遺症に苛まれ、原告２、３、４はその後来日して広島で治療を受けたこともあります。ところで、旧原爆医療法や被爆者措置法には（現在の被爆者援護法にも）国籍条項はなく、韓国人被爆者も被爆者手帳の交付を受けたり、条件を満たした場合には健康管理手当を受給すること

ができます。ところが1974年に厚生省（当時。現在の厚生労働省）はこれらの法律は「被爆者が外国に居住地を移した場合には適用されない」という「402号通達」を出します。これによって、原告らはせっかく旅費をかけて日本にきて被爆者健康手帳の交付を受けても、帰国すると手帳は紙きれとなり手当は打ち切られるという状態が続きました。徴用によって本人の意思に反して日本に連行され、その結果被爆したのに、被爆者に対する援護についても差別を受けたのです。

三菱名古屋勤労挺身隊事件

担任教師や校長に騙されて志願

　亡A、亡Bと原告梁錦徳、原告2、3、4は13歳と14歳だった1944年5月に、女子勤労挺身隊として名古屋の三菱重工航空機製作所道徳工場に動員されました。動員当時、原告梁錦徳はまだ国民学校（小学校）在学中でした。原告5は亡Bの兄で亡Aの夫です。

　原告らを勤労挺身隊に勧誘したのは、国民学校の担任教師、校長、憲兵などでした。彼らは「体格と頭が良い子が挺身隊で日本に行って仕事をすれば金もたくさん稼げるし、女学校にも通える。帰ってくる時は家一軒を買える金を持って帰ってくることになる」、「日本に行って軍需工場で1日働き2、3日勉強し、2年間働いてその後4年間勉強して卒業証書を受けられる」などと言いました。原告らは女学校に行けるという夢のような話に心を動かされました。また、国民学校に入学して以来、皇居遥拝、皇国臣民の誓詞の唱和、教育勅語の暗唱、日本語使用、日本神話教育などの皇民化教育を受けており、日本の戦争のために働くことは立派な事だと考えていたので、勤労挺身隊に行くことを希望しました。

　大部分の家族は反対したのですが、原告らは親の印章を黙って持ち出して担任教師等に渡しました。それでも親が強く反対するので迷った原告もいるのですが、校長から「君が行かなければ、君の両親は契約を破ったので監獄（刑務所）に行くことになる」などと脅され、日本に行く決心をしたのです。

強制労働と自由のない生活

　原告らは担任教師や憲兵に引率されて船で下関に行き、そこから列車で名古屋に行きました。工場では午前8時から午後5時か6時頃まで働かされました。作業は厳しい監視の下に行われ、隣の人と話をすることもできませんでした。トイレも許可を受けて行かねばならず、決まった時間内に戻らなければ罵られたり処罰を受けたりしました。

　作業の内容はシンナーなどで航空機部品のサビをとり、その上に塗料を塗ったり、やすりで部品を切断する作業、ジュラルミン板に航空機部品の形を描き、それを日本人従業員らが作業する所まで運ぶ作業、長いパイプに布地を縫いつける作業などでした。原告3はジュラルミン板を運搬中にその重さに耐えられずに足の上に落とし、出血して足が腫れるほどの怪我をしたことがありましたが、医師の診察はもちろん薬も与えられませんでした。原告4はジュラルミン板を切断していて左手人さし指の先を切断してしまい、病院で治療を受けましたが、出血がひどく、2カ月間作業ができませんでした。

　原告らは工場の寮の8畳ほどの部屋で他の挺身勤労隊員6人から8人と共に生活しました。午前6時に起床し、朝食後、寮から工場まで歩いて20分から30分の距離を、「神風」と書かれた鉢巻をして4列縦隊に整列し軍歌などを歌って行進させられました。給与は全く支給されず、食事の量も大変少なくていつも空腹でした。

　監視員が同行して集団で名古屋城、熱田神宮、護国神社などに行ったことはありますが、個人の外出は禁止されました。原告4は弟が死亡したとの知らせを聞いて家に帰ろうとしましたが許されませんでした。家族に送る手紙も検閲を受け、生活上の不満を手紙に書くことはできませんでした。最初の約束とは異なり、寮で日本の歌や日本の礼儀作法、針仕事などを習った他には学校教育を受けることもできませんでした。

東南海地震

　1944年12月7日に東南海地震が発生しました。工場建物のうち相当部分が崩壊し、亡Bを含む全羅南道出身の挺身勤労隊員6人が死亡しました。亡Bは倒れてきた壁と天井に押しつぶされ、固い煉瓦が頭に当たって血を流して死んでいました。原告梁錦徳は天井が崩壊して鉄棒が左脇腹を貫通する傷

害を負い、原告4は建物の外に逃げ出したとき他の人に押し倒されて踏みつけられ、耳と手、左側足首などに負傷しました。

空襲と工場移転

そのころから空襲が激しくなり、ほとんど毎晩空襲警報がありました。原告らは寒くて水がたまった防空壕に待避せねばならず、睡眠もまともにとることができませんでした。1945年1月頃、工場の一部が富山県の大門工場に移転し、原告らも春頃に移動しました。ここでも名古屋と同じように給与を受けとれないまま空腹をかかえて困難な労働に従事しました。原告3は大門工場の寮舎監に「約束どおり朝鮮に送り返してほしい」と言ったことがありましたが、「誰が最初にそんな話を始めたか？ この中にはスパイがいる」と怒鳴りつけられ、かえって舎監に謝罪をさせられました。

1945年8月15日に戦争が終わりましたが、原告らは10月頃になって寮の舎監から「給与と荷物は家に送ってやる」と言われ、作業服姿で帰国しました。しかし、その後給与が送られてくることはありませんでした。

戦後の生活

韓国では日本軍「慰安婦」のことを「挺身隊」と呼んでいたため、女子勤労挺身隊と混同されることがよくありました。そのため原告らは勤労挺身隊に行ったことを隠して生活しましたが、それが知れて、婚約破棄や離婚に至ったり、夫による暴力などを受けることがありました。亡Aは2001年に亡くなりました。

不二越勤労挺身隊事件

欺罔と強制による動員

1944年5月ころ女子勤労挺身隊に動員されたとき、原告らは5人が12歳、8人が13歳、14歳、15歳、18歳が各1人でした。勤労挺身隊に勧誘したのは卒業したばかりの国民学校の担任教師、校長、郡の職員、区長などでした。彼らは日本の女学生が働いたり生け花をしている写真を見せ、「日本に行けば学校にも行けるし給料も高い」、「生け花、ミシンも教えてくれる」などと言

いました。父親が反対するので印章を無断で持ち出した原告や、担任教師がくじ引きで決めて志願を強制された原告もいました。約50人の少女とともに日本人に引率されて、釜山と下関を経由して船と汽車で不二越富山工場に連れて行かれました。

自由のない生活と危険な重労働
　寄宿舎では8畳から10畳の部屋に約10人ずつ入れられて、共同生活をしました。外出は制限され、所持金もすべて預けさせられ、家族に宛てた手紙も舎監に検閲されました。食事は特に貧弱で、いつも腹を空かせていました。勤労動員された日本人女学生たちと食事の量などで差別を受けました。
　工場では出征した男子工員の代わりに主に旋盤の作業をさせられました。背丈が足りないため、踏み台に乗って作業しました。昼夜一週間交代制で夜業のときは夜8時から明け方まで作業をさせられ、労災事故が頻発し、入院したり手術を受けたりしました。やがて工場は頻繁に空襲を受けるようになり、死の恐怖に怯えつつ防空壕や近くの寺社に逃げ込むことも重なりました。1945年7月、工場が移転することになり、長時間の航海をして黄海道沙里院に移動し、しばらくして自宅待機を命じられ、帰郷して解放を迎えたのです。
　結局賃金を一銭も支払ってもらえず、勉強はもとより、生け花・裁縫・ミシンなどを教えてもらったこともありませんでした。

青木有加

Q3 判決に至るまでの経過(日本)

原告らの一部は日本でも裁判をしたとのことですが、どのようなものでしたか?

表　日本で提起された徴用工裁判の経過

三菱広島徴用工事件	日本製鐵徴用工事件	三菱名古屋勤労挺身隊事件		不二越勤労挺身隊事件
		名古屋訴訟	関釜裁判	富山訴訟
			1992.12.25山口地裁下関支部提訴	
			1994.3.4山口地裁下関支部3次提訴	
1995.12.11広島地裁提訴				
	1997.12.24大阪地裁提訴			
			1998.4.27山口地裁下関支部敗訴	
1999.3.25広島地裁敗訴		1999.3.1名古屋地裁提訴		
	2001.3.27大阪地裁敗訴		2001.3.29広島高裁敗訴	
	2002.11.19大阪高裁敗訴			
	2003.10.9最高裁敗訴		2003.3.25最高裁敗訴	2003.4.1富山地裁提訴
2005.1.19広島高裁一部勝訴		2005.2.24名古屋地裁敗訴		
……………………2007.4.27中国人強制連行西松建設事件等最高裁判決……………………				
		2007.5.31名古屋高裁敗訴		2007.9.19富山地裁敗訴
2007.11.1最高裁上告棄却				
		2008.11.11最高裁敗訴		
		2010.11.8和解交渉開始		2010.3.8名古屋高裁金沢支部敗訴
				2011.10.24最高裁敗訴
		2012.7.6和解交渉決裂		

日本製鐵徴用工事件

　原告李春植(イ・チュンシク)と原告2は1997年12月24日、新日鉄(旧日本製鐵、現日本製鉄)と国を被告として、謝罪文の交付と未払賃金ないし相当額の賠償と慰謝料として1人当たり約1900万円の支払いを請求して大阪地裁に提訴しました。

　2001年3月27日の一審判決は、原告らは労働者募集の時の説明に応じて自分の意思で応募したのだから強制連行されたとまでは言えないとしましたが、説明された労働条件とは異なり、賃金の一部が支払われず、食料が不足し、自由を奪われた状態で危険な労働に従事させられたことは強制労働にあたり違法であると認めました。しかし原告らが主張した国際法による請求については、国際法により個人が加害国に直接賠償請求することはできないとして認めず、旧憲法下では国家は不法行為責任を負わないという「国家無答責の法理」などにより国内法による請求も否定して国に対する請求を棄却しました。新日鉄に対する請求についても、新日鉄は財閥解体前の旧日本製鐵とは別の法人であって債務を引き継いでいないとして棄却しました。

　原告らは大阪高裁に控訴しましたが、2002年11月19日の二審判決も一審と同じ理由で控訴を棄却し、最高裁も2003年10月9日に形式的な理由で上告を棄却しました。こうして日本での敗訴判決が確定しましたが、原告らはあきらめず、新日鉄のみを被告としてソウル中央地方法院に訴訟を起こしました(→Q4)。

三菱広島徴用工事件

　1995年12月11日、広島の三菱重工機械製作所と造船所に徴用された被害者が、国と三菱重工と菱重(財閥解体の時に旧三菱重工を継承した会社の後身)に対して1人当たり1100万円の損害賠償、三菱重工と菱重に未払賃金の支払いを求めて広島地裁に提訴しました。1999年3月25日の一審判決は、国の責任は「国家無答責」などにより、企業の責任は消滅時効や除斥期間(権利が一定期間行使されない場合、その権利は消滅するという制度)の経過などにより消滅したとして請求を棄却しました。

　原告らは広島高裁に控訴しました。その審理中の2002年、戦争中に徴兵さ

れて広島で被爆した韓国人の元軍人らが402号通達（→Ｑ２）が違法であると主張した大阪高裁の裁判で勝訴し、国はこの通達を廃止しました。本件の原告らについても2005年１月19日の二審判決は違法な402号通達を出した国に対する損害賠償請求だけを認め、原告１人当たり120万円の賠償を国に命じました。しかし、徴用の過程での欺罔や強迫、軟禁状態での連行など国民徴用令等を逸脱した違法行為があり、国に不法行為が成立する余地があるなどとしながら、損害賠償請求権が日韓請求権協定によって消滅したとして請求を認めませんでした。また旧三菱には原爆被爆後に救護や保護のための措置を講じずに原告らを放置し、帰還にも協力しなかったことについて安全配慮義務違反があり損害賠償責任を負うと判断しました。しかしこれも時効によって消滅したとして原告らの請求を認めませんでした。

これに対し原告らと国が上告し、2007年11月１日に最高裁は双方の上告を棄却しました。こうして在韓被爆者を差別した402号通達の問題については原告らの主張が認められたものの、強制動員に対する賠償は認められないまま日本での裁判は終わりました。

しかしこの裁判の原告46人のうち５人は、二審の係属中に釜山地方法院に三菱重工を被告として損害賠償を請求する訴訟を提起していました（→Ｑ４）。

三菱名古屋勤労挺身隊事件

関釜裁判

　三菱名古屋女子勤労挺身隊の被害者の裁判は、1994年３月４日、梁錦徳さんが関釜裁判の第３次提訴に参加したことで始まりました。

　関釜裁判は３人の元日本軍「慰安婦」と７人の元女子勤労挺身隊員が国に謝罪や損害賠償を求めて山口地裁下関支部に起こした裁判です。1998年４月27日の一審判決は元日本軍「慰安婦」については人権回復のための立法措置が遅れたことに対する慰謝料を認める画期的な判断をしたのですが、女子勤労挺身隊については、「勉強もできる、金もできる」などと言う勧誘にだまされ、苛酷な条件の下で辛酸をなめ、民族差別的な取扱を受けたことを認めながら、国に救済立法を義務づけるほどのものではないとして棄却しました。

　2001年３月29日の広島高裁判決は、戦後補償問題についての対応は立法

府の裁量に委ねられているとして一審判決を取消し、すべての原告の請求を棄却しました。そして2003年3月25日、最高裁は形式的な理由で上告を棄却して関釜裁判は終わったのです。

名古屋訴訟の始まり
　一方、1999年3月1日、三菱名古屋女子勤労挺身隊の6人の被害者と1人の遺族が国と三菱重工に対して損害賠償と新聞紙上での謝罪広告を求めて名古屋地裁に提訴しました。関釜裁判の原告である梁錦徳(ヤン・クムドク)さんもこの裁判の三菱重工を被告とする部分に原告として参加しました。

国の身勝手な解釈変更を認めた一審判決
　ところで、このころまで国は日韓請求権協定では個人の請求権が消滅しないことを認め、裁判で「日韓請求権協定で解決済み」という主張をしたことはありませんでした。ところが他の争点についていくつかの裁判で国に不利な判断が示されると2000年ころから解釈を一転させて、「日韓請求権協定により裁判で権利行使ができなくなった」などと主張するようになったのです（→Q10）。この裁判でも国は途中からこのような主張をしました。多くの地裁、高裁はこれまでの国の主張と矛盾する新しい解釈を認めなかったのですが、名古屋地裁は国のこの主張をそのまま受け容れ、2005年2月24日の一審判決で日韓請求権協定により日本国や日本企業に対して何の主張もすることができなくなったとして請求を棄却しました。

強制連行・強制労働であったと認めた二審判決
　そして2007年4月27日、中国人強制連行の事件で最高裁判所は国の新しい解釈を基本的に受け容れ、日中共同声明により中国人被害者は裁判で請求することができなくなったという判決を宣告したのです【資料3】。
　本件の二審判決はこの最高裁判決の1カ月後の2007年5月31日に宣告されました。予想通り、日中共同声明に関する最高裁判決の論理をそのまま日韓請求権協定にあてはめ、日韓請求権協定により裁判で請求することはできなくなったとして原告らの控訴を棄却しました。ただしこの判決は、原告らの動員は欺罔・脅迫により志願させられた強制連行であり、苛酷で自由を剥

奪された労働は強制労働であると認めました。また、旧三菱と現三菱重工は実質的に同一性があり、旧三菱の行為について新会社が責任を負わないと主張することは信義則に反すると解する余地があるとも述べました。最高裁判決がなければ原告の勝訴が可能であったことを示唆するような判決でした。

2008年11月11日、最高裁は形式的な理由で上告を棄却し、この裁判は終わりました。

和解交渉と決裂

しかし、原告らと支援団体はその後も三菱重工に話し合いを求め、三菱重工もこれに応じて2010年11月8日から和解のための交渉が始まりました。その後2年近くの間に16回の交渉が行われましたが、結局三菱重工は韓国人留学生のための奨学金制度の創設などの提案をしただけで、女子勤労挺身隊被害者に謝罪したり賠償・補償をすることを拒み、2012年7月6日、交渉は決裂しました。原告らはその3カ月後に韓国の光州地方法院に三菱重工を提訴したのです（→Q4）。

不二越勤労挺身隊事件

不二越女子勤労挺身隊の被害者の裁判も1992年12月25日に3人の被害者が関釜裁判の第1次提訴に参加したことで始まりました。そして2003年3月25日に関釜裁判が最高裁で敗訴した直後の4月1日、不二越に動員された27人の元女子勤労挺身隊員と1人の元徴用工による新しい訴訟が富山地裁に提起されました。原告らは国と不二越に対し損害賠償と新聞紙上への謝罪広告を求め、関釜裁判の原告だった3人も不二越に対する請求の部分に参加しました。

ところが一審の審理中に前記の中国人強制連行に関する2007年4月27日最高裁判決が出され、原告らの請求が認められる可能性はほとんどなくなってしまいました。

2007年9月19日の一審判決は予想通り、日韓請求権協定により原告らは訴訟で請求できなくなったとして請求を棄却するものでした。ただし、この判決は被害者1人1人の体験を87頁にわたって詳しく認定し、女子勤労挺身

隊被害者は「勧誘者からの欺罔又は強迫によって勤労挺身隊に参加したもので認められ、強制連行されたというべきである」、「本件工場における労働は、同人らの年齢に比して過酷なものであり、これに対して賃金が支払われることもなかったこと……戦時中とはいえ十分な食事を与えられることもなく、衛生環境も良好であったとはいえず、外出は制限され、手紙も検閲されていたことが認められ……これは強制労働であったというべきである」と認めました。裁判官の原告に対するそれなりの共感が伝わる判決でした。

2010年3月8日、名古屋高裁金沢支部は一審と同じ理由で控訴を棄却し、2011年10月24日に最高裁が上告不受理決定をしてこの裁判は終わりました。

しかし、2013年2月14日、本件の原告のうち17人（遺族を含む）がソウル中央地方裁判所に不二越を被告として訴訟を起こしました（→Q4）。

このように、日本での裁判は全て原告らの敗訴に終わりました。しかし、多くの裁判所で裁判官が原告らの訴えに耳を傾け、強制動員が違法であったことを認めています。日本のメディアもまだ元気だった被害者らの真摯な訴えを前にして、今日とは異なり、何とか解決方法を探ろうという方向で報道していました。

青木有加・山本晴太

[コラム1] 韓国と日本での情報公開請求

情報公開請求をはじめるきっかけ

　日本政府は、徴用工被害者の問題は日韓請求権協定により完全かつ最終的に解決した、つまり、両国で和解したのだから蒸し返しは許さないと言います。しかし、本当に、徴用工被害者らが受けた被害に対する問題は「解決済み」なのでしょうか？

　私たちは、日韓会談に関する具体的な内容は何も知らされず、ただ「解決済みである」という政府見解を聞かされるだけであり、日本の裁判でもその政府見解を鵜呑みにして判決が出されただけです。

　「解決済みである」という前提自体が間違っていないか？　果たして、日韓会談では、日韓両政府は何について協議し、何を解決したのか？　その素朴な疑問が、情報公開請求の発端でした。

韓国での情報公開請求

　情報公開請求は韓国から始まりました。2002年9月、原告を含む日本植民地支配による被害者（韓国の日本軍「慰安婦」、勤労挺身隊、軍人、軍属、労務者等として強制動員された人々、終戦直後に舞鶴港で沈没した釜山行の浮島丸乗船者遺族、原子爆弾の被爆者ら）は、韓国外交通商部に対し日韓会談関連文書の公開を請求しました。

　しかし、韓国外交通商部長官が外交文書であることを理由に公開を拒否したため、公開拒否処分の取消を求める訴訟が提起されました。法廷闘争の結果、2004年2月、ソウル行政法院は情報公開拒否処分を取り消す判決をしました。これを受けて、韓国政府は、2005年1月と8月に日韓請求権協定に関する文書を全面公開しました。その公開は約3万頁と言われています。この文書公開により、日韓請求権協定をめぐる日韓両政府の話し合いの内容が明らかにされました。その結果、2005年8月26日、韓国政府による「韓日会談文書公開後続対策関連民官共同委員会」は日韓請求権協定に関する公式見解を発表しました【資料10】。

日本での情報公開請求

　韓国における文書公開を受け、原告や戦後問題の被害者らを含む日韓の市民らは、日本の外務省が保有する日韓会談に関する外交文書の全面公開を求める行動をおこしました。日韓両政府が保有する文書を照らし合わせて、初めて、具体的に何が話し合われたかが分かるからです。
　ところが、韓国での情報公開請求とは異なり、外務省を相手とした情報公開請求は、2006年４月の情報公開請求時から不開示決定に対する３次にわたる訴訟の終結（第３次訴訟の高裁判決が2014年７月）まで実に８年を要した長い道のりとなりました。
　しかし、粘り強い法廷闘争の結果、１次訴訟（2006年12月提訴）の地裁判決では、外務省の怠慢（情報公開請求から１年以上経過しても開示・不開示の決定すら行わなかった）が違法と断罪され、原告が勝訴しました。また、３次訴訟（2008年１月提訴）の地裁判決でも、不開示とされた文書のうち７割近い文書について不開示決定が取り消され、原告が勝訴しました。この法廷闘争を通じて、最終的には約６万頁にも及ぶ日韓会談外交文書が公開されることとなりました。
　韓日の両国で日韓会談外交文書が公開されることにより、当時の外交資料に基づく日韓会談の研究も進みました。その研究の成果が、今日の大法院判決の結論に繋がったと言っても過言ではないと思います。また、日本での情報公開訴訟は、戦後問題の解決を一歩前進させただけでなく、日本の情報公開法の解釈を通じて、日本の司法が外務書の隠ぺい体質を厳しく批判したことで、日本の民主主義を一歩前進させた点にも注目すべき訴訟でもありました。

張界満

Q4 判決に至るまでの経過（韓国）

韓国での裁判はどのようなものでしたか？

表　韓国で提起された徴用工裁判の経過

三菱広島徴用工事件	日本製鐵徴用工事件	三菱名古屋勤労挺身隊事件	不二越勤労挺身隊事件
2000.5.1釜山地方法院提訴			
	2005.2.28 ソウル中央地方法院提訴		
2007.2.2釜山地方法院敗訴			
	2008.4.3 地方法院敗訴		
2009.2.3釜山高等法院敗訴	2009.7.16 ソウル高等法院敗訴		
2012.5.24大法院差戻判決	2012.5.24大法院差戻判決		
		2012.10.24 光州地方法院提訴	
2013.7.30 釜山高等法院勝訴	2013.7.10 ソウル高等法院勝訴	2013.11.1 光州地方法院勝訴	2013.2.14 ソウル中央地方法院提訴
			2014.10.30 ソウル中央地方法院勝訴
		2015.6.24 光州高等法院勝訴	
2018.10.30大法院勝訴	2018.11.29大法院勝訴	2018.11.29大法院勝訴	
			2019.1.8 ソウル高等法院勝訴

三菱広島徴用工事件一審、二審判決

　三菱重工広島に徴用された被害者らは、日本での裁判が進行中の2000年5月1日に三菱重工に対し損害賠償を請求する訴訟を釜山地方法院に提起しました。2007年2月2日の一審判決は韓国の裁判所の管轄権は認めましたが、被告の消滅時効の主張を認めて原告らの請求を棄却しました。原告らは控訴しましたが、2009年2月3日の二審判決は、韓国の裁判所も日本の裁判所の確定判決の効力に拘束され、これと矛盾する判断はできない（既判力）として

控訴を棄却しました。

日本製鐵徴用工事件一審、二審判決

　2005年2月28日、大阪製鉄所に動員された日本裁判の原告2人に釜石製鉄所と八幡製鉄所に動員された新たな被害者を加えた原告らが新日鉄（当時）に慰謝料の支払いを求め、ソウル中央地方法院に訴えを提起しました。2008年4月3日の一審判決は日本裁判の原告だった2人については日本の確定判決の既判力を理由に、その他の原告については旧日本製鐵と新日鉄（当時）は別の法人で債務を引き継いでいないとして請求を棄却しました。原告らは控訴しましたが、2009年7月16日の2審判決は一審の判断を維持して控訴を棄却しました。

2012年韓国大法院判決
（日本製鐵徴用工事件、三菱広島徴用工事件）

原判決を破棄して差し戻し

　上記の2件の原告らは大法院に上告しました。2012年5月24日、大法院は同時に判決を言い渡し、釜山とソウルの高等法院判決を破棄し、事件を高等法院に差し戻しました。

日本の判決は大韓民国憲法の核心的な価値観に反する

　大韓民国憲法前文は「悠久の歴史と伝統に輝く我が大韓国民は3・1運動により建立された大韓民国臨時政府の法統と不義に抗拒した4・19民主理念を継承し」と述べています。つまり、現在の韓国政府は上海で亡命政権を立てて日本の植民地統治の不当性を世界に訴えていた大韓民国臨時政府の法的な後継者であると宣言しているのです。大法院は、日本の朝鮮植民地支配は不当な軍事的占領に過ぎなかったというのが、この憲法の核心的な価値観であることがここに示されていると指摘しました。

　ところが日本の判決の理由には、日本による植民地支配が合法だということを前提に国家総動員法などを原告らに適用することを有効と評価した部分

が含まれており、韓国憲法の核心的価値と正面から衝突するから、その効力を認める事は韓国の公序良俗に反するとして、日本判決の拘束力（既判力）は韓国の裁判所に及ばないと判断したのです。

新日鉄は旧日本製鐵の債務を承継

そして、新日鉄が旧日本製鐵の営業財産、役員、従業員を実質的に承継したにも関わらず、日本の財閥解体のための技術的立法を理由に韓国国民に対する債務の免脱を認めることも、韓国の公序良俗に照らして容認することはできないと判断しました。

消滅時効の主張は権利濫用

また、少なくとも原告らが提訴する時点までは原告らが大韓民国で客観的に権利を行使できない状況であり、被告の消滅時効の主張は信義誠実の原則に反する権利濫用であるとして否定しました。

強制動員に対する損害賠償請求権は請求権協定の対象外

そして何よりもこの大法院判決の大きな特徴は、日韓請求権協定について新しい解釈を示したことです。

この判決は、①日韓請求権協定は日本の植民地支配について賠償請求するためのものではなく、サンフランシスコ条約に基づいて日韓両国間の財政的・民事的債権債務関係を政治的合意によって解決したものであること、②日韓請求権協定の交渉の中で日本政府は植民地支配の不法性を認めず、強制動員被害に対する法的賠償を否定したため両国政府が植民地支配の性格について合意することができなかったこと、③日韓請求権協定１条によって日本政府が韓国政府に支給した経済協力資金と、日韓請求権協定２条の権利問題の解決とは対価関係にあるのではないと日本政府も認めていることを指摘し、日本が国家として関与した反人道的不法行為や植民地支配と直結した不法行為による損害賠償請求権は請求権協定の対象に含まれないとしたのです。つまり、「植民地支配と直結した不法行為」である強制動員を行った企業の被害者個人に対する責任は日韓請求権協定で消滅することはなく、韓国の外交保護権も放棄されなかったということになります。外交保護権とは、国民が外国

から不当な扱いを受け、その被害が相手国の裁判などで救済されない場合、最後の手段として被害者の国が相手国に賠償を要求する権利です。

　大法院はここで「予備的理由」も示しました。仮に原告らの請求権が日韓請求権協定の適用対象に含まれているとしても、それは韓国の外交保護権が放棄されたことを意味するにすぎず、原告らの請求権は消滅していないというのです。

　このような理由で大法院は原告の請求を棄却した原判決を破棄し、2つの事件を高等法院に差し戻しました。ここから、韓国の裁判の流れは大きく変わることになります。

新たな提訴

　2012年の大法院判決に勇気づけられた被害者らは、2012年から2015年にかけて新たな訴訟を提起しました。このころ提訴したのは三菱名古屋女子勤労挺身隊の被害者が3件、不二越女子勤労挺身隊の被害者が3件、旧日本製鐵の被害者が2件、日立造船の被害者が1件などです。

高等法院での差戻審判決
（日本製鐵徴用工事件、三菱広島徴用工事件）

　2013年7月10日、ソウル高等法院は大法院の差戻判決にしたがい、日本製鉄鐵用工事件について新日鉄住金（新日鉄と住友金属工業が経営統合した会社）に対し原告らに各1億ウォン（約909万円）の賠償を命ずる判決を宣告しました。

　同年7月30日、釜山高等法院も三菱広島徴用工事件について被害者1人当たり8000万ウォン（約727万円）の賠償を命ずる判決を宣告しました。

訴訟手続の停滞

　ソウルと釜山の高等法院判決に対して被告が再び上告しましたが、大法院は5年もの間判決を出しませんでした。その後も地方法院や高等法院では大法院の差戻判決後に提訴された三菱名古屋勤労挺身隊事件や不二越勤労挺身隊事件などの請求を認める判決が出されましたが、2016年ころからは大法院

の判断を待つために地方法院や高等法院の手続もほとんど止まってしまいました。この間に被害者は次々と死亡し、不二越勤労挺身隊事件では関釜裁判以来の原告2人がこの時期に亡くなり、日本製鐵徴用工事件では2018年の大法院の勝訴判決を聞くことができたのは李春植さんただ1人でした。

後に、大法院の判決遅延は、当時の韓国政府の意向を受けた大法院幹部の工作によるものであったことが暴露されました。

2018年の大法院判決
（日本製鐵徴用工事件、三菱広島徴用工事件、三菱名古屋勤労挺身隊事件）

2012年判決と同じ趣旨の多数意見

2018年10月30日、ようやく日本製鐵徴用工事件の大法院判決が宣告され、大法官11対2の多数で新日鉄住金の上告を棄却し、原告勝訴の判決が確定しました。

判決の理由は「植民地支配と直結した不法行為による損害賠償請求権は請求権協定の対象に含まれていない」というもので、2012年の大法院差戻判決と同じです。結論に賛成した11名の大法官のうち7名がこの理由を支持しました（多数意見）。

外交保護権のみを放棄したという個別意見

結論に賛成した大法官のうち1名は手続問題について意見を述べ、残りの3名の大法官は、多数意見と異なる理由から同じ結論にいたったという個別意見を述べました。

これは、強制動員された被害者の損害賠償請求権も日韓請求権協定の適用の対象に含まれるが、請求権協定では大韓民国の外交的保護権のみを放棄し、原告らの個人請求権は消滅していないし、韓国において被告に対して訴訟によって権利を行使することもできるというもので、2012年の差戻判決で「予備的理由」として併記されていたものと同じです。

裁判で権利行使ができなくなったという反対意見

　また、結論に反対した２人の大法官は反対意見でその理由を述べました。これは、日韓請求権協定や合意議事録の「完全かつ最終的な解決」や「いかなる主張もできないこととする」という文言を主な理由として、被害者らの請求権は日韓請求権協定で消滅したのではないが、訴訟によって行使することはできなくなったとするもので、2007年の日本の最高裁判所の判決（→Ｑ３、【資料３】）と結論的に同じ趣旨のものです。

より、はっきりした大法院の見解

　このように、この判決は大きく報道されましたが法律的には2012年の差戻判決と同じで、特に新しいものではありません。新しいことがあるとすれば、2012年の判決では「予備的理由」として併記されていた内容が2018年の判決では結論には賛成するが理由は異なる個別意見に「格下げ」されたことです。大法院の解釈は「植民地支配と直結した不法行為による損害賠償請求権は請求権協定の対象に含まれていない」というものだということがよりはっきりしたということになります。

三菱広島徴用工事件と三菱名古屋勤労挺身隊事件も勝訴が確定

　続いて、同年11月29日にこの判決と同じ趣旨の三菱広島徴用工事件と三菱名古屋勤労挺身隊事件の大法院判決が出されました。これらの原告についても高等法院の勝訴判決が確定しました。

　なお、2012年と2018年の大法院判決の全文の日本語訳を巻末資料として掲載していますので、より詳しく知りたい方は是非お読みください【資料１、２】。

強制執行と新たな提訴

　このようにして新日鉄住金（現日本製鐵）と三菱重工に賠償を命ずる判決は確定しました。日本製鐵徴用工事件の李春植さんは日本での提訴以来21年、８回目の裁判で、三菱名古屋勤労挺身隊事件の梁錦徳さんは関釜裁判の提訴以来実に24年８カ月、９回目の裁判での勝訴確定でした。しかし日本政府は原告らに慰労や謝罪の言葉をかけるのではなく、被告企業に圧力をかけて判

決にしたがった支払を拒否させています。そこで原告らは両社の韓国内にある資産を差押える手続に着手しました。不二越に対する高等法院判決にも仮執行宣言がついていましたので、この事件の原告も差押手続に入っています。

また、ソウルと光州では数十名の被害者に関する新たな訴訟が提起され、日本コークス工業（旧三井鉱山）、三菱マテリアル（旧三菱鉱業）、住石ホールディングス（旧住友石炭鉱業）、JX金属（旧日本鉱業）、西松建設などの企業も新たに被告となっています。

しかし、もっとも若い被害者も90歳に達しようとしており、これらの手続は時間との闘いになりつつあります。

青木有加

[コラム2] 韓国の大法官はどのように選任されているのか

　日本の最高裁判所長官は、内閣の指名にもとづいて天皇が任命し、長官以外の最高裁判所裁判官は内閣が任命します。
　韓国の大法院（日本の最高裁判所にあたる）は、大法院長を含めて大法官14名で構成されています。大法院長については、大統領が国会の同意を得て任命します。大法官については、大法院長の推せんで国会の同意を得て大統領が任命します。

　韓国には、公選によらない任命職の公職者を大統領が任命する前に、国会でその候補者に対する検証を行うために、人事聴聞会が行われます。この人事聴聞会の制度は、高位公職者の不正腐敗が問題となり、国民の意思が反映される余地がなかった大統領による任命について、国会による検証過程で国民が参加する機会をつくろうということで2000年から始まった制度です。
　大法院長、大法官もこの制度の対象となっています。
　国会に任命同意書案等が提出されると、国会で人事聴聞特別委員会が構成されます。任命同意書案等には、公職候補者の学歴・経歴に関する事項、公職者の兵役申告事項、財産申告事項、最近3年間の所得税、財産税及び総合土地税の納付実績に関する事項、犯罪経歴に関する事項等に関する証拠書類を添付しなければなりません。そして、これらの資料に加えて、委員会は本人の身上に関連した資料を独自に収集し提出すること、実態調査を行うことができます。提出書類等の審査の後、人事聴聞会を実施します。人事聴聞会に候補者を出席させて質疑を行い、答弁と意見を聴取します。候補者の専門性、業務遂行能力、財産形成過程、学歴と経歴、人格や周囲の評判などを中心に質疑がなされます。聴聞会は丸2日がかりで長時間行われ、不動産投機など私生活の問題から、死刑制度をどう考えるかなど司法問題についての見解まで問われます。この様子がテレビで生中継され、報道機関の動画チャンネルからインターネットでも視聴できます。大法官の場合はまだ例がないようですが、憲法裁判所裁判官やその他の公職候補者が聴聞会の追及に耐えられずに就任を

辞退することも珍しくありません。これを韓国のメディアは「落馬」と呼んでいます。

このように、韓国では、大法院長、大法官を任命する過程の中で、国会の公開されたチェックが行われています。一方、日本では最高裁判所長官及び最高裁判所裁判官の指名や任命の過程で国会が関与する過程はありません。日本の最高裁判所の裁判官は、内閣で任命された後はじめて行われる衆議院議員総選挙の際に国民審査に付されます。国民審査は、現在、罷免を可とする最高裁判所裁判官に「×」を記載し白票は信任票とする方式で行われていますが、白票を投じた人がよくわからないから白票を投じているのか、信任したいから白票を投じたのか不明であるという指摘があります。不信任投票率が、高い場合でも9.6％（2014年12月国民審査）に過ぎません。過去に国民審査によって不信任とされた最高裁判所裁判官はいません。また国民が裁判官の適格性を判断するために参考とする資料が不十分であるという指摘もあります。

こうして比較してみると、韓国の大法官長・大法官の方が、適格性について判断する資料に透明性があり、国会や国民によるチェックがなされているともいえそうです。

なお、今回の日本製鐵徴用工事件2018年大法院判決に関与した大法院長・大法官を任命した大統領と本判決での意見をまとめると次頁の表のとおりとなります。

今回の大法院判決について、文在寅大統領の意向が強く反映されているのではないか、ということが言われますが、文大統領により任命された大法官の中にも反対意見を述べた大法官がいます。また今回の大法院判決は2012年の大法院の差戻判決の判断に沿うものですが、2012年は李明博大統領の時代でした。大統領の意向が大法院判決にそのまま反映されるという見方は適切ではないと考えられます。

表　日本製鐵徴用工事件2018年大法院判決に関与した大法官

職名	氏名	意見	任命者
大法院長	金命洙	多数	文在寅
大法官	金昭英	個別2	李明博
大法官	曺喜大	多数	朴槿恵
大法官	権純一	反対	朴槿恵
大法官	朴商玉	多数	朴槿恵
大法官	李起宅	個別1	朴槿恵
大法官	金哉衡	多数	朴槿恵
大法官	趙載淵	反対	文在寅
大法官	朴貞杺	多数	文在寅
大法官	閔裕淑	多数	文在寅
大法官	全善洙	多数	文在寅
大法官	李東遠	個別2	文在寅
大法官	盧貞姫	個別2	文在寅

青木有加

第2章
背景事情を知る

> Q5　強制動員の規模・背景
>
> 「強制動員」とは、いつごろ、どのような規模で行われたのでしょうか？
> このようなことが行われた背景にはどんなことがあったのですか？

急速に増加した在日朝鮮人

　下のグラフを見てください。これは戦前に日本（当時は「内地」と言っていましたが、この本では「日本」ということにします）に住んでいた朝鮮人（1910年から52年までは日本国籍を持っていた、というのが日本政府の見解です）の人口の変化を表したものです。

図　日本に住む朝鮮人の人口(筆者作成)

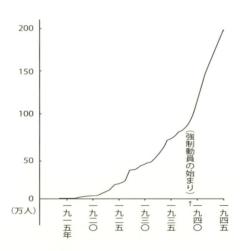

　これをみると、1930年代後半から日本在住の朝鮮人の人口が急激に増加し、1945年頃には200万人ほどになっていることが分かります。このような人口

増加は「強制動員」の結果です。この時期の朝鮮人の日本への動員数の合計は70万人ほどではないかとされています。また、日本だけではなく、朝鮮内部、サハリン（樺太）、南洋諸島、中国東北地方（満州）、中国本土にも多くの朝鮮人が強制的に動員されました。朝鮮の人口は当時2000万人強で、そのうち働き手である若い男性を中心に強制動員されたわけですから、動員された本人のみならず、残された家族の生活や、朝鮮の地域社会にとっても甚大な影響がありました。

このような動員が行われたのは、日本が朝鮮を植民地支配していたこと、その植民地を侵略戦争のために利用したことが原因です。

韓国併合

明治政府はその成立当時から朝鮮の植民地化を国家的目標としてきましたが、1875年の江華島事件以降、朝鮮への内政干渉を続け、日清、日露の両戦争を経て朝鮮における支配的地位を確立しました。そして1905年、日本軍が朝鮮王宮を包囲するなかで、伊藤博文が大韓帝国政府の大臣等に強要して「乙巳保護条約」に調印させました。この条約により韓国は外交権を奪われ、外交を監督するとの名目で日本から送り込まれた韓国統監による徹底した内政干渉によって、事実上日本の植民地とされていきました。そして1910年8月22日、ついに日本は当時の大韓帝国政府に「大韓帝国皇帝陛下ハ韓国全部ニ関スル一切ノ統治権ヲ完全且永久ニ日本国皇帝陛下ニ譲渡スル」との日韓併合条約を押しつけ、朝鮮を完全に日本の植民地にしました。

植民地支配と独立運動

日本は天皇に直属する朝鮮総督のもとに総督府を設置し、軍隊と警察を一元化して、「武断政治」とよばれる強権支配を行って朝鮮を支配し、「土地調査事業」「林野調査事業」等を実施して朝鮮農民の土地を収奪しました。

このような植民地支配に反対し、1919年には朝鮮全土で200万人を越える人々が、「独立万歳」を叫ぶ3・1独立運動に立ち上がりました。しかし、日本は非武装の朝鮮人に武力弾圧を加え、約7,000人の朝鮮人が日本の軍隊と警

察によって殺害されました。

3・1運動の高揚に懲りた朝鮮総督府は、「文化統治」を標榜し、朝鮮語の新聞発行を一部承認する等の懐柔策をとりました。しかし、1920年に始まった「産米増殖計画」により、15年間の増産率２割に対して日本への移出を４倍にする飢餓輸出を強要するなど、植民地収奪の実態に変わるところはありませんでした。

渡航管理制度

韓国併合により朝鮮人は外国人ではなくなりました。日本人（これも本書では「内地人」ではなく「日本人」ということにします）と朝鮮人は一視同仁（天皇がすべてを平等に慈しみ差別しないこと）であり、法的に平等な「臣民」であるという建前になりました。そうであれば朝鮮から日本に自由に渡航することができるはずです。しかし、平等というのは日本政府の建前にすぎず、朝鮮人を、治安を攪乱する危険がある存在だと考えていました。また、日本政府だけでなく日本の労働者、民衆にも、朝鮮人労働者に対する強い蔑視感情がありました。そこで、日本に朝鮮人が大幅に増えることを警戒していました。

一方で、好況のときには炭鉱や土木現場のような日本人労働者が働きたがらない職場の安い労働力を確保する必要がありました。土地調査事業等で疲弊した朝鮮の農村には、日本に移住または出稼ぎしようという人々が常に存在していました。そこで日本政府は日本の景気の良し悪しや「治安状況」などに応じて、朝鮮人の日本への渡航を制限したり緩めたりしました。

日本に渡航する朝鮮人は第１次世界大戦による好況を背景に1910年代の半ばには増え始め、その後、渡航の自由化、渡航の制限、と何回か揺れ動きながら1920年代半ばには朝鮮人の日本への渡航を制限する政策をとるようになり、法律上の根拠もないまま、渡航証明書（ビザのようなもの）の取得と所持を朝鮮人に事実上義務付けました。これに反して漁船などで渡航すると、「密航」という扱いがされました。

このような経緯を経て、強制動員（1939年～45年）が行われる以前の、1930年代の半ばくらいの時点で、日本の朝鮮人人口は50万人を突破してい

ました。これらの人々は強制的に動員されたものではありませんが、日本側の低賃金労働力の需要を満たすための「手段」として扱われ、真の自己決定権が奪われていたといえます。

侵略戦争の兵站基地

一方、日本は1931年に満州事変、1937年に日中戦争をひきおこし、中国への本格的な侵略を始めました。日本は、朝鮮を中国侵略の「兵站基地」(人的・物的資源の補給基地)と位置づけ、食糧や工業資源の略奪を強化するとともに、朝鮮人を戦争遂行のための人的資源として利用しました。

皇民化政策

朝鮮人を戦争に動員するため、日本は朝鮮人からその民族性を奪い、日本に隷属させ、天皇に忠義を尽させようと、いわゆる「皇民化政策」を推進しました。天皇に忠誠を誓う「皇国臣民の誓詞」を事ある毎に唱えさせ、朝鮮各地に勤労奉仕によって神社を建立して参拝を強要し、「創氏改名」を実施して氏名を日本風に改めさせました。

強制動員のはじまり

戦争の激化に伴い、日本人の成人男子が戦争にかりだされ、炭鉱をはじめとする労働現場の労働者が不足するようになりました。そこで、朝鮮人労働者を日本に動員する必要がますます高まりました。こうして朝鮮人強制動員が始められたのです。

朝鮮人強制動員は、次頁の図のように大きく労務動員と軍事動員の2つに分類することができます。前者には「募集」「官斡旋」「徴用」という男子の労務動員と朝鮮女子勤労挺身隊が、後者には軍人(「志願」兵・徴兵)・軍属、そして日本軍「慰安婦」が含まれます。

大法院判決の原告らは日本への労務動員の被害者ですので、次のQ6ではこれについて説明します。

図　朝鮮人強制動員の分類（筆者作成）

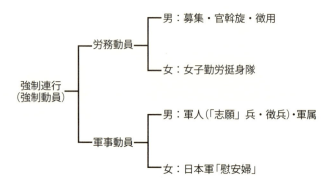

殷勇基

Q6 様々な形態の強制動員

「募集」「官斡旋」「徴用」「女子勤労挺身隊」とはどのような制度ですか?
それはどのように実施されましたか?

男性は募集→官斡旋→徴用の順に制度が変わりました。さらに女性の「女子勤労挺身隊」について説明します。

「募集」による動員

日中戦争が深刻化して労働力が不足すると、日本政府は1939年7月4日に「労務動員実施計画綱領」を閣議決定し、これに基づき諸規則を定めた上で、同年9月から「募集」という方式で、日本への朝鮮人戦時労務動員を始めました。もっとも、この時点では日本政府は朝鮮人の日本渡航は原則として制限し、日本人によって労働力を充足することが不可能な場合に例外的に朝鮮人を労働力として動員するという方針をとっていました。

「募集」方式では、まず労働力を必要とする会社が、日本の府県知事を通じて厚生省の募集許可と朝鮮総督府による募集地の割り当てを受けます。次に、会社の「募集員」が割り当てられた朝鮮の「道」(日本の都道府県に相当)から指定された朝鮮の「面」(村に相当)に赴いて、その地域の職員や警察官と協力して労働者を集めます。集められた労働者は雇用主またはその代理人の引率の下で集団的に日本に移動し、日本の就業地に到着後は「協和会」(日本政府が作った、在日朝鮮人を管理する組織)や警察署、職業紹介所に報告し、これらの指示にも服しながら就労します。

このように「募集」と言っても、日本政府、朝鮮総督府、警察が深く関与していました。朝鮮の警察は3・1独立運動の後非常に強化され、一面一駐在所という方針が出されました。面で一番権威があるのは面長ではなく警察官でした。したがって警察官によって集められた朝鮮人が「募集」を拒否することは実質的に不可能で、「募集」という名の強制動員でした。

本格的な動員が始まった「官斡旋」

　1941年12月8日に日本は米英に対して宣戦布告し、太平洋戦争が始まりました。それを受けて1942年2月13日、日本政府は「朝鮮人労務者活用に関する方策」を閣議決定しました。日本人男性の出征による労働力不足が著しくなり、朝鮮人の日本渡航を原則的に制限するという方針は廃棄され、本格的な朝鮮人の動員が始まることになったのです。そして朝鮮総督府が1942年2月20日に策定した「労務動員実施計画による朝鮮人労務者の内地移入斡旋要綱」に則って同月以降、官斡旋方式による動員が実行に移されました。

　官斡旋では、日本政府が朝鮮の村々に動員人数を割り当て、地方の行政当局と朝鮮総督府の外郭団体である朝鮮労務協会、警察官、企業から派遣された労務補導員が協力して有無を言わせず徴発するものでした。「募集」よりも行政当局の関与が明確化され、集められた朝鮮人労働者の採否の自由は企業側にはありませんでした。官斡旋について、被害者側と朝鮮総督府側の双方の証言から「強制」の実態がみてとれます。

　まず、被害者側の証言です。

　「私が徴用された日に私を連行したのは莞島(ワンド)の警察の日本人の巡査でした。近くの子どもが、『今、巡査が人を捕まえに来ているよ。』と言ってくれたので、私は家を出て家の近くに隠れていましたが見つかってしまいました。子どもが知らせてくれて私が隠れたのは、その頃日本の巡査が徴用のために人を捕まえに来ることがよくあったからです。

　巡査は突然何の連絡もなく来て、私は捕まり、ナイロンの紐で手をしばられて里長（編注：村長のこと）の事務所に連れていかれました。その巡査が里長と話をしていたので私は非常に不安になり、その間に里長の事務所のすぐ近くの川の横の草むらに逃げました。私は逃げましたが、同じ巡査に捕まり、手のひらで両頬を5、6回以上殴られました」（「光州千人訴訟」原告本人調書より。1943年、原告が21歳の時の出来事を1997年に語ったもの。原告は「徴用」と呼んでいますが、官斡旋の時期の強制動員です）。

　次に、日本の朝鮮総督府側の座談会での発言です。「半強制的な」やり方を

自認しています。

「官斡旋の仕方ですが、朝鮮の職業紹介所は各道に1ヶ所ぐらいしかなく組織も陣容も極めて貧弱ですから、一般行政機関たる府、郡、島を第一線機関として労務者の取りまとめをやっていますが、この取りまとめが非常に窮屈なので仕方なく半強制的にやっています。その為輸送途中に逃げたり折角山[鉱山]に伴[つ]れていっても逃走したり、あるいは紛議を起すなど、という事例が非常に多くなって困っております。しかし、それかと云って徴用も今すぐには出来ない事情にありますので、半強制的な供出は今後もなお強化してゆかなければなるまいと思っています」(朝鮮総督府厚生局労務課・田原実。「大陸東洋経済」1943年12月1日号。1943年11月9日、東洋経済新報社主催の座談会での発言。外村大『朝鮮人強制連行』(岩波新書、2012年) から再引用し新仮名遣いに改めた)。

刑罰で強制する「徴用」

第3段階は「徴用」です。1944年8月8日に「半島人労務者の移入に関する件」が閣議決定され、翌月から国民徴用令による徴用が本格的に実施されました。対象者を呼び出して役所に出頭させ、選考したうえで適格者に徴用令状を交付するのです。徴用に応じない場合、国家総動員法によって処罰(1年以下の懲役又は1000円以下の罰金)されます。その意味で徴用は「法的な強制」でした。

「元徴用工問題」か「朝鮮出身労働者問題」か

このように「募集」「官斡旋」「徴用」はいずれも戦時における強制動員のための制度です。募集と官斡旋は事実上拒否できない「物理的強制」が多く用いられました。徴用は物理的強制に加え拒否すると刑罰を科せられる「法的強制」でした。

募集→官斡旋→徴用の順に日本政府が動員に公式に関わる度合いが増えています。労働力の供給源がだんだん枯渇する一方で動員の需要が拡大していっ

たため、行政がかかわる体制を作って労働力を確保することが必要だったのです。

　他方、被害者やその家族にとっては、上記のように「募集」や「官斡旋」も強制的な要素が強かったので、3つの制度の違いは明らかでなく、自分や家族が、募集や官斡旋だったのか、それとも徴用で動員されたのかについて、理解していない場合も珍しくありません。戦後も、韓国社会では3つの制度のいずれかで日本に行かされたことを「徴用された」と呼び習わしてきました。日本のメディアも大法院判決について「元・徴用工についての判決」と報道していますが、被害の共通性を考えると、徴用だけではなく、募集、官斡旋の被害も併せて広く「元・徴用工問題」と呼ぶことは合理性があります。もっとも、日本のメディアの「元・徴用工についての判決」という表現が、以上のようなことをキチンと理解していることに基づくものなのかは、疑問の余地がありますが。

　ところが、日本政府はこの表現は不適当だとして「朝鮮半島出身労働者問題」と呼んでいます。安倍晋三首相によれば、「当時の国家総動員法下の国民徴用令においては募集と官あっせんと徴用がございましたが、実際、今般の裁判の原告4名はいずれも募集に応じたものであることから、朝鮮半島の出身労働者問題、こう言わせていただいているところでございます」（2018年11月1日衆議院予算委員会）とのことです。

　しかし、募集と官斡旋は国民徴用令とは別の制度です。また、今回の原告たちのうち2人は「募集」でも「官斡旋」でもなく新聞の求人広告という個別の募集に応じたところ、その広告が詐欺的であったうえ、その後日本の工場で徴用され（いわゆる現員徴用）、徴用工として強制的に労働させられたものです。安倍首相は大法院判決の事案についても、当時の制度についてもよく理解しないで答弁していることになります。何より問題なのは、募集や官斡旋は強制ではなかったという前提で、日本政府が用語から強制性を薄めようとしていることです。前記のように刑罰による「法的強制」は徴用だけのものですが、「募集」も「官斡旋」も警察官などによる「物理的強制」が多く用いられた、強制動員のための制度だったのです。

日本人の働きたがらない職場で酷使された朝鮮人労働者

　朝鮮人は炭鉱などの鉱山や、土木現場等、日本人が働きたがらない危険な重労働の現場に多く動員されました。日本人に対しても労務動員は行われていましたが、そのような現場ではなく、自宅から通勤可能な工場などに配置されるのが普通でした。

　動員された人たちは当時「移入労働者」とよばれ、その労働と生活は悲惨なものでした。タコ部屋（現場労働者を収容した小屋）に入れられ、退職の自由がなく、逃亡を試みて失敗した場合には、体罰や命の危険を覚悟する必要がありました。給与を強制貯金させられ、退職時まで渡されることがないまま、結局日本の敗戦による解放後も給与を受け取ることができなかった人も多くいました。

　Q1、Q2で紹介した日本製鐵徴用工事件、三菱広島徴用工事件等の原告はこのような制度によって強制動員された人々です。

「女子勤労挺身隊」

　女子勤労挺身隊は国民学校（小学校）5、6年生ないし卒業後1、2年の少女を組織して日本の工場で働かせたものです。被害者の年齢は12歳から16歳と著しく低く、学校の教員が「日本に行けば金も稼げて女学校にも行ける」などという甘言で志願を勧めるなど学校組織が動員に深くかかわりました。動員先は全て軍需工場で、戦後に被害者が名乗り出て賠償を求めたケースとして、三菱重工名古屋道徳工場、不二越富山工場、東京麻糸沼津工場が知られています。

　動員された少女たちは「女学校に行ける」などの約束も果たされず、給料もまともに支給されないまま、親と引き離されて軍隊式の共同生活を強いられ、外出も制限されました。食事は常に不足し、出征した成人男子工員の代わりに危険な重労働に従事させられました。幼く、まだ背の低い少女が踏み台に乗って旋盤などの工作機械を操作させられ、労災事故が多発しました。すでに本土空襲がはじまっており、同年代の日本人の子どもたちは空襲を避けて地方に疎開しているのに、勤労挺身隊の少女たちは空襲の標的となる軍需工

場で恐怖に怯えながら働かされました。三菱重工名古屋道徳工場では東南海地震で工場や宿舎が倒壊して犠牲者を出すという不運まで重なりました。

　なお、韓国では日本軍「慰安婦」のことを「挺身隊」と呼んでいたため混同されることがありますが、日本軍「慰安婦」は主に10代後半から20代の女性を欺罔や強制によって戦地に連行して軍人の性奴隷としたものであり、主に10代前半の少女を日本の軍需工場で労働させた女子勤労挺身隊は全く別の「制度」です。

　Ｑ１、Ｑ２で紹介した三菱名古屋勤労挺身隊事件、不二越勤労挺身隊事件の原告はこのような女子勤労挺身隊として強制動員された人々です。

殷勇基

[コラム3]「土地」に対する差別と「人」に対する差別

憲法上の外国

　1889年に発布された大日本帝国憲法は、天皇制の下での三権分立、法律で制約できる人権保障という限定的なものではあったものの、権力分立と人権を一応保障した憲法でした。台湾（1895年）や、朝鮮（1910年）の植民地化の前に制定された憲法には植民地についての規定はなく、憲法が植民地に適用されるのかは解釈に委ねられました。これに関してはいろいろな見解がありましたが、結局、権力分立や人権条項は植民地には適用されませんでした。

　そのため、朝鮮には議会は設置されず、また朝鮮に居住する人々には東京の帝国議会の衆議院の参政権も認められませんでした。これは朝鮮という「土地」に着目した差別だったので、日本人も朝鮮に住めば参政権を行使できなくなり、朝鮮人が日本に住めば参政権を行使することができました。他方、三権を超越した存在である朝鮮総督は「制令」という法を制定する権限をもっていました。このように朝鮮は日本本土と異なる法域、つまり「異法域」であるとされていたのです。かつてのドイツの憲法学者たちは、ドイツの植民地について、（ドイツ領ではあるが）「憲法上の外国」だ、という言い方をしたそうですが、それにならえば、植民地時代の朝鮮も「憲法上の外国」だった、ということができそうです。

戸籍による差別政策

　日本人と朝鮮人は同じ「日本臣民」であるはずでしたが、朝鮮人には戸籍法が適用されず、朝鮮戸籍令による朝鮮戸籍という日本戸籍とは別の戸籍が編成されました。婚姻や養子縁組の場合を除いては朝鮮戸籍と日本戸籍をまたがって人が異動することはできませんでした。これは「人」に着目した差別の基礎になるものです。日本政府は「一視同仁」を唱え、創氏改名や日本語教育の強要などの皇民化政策を推進して朝鮮人の日本人への同化を強制しましたが、他方で、戸籍のように、決して日本人と

朝鮮人が区別できなくなることがないような制度を周到に作っていたのです。戦後、サンフランシスコ平和条約の締結に際して出された法務府民事局長通達は「戸籍法の適用を受けない者」という基準で、本人の意思にも、どこに住んでいるかにも関係なく、朝鮮人の日本国籍を一律に剥奪しました。そして、日本国籍がないことを理由として在日朝鮮人を強制退去の対象とし、参政権や公務就任権はもとより、公営住宅入居権、国民健康保険加入権、国民年金受給権などの生活上の権利まで奪ってしまったのです。

殷勇基

第3章
日韓請求権協定の内容と解釈を知る

Q7 協定の内容

日韓請求権協定とは何ですか？

日韓請求権協定とは

　サンフランシスコ講和会議直後の1951年10月から開始され、途中の中断時期も含め、14年にわたって行われた韓国と日本の国交正常化交渉（いわゆる「日韓会談」）の結果、1965年6月22日、日韓基本条約とともに締結された協定の一つが「財産及び請求権に関する問題の解決並びに経済協力に関する日本国と大韓民国との間の協定」（いわゆる「日韓請求権協定」）です。

　日韓請求権協定では、日本が韓国に対し、無償3億ドル・有償2億ドルの合計5億ドルの経済支援を行うこと（協定1条）、両国及び国民の間での請求権に関する問題が完全かつ最終的に解決したこと（協定2条）などが記載されています【資料6】。

日韓請求権協定締結までの日韓会談の経緯

朝鮮半島の解放とサンフランシスコ講和会議
　1945年8月15日、日本の敗戦により朝鮮半島は日本の植民地支配から解放され、1948年8月15日には朝鮮半島南部に大韓民国が成立しました。
　韓国政府は1949年9月、韓国の日本に対する対日賠償請求を主眼とした交渉を行うための「対日賠償要求調書」（総額約310億円超・終戦直後の為替レート1ドルあたり15円で換算すると約21億ドルに相当。吉澤文寿『戦後日韓関係』〔クレイン、2015年〕31頁）を完成させ、日本に対する戦勝国としての賠償及び植民地支配の清算を迫るつもりでした。
　しかし、1951年9月に開かれたサンフランシスコ講和会議に韓国は戦勝国

として参加できなかったことから、日本に対する戦勝国としての賠償を求めることは難しくなり、結局韓国の対日請求問題はサンフランシスコ平和条約第4条a項の規定に基づき、韓国と日本との特別取極（外交交渉）において決められることとなりました。

このサンフランシスコ講和会議での取扱いを受けて、韓国と日本の国交正常化交渉（いわゆる「日韓会談」）が始まりました。

第1次会談

日韓会談は、1950年6月25日に始まった朝鮮戦争もこう着状態となっていた1951年10月からの予備会談に始まり、1952年2月15日に第1次会談が開かれました。

請求権問題は第1次会談から最大の争点であり、第1次会談の請求権委員会の第1回会合で、韓国政府から「韓日間財産及び請求権協定要綱」（いわゆる「対日請求8項目」）が提示されました。

日本政府は請求権問題について、賠償や請求権の相互放棄を獲得目標としていました。日本政府は韓国内に残された日本財産（以下、在韓日本財産[1]）の返還を求めることが国際法上無理な論理であることは承知の上で、韓国に対して在韓日本財産の返還を求め、対日請求権との相殺あるいは相互放棄をさせようとしたのです。

当然、韓国は日本がサンフランシスコ平和条約4条b項において在韓日本財産に関する取扱いを承認した以上、在韓日本財産の返還を求められるはずはなく、日韓会談での交渉の対象は韓国の対日請求権のみであると強く反論しました。

しかし日本は請求権に関する上記の主張を譲らなかったため、結局、第1次会談は在韓日本財産の帰趨を巡る法的議論が対立したまま1952年4月には決裂しました。

---

[1] 朝鮮半島の解放により、在韓日本財産については、1945年12月6日、在韓米軍政庁令第33号（以下、命令33号）が発令され、その国公有・私有を問わず、米軍政庁に帰属することになり、最終的に、1948年9月20日、「米韓間の財産及び財政に関する最初の協定」（以下、米韓協定）5条によって、在韓日本財産は韓国政府に移譲されました。

久保田発言

1953年4月から第2次会談が始まったものの、朝鮮戦争の休戦協定締結の見通しがたってきたこともあって、様子見のために7月にはすぐに休会となり、1953年7月27日の休戦協定により朝鮮戦争が一応の終結を迎えた後、1953年10月より第3次会談が開かれました。

日韓会談が本格的に再始動すると期待された中、1953年10月15日に開催された第3次会談の請求権委員会の会議において日本側首席代表の久保田貫一郎は「日本は36年間に、禿山を緑の山に変えたとか、鉄道を敷いたとか、水田を増やしたとかで多くの利益を韓国人に与えた」、「私見であるが、私の外交史研究によれば、日本が進出してなかったら、韓国は中国かロシアに占領され、もっとミゼラブルな状態に置かれただろう」等と日本の植民地支配を合法とする（むしろ、韓国は日本に併合されたことに感謝しなければならない）旨の発言をしました。この久保田発言に対し日本の植民地支配責任を問題としていた韓国側が激怒したことは当然の結果であり、結局この久保田発言をきっかけに、再び日韓間で日本の植民地支配責任に関する激しい論争へと発展したことから、第3次会談は2週間という短期間で決裂してしまい、第4次会談が再開するまで実に4年を要することになりました。

ここで注目しておかなければならないことは、久保田発言は決して特殊な見解などではなく日本政府の見解を代弁したにすぎず、日本政府には植民地支配に対する反省のかけらもなかったという点であると言えます（李相烈「日韓国交正常化交渉過程における韓国政府の対日政策決定に関する一考察」高麗大亜細亜研究所『韓日関係資料集（第一集）』ほか）。

第4次会談の再開と第5次会談

第3次会談の中断後、日韓の関係は最悪の状態が続いていましたが、日本では岸信介内閣が発足し日韓会談の再開へ向けて方針転換が図られました。1957年12月31日には久保田発言を正式に取り消すことを盛り込んだ日韓共同宣言が発表され、ついに1958年4月、第4次会談が再開されることになり

---

2 「日本国政府は、昭和32年10月31日付の『日韓請求権の解決に関する日本国と平和条約第4条の解釈についてのアメリカ合衆国の見解の表明』を基礎として、昭和27年3月6日に日本国と大韓民国との間の会議において日本側代表が行なった在韓財産に対する請求権主張をここに撤回

ました。その後韓国で起こった1960年4月の学生革命により第4次会談も中止に追い込まれましたが、同年8月張 勉(チャン・ミョン)内閣が韓国で成立したことから、1960年10月には第5次会談が開催され、日韓会談の妥結を急ぐ張政権と岸内閣を引き継いだ池田勇人内閣のもとで公式・非公式会議を含めた請求権委員会が32回も開催され、請求権問題についても実質的な討議が行われました。

第6次会談から日韓条約の締結まで

1961年5月16日、クーデターによって朴正煕(パク・チョンヒ)大統領が政権につき、第5次会談は中断を余儀なくされたものの、新たに発足した朴政権は韓国内の経済復興を推進するため日米など諸外国との関係改善を急ぎ、日韓会談についても積極的な姿勢をみせました。

1961年10月から第6次会談が開催されると、翌年の1962年11月には金 鍾 泌(キム・ジョンピル)韓国中央情報部長と大平正芳外相が、経済協力方式に関して「無償援助3億ドル、有償経済協力2億ドル、民間借款1億ドル以上」と書いたメモを交換して、請求権問題について経済協力方式の大枠で決着する合意(大平・金合意)に至りました。

日韓会談での大きな障害であった請求権問題が大枠で解決されたことから、日韓条約の締結に向けて具体的な協議は1964年11月から始まった第7次会談へと続き、ついに1965年6月22日、両国の国交正常化のための日韓基本条約が締結され、「財産及び請求権に関する問題の解決並びに経済協力に関する日本国と大韓民国との間の協定」(日韓請求権協定)も締結されました。

政治的妥結によってまとめられた日韓会談

このように、日韓条約等の締結に至るまでの14年にわたる経緯を振り返ると、日韓会談は、韓国での政治体制の変遷、朝鮮戦争や久保田発言など、様々な外的要因に翻弄され続けた会談であったと言えます。

中でも、請求権問題に関する日韓の対立は激しく、日本政府が過去の植民地支配の責任を認めず、対韓請求権の存在を主張して対日請求権と相殺することで請求権の相互放棄を目論んだことから、韓国からの強い反発を招き、

する」(毎日新聞1958年1月1日付)。

議論は平行線が続きました。

　しかし、朴正熙軍事独裁政権が樹立されると、朝鮮戦争により焦土化した韓国国内の経済復興を実現するため、早く日本から賠償金を得るという実利を優先する政策へと方針転換したことから、日韓会談は急速に進展し、その結果日韓請求権問題も政治的な妥協により決着をつけることになりました。

玉虫色の解決を急いだ結果としての日韓請求権協定

　日本政府は、「日韓請求権協定により、日本が韓国に対し経済協力（無償3億ドル・有償2億ドル）をすることで、日韓間の請求権を実質的には相互放棄して『完全かつ最終的に解決』することとなり、当初の目論み通りに解決できた（無償3億ドルは韓国に対する賠償ではない）」と日本国民に説明しました。

　反対に、韓国政府は、「無償3億ドルの経済援助は実質的な賠償である」と国内的に宣伝し、国民の理解を得ようとしました。

　日韓の請求権問題は、最終的には日韓両国の政治的な力学により妥結するに至りましたが、上記の日韓請求権協定の意義に対する両国の説明を見ても、結局、日韓会談では日本の植民地責任に関する反省の弁を聞くことなく、植民地支配・戦争による損害と被害の清算に関する根本的な問題解決を先送りにし、将来にツケを残した格好となったのです。

張界満

Q8 協定締結過程

請求権協定の締結過程では、徴用工問題について、どのような話し合いがされたのですか?

対日請求8項目とは

　請求権問題について、韓国政府から日韓会議の冒頭で「韓日間財産及び請求権協定要綱」(いわゆる「対日請求8項目」)が提示されました。その主な内容は次の通りです。

① 朝鮮銀行を通じて搬出された地金及び地銀の返還請求
② 1945年8月9日現在の日本政府の対朝鮮総督府債権の返済請求
③ 1945年8月9日以後韓国から振替又は送金された金品の返還請求
④ 1945年8月9日現在韓国に本社本店又は主たる事務所がある法人の在日財産の返還請求
⑤ 韓国法人又は韓国自然人の日本国又は日本国民に対する日本国債、公債、日本銀行券、被徴用韓国人の未収金、補償金及び其他請求権の返済請求
⑥ 韓国人(自然人、法人)の日本政府又は日本人に対する個別的権利行使に関する項目
⑦ 前記諸財産又は請求権より発生した諸果実の返還請求
⑧ 前記の返還及び決済の開始及び終了時期に関する項目

　この対日請求8項目には、「被徴用韓国人の未収金、補償金」問題が第5項に含まれており、徴用工に対する未払い賃金や補償金についても日韓会談での議論の対象となりました。

徴用工などの個人請求権について、日韓でどのような議論がなされたか

　会談の当初から、日本政府は、徴用工などの個人請求権について、国交正常化後、日本の法律に従って個別的に解決するという方針で韓国政府と交渉してきました。これに対し韓国政府は、個人請求権についても韓国政府が日本政府に代わりに韓国国内で一括して解決するという一括補償協定方式を希望し、解決方針について日韓での対立が続いていました。

　しかし、この日本政府の方針は積極的に個人請求権を補償しようという意図で提案されたものではありませんでした。未払賃金のように法律関係や事実関係が明白なものだけは補償に応ずるが、戦争による被徴用者の被害に対する補償金などについては、そもそも補償に応じられないと交渉することで、一括補償協定方式により解決する場合の補償金総額を切り下げるための方便だったのです。

　同時に、日本政府は、韓国政府が一括補償協定方式により個人請求権問題の解決を求めるのであれば、韓国側から証拠に基づく具体的な立証がなければ応じられないとも主張していました。韓国政府も法律関係や事実関係を明らかにするため、日本政府に対し被徴用者の被害等に関する資料の開示と提供を求めました。しかし、当時日本政府は日韓国交正常化交渉に向けた準備のため、各企業に命じて徴用工らに対する未払い賃金等を供託させており、被徴用韓国人の未収金に関する企業名（事業者）、未払金の種別、被徴用者の人数、金額等の情報を精査・集計していた（労働省労働基準局給与課「帰国朝鮮人労務者に対する未払賃金債務等に関する調査集計」1953年）にもかかわらずこれらの資料を韓国側に秘匿するなど、不誠実な対応を続けていました。

　請求権問題に関する日韓の交渉が行き詰まる中、朴正煕大統領が軍事クーデターにより政権を手中に収めると、その後の第6次会談では韓国政府は日本からの資金を韓国経済の復興資金に充てるため是非とも一括補償協定方式を実現させる必要性から、請求権8項目の第1項から5項までの内容に含まれる個人請求権は国家が処理するが、第1項から5項以外の個人請求権は日韓交渉の妥結後においても請求できるようにしようと、これまでの方針を変更しました。

すると日本政府は、日韓交渉の妥結後に個人請求権が請求できる余地を残すと植民地支配や戦争の被害者らによる補償請求などが日韓交渉の妥結後において提起される可能性を恐れ、これまでの「個人請求権について、国交正常化後、日本の法律に従って個別的に解決するという方針」を翻し、すべての請求権を日韓交渉で処理すべきと主張しました。

　しかし、今度は韓国政府が日本政府の主張を受け入れず、再び議論は平行線をたどることとなりました。

　結局、長年にわたる交渉の結果、日韓両政府は実務レベルでの議論には限界があると認めざるを得ず、政治レベルでの解決をすることで意見が一致することとなり、結果的にはすべての請求権を日韓交渉で処理するという日本側の主張が押し通されたことになりました。

無償３億ドルの支援によって、徴用工の未払い賃金その他が補償されたのか

　日韓請求権協定と同時に日韓間で取り交わされた「合意議事録」二の(g)では「完全かつ最終的に解決されたこととなる両国及びその国民の財産、権利及び利益並びに両国及びその国民の請求権に関する問題には日韓会談において韓国から提出された『韓国の対日請求要綱』（いわゆる８項目）の範囲に属する全ての請求権が含まれており、したがって、同対日請求権に関してはいかなる主張もなしえなくなることが確認された」と規定されており、８項目のうち第５項目である徴用された韓国人の未収金、補償金も日韓請求権協定で解決された請求権問題に含まれていることになります。但し、2018年の大法院判決では、「植民地支配と直結した不法行為による損害賠償請求権は請求権協定の対象に含まれていない」と判断しています（→Q４）。

　他方で、無償３億ドルの経済援助の意味合いについては、これが個人請求権を含めた対日請求権の対価（法的な賠償金）であるのか、それとも賠償とは関係のない経済協力であるのかが問題となりますが、当時日本政府は経済協力資金は請求権の対価（法的な賠償金）とは別個のものであると解釈していたのに対し、韓国政府は請求権問題の解決手段として経済協力が実施される以上、無償３億ドルの経済援助は実質的な賠償であると主張しており、両国

政府が都合の良いように解釈していました（→Q7）。

　いずれにせよ、日本政府の見解によればもちろんのこと、韓国政府の見解によっても、無償3億ドルの経済援助が、被徴用韓国人の未収金、補償金（民事上の個人請求権）をすべて解決するための賠償金でないことは明らかです。

張界満

Q9 経済協力支援

請求権協定では、日本政府は、韓国政府に対し、合計5億米ドル（無償3億米ドル、有償2億米ドル）の経済協力支援を行うと規定されていますが、5億ドルの経済協力はどのような形で韓国政府に提供されたのですか？

韓国のインフラを整備し、日本の経済界にも大きなメリットがあった経済協力

　日本からの経済協力支援に基づく役務提供等により、韓国内では、京釜高速道路建設事業や浦項総合製鉄所建設事業、昭陽江ダム建設事業をはじめとする大規模なインフラ事業が実施され、これが韓国の高度経済成長に大きく貢献したことは事実です。反面、無償3億ドルの経済協力支援は、日本の企業を通じて韓国内へ工場などの生産資本や技術などを輸出する形で行われていますので、日本の経済界にとっても、大規模なインフラ事業を受注するメリットは勿論ですが、将来的にも韓国内での経済活動の足掛かりとなるメリットが十分にあったのです。それ故、日本と韓国が経済的な結びつきを強めたことは説明するまでもないでしょう。

　よく、「日本のお金（5億ドルの経済協力）のおかげで韓国は経済復興を成し遂げることができた」という意見がありますが、この当時韓国はベトナム戦争に参戦することでアメリカからも経済援助を受け、1965年から72年までの間に10億2200万ドルもの特需を得たと言われています。日本からの経済協力支援だけで韓国が経済復興した訳ではないことはこの金額を見れば分かると思います。

民間人の補償には十分には使われなかった

　日韓請求権協定を受けて、韓国政府はすべての国民が利益を均等に受ける

ことなどの基本方針に基づき、「請求権資金の運用及び管理に関する法律」を1966年2月に制定しました。その2条4号において、「請求権資金とは無償資金・有償資金およびウォン貨資金のことをいう」と定義したうえ、4条において、①無償資金は農業・林業および水産業の振興・原資材および用役の導入その他これに準ずるものであって経済発展を支える事業のために使用すること、②有償資金は中小企業・鉱業と基幹産業および社会間接資本を拡充する事業のために使用することなどの使用基準を規定しました。更に5条において、民間人の対日請求権補償については、①大韓民国国民が有する1945年8月15日以前までの日本国に対する民間請求権はこの法で定める請求権資金の中から補償しなければならないとし、補償に関する具体的な事項は別途法律で定めることとしました。

このように、韓国の経済復興のために日本からの経済協力支援金が利用されたものであって、「請求権資金の運用及び管理に関する法律」では請求権資金の中から民間人の対日請求権に関する補償を行う旨の規定はありましたが、次に説明する通り、そのまま徴用工の未払い賃金その他の補償に対し十分に支払われたものではなかったのです。このことは韓国の経済復興のために徴用工をはじめとする日本の植民地支配や戦争の被害者らを犠牲にした、当時の韓国政府（朴正熙大統領）の失政であることは間違いないのですが、日韓会談に伴う請求権協定の締結の結末がこのような結果になることは日本政府も想定したうえでの政治的決着だったことには留意しなければならないでしょう。

協定締結後に、韓国政府は、元徴用工やその家族に対して補償は行わなかったのか

韓国では1965年の日韓請求権協定の締結後6年を経た1971年になって「対日民間請求権申告に関する法律」を制定し、1974年には「対日民間請求権補償に関する法律（対日民間請求権補償法）」を制定して被徴用死亡者1人当たり30万ウォンを支給し、総計25億6560万ウォン（当時のレートで約37億2650万円）が遺族に支給されました。ただし、負傷者ら生存者は対象外となっており、補償から除外された被害者が多かったのです。

その後韓国政府は2004年3月、強制動員被害の真相を明らかにすることを目的とした「日帝強占下強制動員被害真相糾明などに関する特別法」を制定し、強制動員に関する調査が実施されました。2005年8月には韓国の民官共同委員会が、韓日請求権協定に関する問題について、日本から受け取った無償資金中の相当額を徴用工ら強制動員被害者の救済に使用すべき道義的責任が韓国政府にあったことなどを指摘したことを受けて、2007年には、「太平洋戦争前後国外強制動員犠牲者等支援に関する法律」が制定され、死亡者には1人2000万ウォン（約200万円）、負傷者には障害の程度に応じて2000万ウォン以下の範囲で慰労金を支払い、生存者に年間80万ウォン（約8万円）の医療支援金を支給するなどの支援を行っています（→Q11）。

張界満

> Q10　日本側解釈の変遷
>
> 請求権協定では、「両締約国及び其の国民」の「財産、権利及び請求権に関する問題が」「完全かつ最終的に解決されたこととなることを確認する」としています。そのため、徴用工の未払賃金や慰謝料を含む個人請求権の問題も「完全かつ最終的に解決された」のではないでしょうか？
> 日本政府及び日本の裁判所は、どのような解釈をとってきたのですか？。

　確かに、1965年の日韓請求権協定には、「完全かつ最終的に解決」したと書かれています。しかし、「『完全かつ最終的に解決』とは個人の権利が消滅したという意味ではない」と力説してきたのは日本政府なのです。また、自分の都合に合わせて解釈を大きく変えたのも日本政府です。

「放棄」とは外交保護権放棄のこと

　日韓請求権協定の14年前、日本はアメリカ合衆国など連合国48カ国との間にサンフランシスコ平和条約（1951年）を締結しました【資料13】。この条約には国民と国家の請求権を「放棄する」という条項があります。これについて広島の原爆被爆者が日本国に対して裁判を起こしました。国際人道法に反する不法な原爆投下によって被害を受けた被爆者はアメリカ合衆国やトルーマン大統領に損害賠償を請求する権利を持っていたのに、国がこの権利をサンフランシスコ平和条約で消滅させてしまったとして、賠償に代わる「補償」を要求したのです（原爆裁判）。
　例えば家の前の国道の拡張工事のために立ち退き求められた場合、ただで黙って立ち退く人はいません。少なくとも土地と建物の価格にあたる金銭を支払うように国に要求するでしょう。これが「補償」です。憲法上当然に認め

られる権利です。原爆被爆者の損害賠償請求権は土地や建物とはずいぶん性格が違いますが、同じ「財産権」です。国が外国との取極めによってそれを消滅させるためには当然補償が必要です。

しかし原爆裁判では政府は補償を拒否しました。サンフランシスコ平和条約で放棄したのは国家の外交保護権だけで、被害者個人が国を通すことなく直接にアメリカ政府に請求する権利（個人の請求権）は消滅していないから国は被爆者に補償する必要がないというのです。

外交保護権とは、国民が外国から不当な扱いを受け、その被害が相手国の裁判などで救済されない場合、最後の手段として被害者の国が相手国に賠償を要求する権利です。国は、外交保護権は国家の権利なので条約で放棄することができるが、政府を通じないで外国に賠償を要求する個人の権利は国家の権利ではないので、国家が条約でどのような約束をしても放棄することはできないと主張しました。

要するに、原爆被爆者はアメリカ国内の制度（裁判など）によってアメリカ政府に賠償を請求することができるので、日本国が補償する必要がないというのです。そして、日本は外交保護権を放棄したので、アメリカでの裁判がうまくいかなくても、日本政府がアメリカに抗議したり賠償を求めることはない、ということになります。

1956年の日ソ共同宣言にも同じような「放棄」条項がありました。これについては戦後シベリアに抑留された被害者が補償を求めて国を提訴しましたが、日本政府は原爆裁判と同じ主張をして補償を拒否しました。

このように、条約による権利の「放棄」とは個人の権利の消滅を意味するものではないと言い始めたのは日本政府だったのです。

「完全かつ最終的に解決」しても個人の請求権は消滅しない

日韓請求権協定を締結した当時の解説書によれば、日本政府は「完全かつ最終的に解決」とは両国が外交保護権を放棄するという意味であり、個人の権利を消滅させることではないと解釈していました（谷田正躬ほか編『日韓条約と国内法の解説』〔時の法令別冊、大蔵省印刷局、1966年〕）。敗戦により多くの日本人や日本企業が朝鮮半島に財産を残したまま日本に逃れて来まし

たが、日韓請求権協定でその財産権が消滅したとなると、日本国はまた「補償」の要求を受けることになります。そこで、日韓請求権協定で放棄したのは外交保護権だけなので、財産を残してきた日本人に補償をする必要はないと解釈したのです。

　財産を残してきた日本人について「完全かつ最終的に解決」が外交保護権の放棄だけを意味するなら、強制動員などで被害を受けた韓国人についての「完全かつ最終的に解決」も韓国政府の外交保護権放棄だけを意味することになります。韓国人被害者が日本の裁判所で裁判を起こし始めた1990年代前半、この問題が国会で取り上げられるようになり、1991年8月27日に柳井外務省条約局長は次のように答弁しました。

「日韓請求権協定におきまして両国間の請求権の問題は最終かつ完全に解決したわけでございます。その意味するところでございますけれども……これは日韓両国が国家として持っております外交保護権を相互に放棄したということでございます。したがいまして、いわゆる個人の請求権そのものを国内法的な意味で消滅させたというものではございません」(参議院予算委員会1991年8月27日【資料18】)。

　その後も同じような答弁が繰り返され、被害者は日本で裁判を起こすことができ、実際に請求が認められるかどうかは裁判所が判断するという答弁もありました。

　また、外務省が発行する「外務省調査月報」にも、「『国家が国民の請求権を放棄する』という文言の意味は、……個人の請求権自体を放棄するものではなく、……国家として有する外交保護権を放棄するものであるとの解釈も、日本政府がこれまで一貫して取ってきているところである」と明記されています(外務省調査月報1994年1号【資料19】)。

　このような解釈にしたがい、1990年以来韓国人被害者が起こした数十件の戦後補償裁判で、国側が日韓請求権協定で解決済みと主張したことは1999年まで一件もありませんでした。

日本政府の「手のひら返し」

　ところが、2000年頃になると、主に中国人強制連行被害者が起こした裁判で、原告の請求を認めたり、法律的な争点について企業や国に対して不利な判断をする判決が次々と現れました。すると日本政府は突然解釈を変更し、韓国人被害者を含むあらゆる戦後補償裁判で条約（サンフランシスコ平和条約、日韓請求権協定、日華平和条約）により解決済みと主張するようになったのです。おそらく「条約によって解決済み」という結論だけを政治的に先に決めたのでしょう。最初は「解決済み」の法律的な説明が訴訟ごとに異なっていましたが、やがて個人の権利は消滅していないが裁判による請求ができなくなったという主張にまとめられていきました。

　日本政府は原爆被爆者のような日本人から補償を求められていたときには「条約で放棄したのは外交保護権だけ。被害者は相手国の国内の手続（裁判）によって請求することができる。したがって日本国には補償の責任がない」と主張していたのです。それが、外国人被害者から賠償請求を受けると「条約によって、日本国内の手続（裁判）で請求することはできなくなった」と主張を変えたのです。これこそ人権を侵害された被害者を裏切る「手のひら返し」ではないでしょうか。

「手のひら返し」を認めた最高裁判決

　その後、多くの地方裁判所や高等裁判所は国の新しい主張を認めませんでした。ところが2007年4月27日の西松建設強制労働事件最高裁判所判決は、中国人被害者の事件について国の新しい主張を基本的に受け入れてしまいました【資料3】。

　最高裁はまず、個人の請求権を裁判で解決することができるとすると、関係国と国民に思いがけない大きな負担を負わせ混乱が起きるかもしれないから、個人の請求権は裁判で請求できないことにするというのが「サンフランシスコ平和条約の枠組み」だと述べました。そして、日中共同声明【資料20】もこの枠組みの中にあるため、この声明で中国国民個人も裁判で請求できなくなったというのです。

しかし、サンフランシスコ平和条約のどこにも「個人の請求権について裁判で請求することはできないことにする」などと書かれてはいません。また、原爆裁判での国の主張などからみて、日本政府もそのように解釈して来なかったことは明らかです。そして仮にサンフランシスコ平和条約がそのような意味だったとしても、それをこの条約に参加していない中国や韓国の被害者に適用することはもっと無理があります。しかも日中共同声明に書かれた「放棄する」の主語は「中華人民共和国政府」です。中国の国民の権利を放棄するとは一言も書かれていないのです。

　その上日本は世界人権宣言10条【資料14】、国際人権規約（自由権規約）14条【資料15】により裁判を受ける権利を保障する国際法上の義務を負っています。権利があったとしても裁判では請求できないという最高裁の判断はこの義務に真っ向から反するものです。

　このように問題だらけの最高裁判決ですが、その後中国人被害者が起こした全ての裁判は日中共同声明を理由に敗訴しました。そして、この考え方は韓国人被害者にも適用され、韓国人被害者の請求権も日韓請求権協定により裁判で請求できなくなったとして敗訴するようになったのです。

　ただし、この最高裁判決は、「サンフランシスコ平和条約の枠組み」の効果は裁判で請求することができなくなることだけであって、個人の請求権そのものは消滅していないから、当事者の間で解決をはかることは差し支えないと付け加えました。この判決の当事者の中国人被害者はこれを手掛かりとして被告の西松建設と和解を成立させました。

日本政府解釈は、被害者個人の請求権が消滅していないという点で変わっていない

　政府は憲法上、最高裁の判断にしたがう義務があります。最高裁判所の判決が確定した以上、それが日本政府の見解です。実際に、最高裁判決後の韓国人被害者の裁判で国は被害者の請求権そのものが消滅したのではないが、裁判では請求できなくなったと主張するようになりました。

　そうすると、「完全かつ最終的に解決」の意味についての日本政府の見解の変遷は次のように整理することができます。

① 2000年まで
日韓請求権協定で外交保護権を放棄したが、個人の請求権は消滅していない。
個々のケースで請求権が認められるかどうかは裁判所が判断する。
② 2000年以降
日韓請求権協定で外交保護権を放棄したが、個人の請求権は消滅していない。
裁判での請求はできなくなったが、当事者間で解決することは差し支えない。

このように、日本政府の解釈はその時々の都合に合わせて変わっていきましたが、被害者個人の請求権が消滅していないという点は最初から変わっていません。それなのに、韓国の大統領が演説でこの請求権について触れたり、韓国の裁判所が被害者の請求を認めると「解決済みの問題を蒸し返した」と非難するのは理屈に合わないことです。

山本晴太

> **Q11　韓国側解釈の変遷**
>
> **請求権協定において、両国の請求権に関する問題が、完全かつ最終的に解決されたとされていることについて、韓国政府は、どのように解釈しているのでしょうか？**
> **盧武鉉政権において、日韓の請求権協定には徴用工の問題も含まれており、賠償を含む問題は韓国政府が持つべきだという見解が公表されているのではありませんか？**

韓国政府の解釈も変遷しました。年代を追って見ていきましょう。

個人請求権が消滅すると考えていた韓国政府

　1965年に日韓請求権協定を締結した当時、軍事政権時代の韓国政府は「完全かつ最終的に解決」を個人請求権の消滅の意味に解釈していたようです。たとえば、請求権協定を締結した後に韓国政府が発行した「大韓民国と日本国の間の条約及び協定の解説」という冊子には「被徴用者の未収金及び補償金……などが全て完全かつ最終的に消滅することになる」と書かれています。また、徴用されて死亡した犠牲者の遺族に死亡者一人当たり約19万円を支給する法律を制定しましたが、この法律を制定するにあたって個人の権利と外交保護権の区別が議論されることはありませんでした。
　そうすると、当時は加害国の日本政府は被害者の権利は消滅していないと解釈し、被害国の韓国政府は消滅したと解釈していたことになり、両国の解釈は「ねじれて」いたことになります。しかし、日本政府は個人の権利は消滅していないという法律的解釈をできるだけ公にせず、「請求権協定で解決済み」という政治的発言を繰り返していましたし、軍事政権下の韓国では被害者個人が声をあげることはできませんでしたので、この「ねじれ」が問題になることはありませんでした。

外交保護権のみ放棄説への転換

　1990年代になると、韓国の民主化や海外旅行の自由化が進み、被害者が来日して裁判を起こすようになりました。すると、この「ねじれ」が韓国で問題になり、国会議員がこの問題をとりあげました。そして金泳三政権時代の1995年9月20日、「日韓請求権協定で政府レベルでの金銭的補償については一段落したが、政府は個人の請求権があることを認めており、被害者らの起こした裁判については国際世論を喚起する努力をするなど、可能な支援を提供したい」と外務部長官が答弁しました。金大中政権時代の2000年10月9日にも同じような外務部長官の答弁がありました。つまり、この時期までに韓国政府は解釈を変更し、日本政府に足並みをそろえて、日韓請求権協定で放棄されたのは外交保護権であり、個人の権利は消滅していないという立場に立ったことになります。

民官共同委員会見解（2005年）

　2002年に日本軍「慰安婦」被害者、強制動員被害者、原爆被爆者ら約100名が韓国政府に対して日韓会談関連文書の公開を求める裁判を起こしました。請求権協定の効力や適用範囲を明らかにするためには、締結までにどのような交渉が行われたのかをまず明らかにしなければならないというわけです。そして原告らは2004年2月に一審で勝訴しました（→コラム1）。

　これに対して韓国政府（盧武鉉政権）はいったん控訴しましたが、その後控訴を取り下げて記録を公開し、善後策を協議するために当時の首相を共同代表とし、民間と政府の委員で構成される民官共同委員会を設置しました。この委員会は2005年8月26日に「韓日請求権協定は基本的に日本の植民地支配賠償を請求するためのものではなく、サンフランシスコ平和条約4条に基づく韓日両国間の財政的・民事的債権債務関係を解決するためのもの」、「日本軍慰安婦問題等、日本政府・軍・国家権力が関与した反人道的不法行為については、請求権協定により解決されたとみることはできず、日本政府の法的責任が残っている」、「サハリン同胞、原爆被害者問題も韓日請求権協定の対

象に含まれていない」という見解を公表しました【資料10】。

　この見解では、強制動員問題が日韓請求権協定の対象に含まれるかどうかは明記されませんでした。ただ、見解には無償３億ドルの経済協力資金には「強制動員問題解決の性格の資金」等が包括的に勘案されており、韓国政府は「受領した無償資金中から相当金額を強制動員被害者の救済に使用すべき道義的責任がある」と記載されています。この記載は、日韓請求権協定の交渉の中で議題となっていた強制動員問題は日韓請求権協定の対象だという意味であると思われます。ただし、日韓請求権協定により放棄したのは外交保護権であるという金泳三政権と金大中政権の解釈は変更されていませんから、「日韓請求権協定の対象」であっても、それは外交保護権を放棄したたことを意味するに過ぎません。

　そして、これを受けて強制動員被害者に慰労金等を支給するためにいくつかの法律が制定されました。それらの法律にはすべて「人道的見地より」とか「国民和合のために」という立法の目的が明記され、日本の責任を肩代わりするものではないことが示されています。例えば日本で被爆者の医療や生活を支援するための法律がつくられたとしても、それによってアメリカ合衆国の被害者に対する責任が消滅するわけではありません。同じように韓国政府が戦争と植民地支配の被害者を人道的に支援する制度を設けたからといって被害者に対する日本の責任が消滅することはありません。したがって、「盧武鉉政権は徴用工問題については韓国政府が肩代わりすることを約束したはずだ」という日本の政府やメディアの言説は韓国政府の措置の趣旨を曲解するものなのです。

2012年の大法院差戻判決

　Ｑ４で詳しく説明したように、2012年の大法院判決は原告が敗訴していた原判決を取消して事件を差し戻しました【資料２】。そして、①日本の国家権力が関与した反人道的不法行為や植民支配と直結した不法行為による損害賠償請求権が請求権協定の対象であったとは考えられない、②仮に原告らの請求権が請求権協定の適用対象に含まれるとしても、それは外交保護権が放棄されただけで、個人の請求権は消滅していないと述べました。

大法院がこの②のような「予備的理由」も示したため、韓国政府には二つの理由のうちどちらの立場に立つのか、つまり強制動員問題が請求権協定の対象かどうか（外交保護権を放棄したのかどうか）について選択の余地が生まれました。

文在寅大統領の「徴用工発言」(2017年)

　2012年の大法院差戻判決の後、李明博（イ・ミョンバク）政権と朴槿恵（パク・クネ）政権は強制動員被害者について語ることはなく、韓国政府がこの問題について上記①②どちらの立場に立つのか、明らかではありませんでした。しかし、2017年に就任した文在寅（ムンジェイン）大統領は同年8月17日の就任100日記者会見で記者の質問に答えて次のように発言しました。

　「……強制徴用者問題も、両国間の合意が個々人の権利を侵害することはできません。両国の合意にもかかわらず、強制徴用者個人が三菱をはじめとする会社に対して持っている民事的な権利はそのまま残っているというのが韓国の憲法裁判所や大法院の判例です。政府はそのような立場で過去事問題に取り組んでいます」。

　この発言は大法院差戻判決の予備的理由の立場、すなわち②強制動員被害は日韓請求権協定の対象ではあるが、その効果は外交保護権の放棄にすぎないという立場に立つことを表明したものです。
　すでに見てきたように（→Q10）、これは2000年頃までの日本政府と同じ見解なのですが、日本政府とメディアは文大統領の発言を「日韓請求権協定で解決済みの問題を蒸し返すもの」などと、激しく非難しました。

2018年の大法院判決

　そして今回の日本製鐵徴用工事件大法院判決です【資料１】。多数意見は2012年の大法院差戻判決にしたがい、強制動員慰謝料請求権は請求権協定の対象ではないと判断しました（→Q４）。大法院の確定判決に政府は制度上拘

束され、文在寅大統領もこれにしたがうと述べていますから、韓国政府の見解も大法院判決のように改められたことになります。

図　日韓両国の解釈の変遷

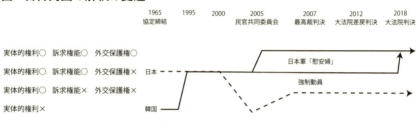

　これまで説明した両国の解釈の変遷を模式図にすると上記のようになります。日本政府は2000年頃に被害者は裁判で権利を行使できなくなった（上図でいう「訴求権能×」）という解釈を付け加えました。
　韓国政府は当初は請求権協定により個人の権利が消滅するという見解（「実体的権利×」）でしたが、日本政府の解釈に合わせて外交保護権だけが放棄されたとの見解に改め、さらに強制動員に対する慰謝料の請求権は請求権協定の対象外だという大法院判決にしたがって見解を改めたことになります。その変遷の方向は、被害者に対して無関心な立場から、徐々に被害者の声に押されて、被害者を保護する立場に移っていったということができます。

山本晴太

Q12 今回の判決の位置づけ

2018年10月に出された韓国大法院の判決は従来の韓国政府の立場と矛盾しないのでしょうか？

「矛盾」は大法院判決の結論を左右しない

　大法院判決の多数意見、個別意見、反対意見に被告が主張したと思われる個人請求権消滅説を加えると、日韓請求権協定について論理的に考えられるすべての解釈がそろうことになります。これを図示したのが次の表です。

表　請求権協定をめぐる解釈

	A説	B説	C説	D説
支持者	被告	最高裁（日本政府）大法院反対意見	大法院個別意見 従来の韓国政府 2000年までの日本政府	大法院多数意見 現在の韓国政府
実体的権利	×	○	○	○
訴訟による権利行使	×	×	○	○
外交保護権	×	×	×	○
結論	棄却	棄却	認容可能	認容可能

　これまでの韓国政府の見解はC説、大法院判決（多数意見）はD説ですので、外交保護権を放棄したかどうかについて二つの見解は矛盾します。

　大法院判決は、元徴用工による慰謝料請求権のような「……日本の国家権力が関与した反人道的不法行為や植民支配と直結した不法行為による損害賠償（慰謝料）請求権」は請求権協定の適用対象に含まれていないと述べました。しかし、2005年の民官共同委員会見解や2017年の文在寅大統領の演説で示された韓国政府の立場は、元徴用工の損害賠償（慰謝料）請求権も日韓請求権協定の対象ではあるが、この協定では外交保護権が放棄されただけで個人の請求権は消滅していないというものだったのです。

ただし、この矛盾は元徴用工である原告らの請求を認めた判決の結論を左右するものではありません。個人請求権は消滅していないという従来の韓国政府の立場からも原告らの請求を認めることができるからです。現に大法院の３人の裁判官の個別意見は多数意見の解釈には同意せず、従来の韓国政府と同じ立場（Ｃ説）をとりながら、原告らの請求を認めた多数意見の結論に賛成しています。

韓国政府に対する批判の誤り

　ところが、日本の政治家やメディアの中には「韓国政府は政府の見解と矛盾する大法院判決に対して何らかの対処をすべきだ」という意見が少なくありません。しかし、この意見は二重の意味で間違っています。
　第一にこの意見は韓国政府の立場を曲解しています。前に述べたように、韓国政府の立場からも元徴用工の請求を認めることは十分に可能です。ところがこの意見は「韓国政府は元徴用工問題は請求権協定で解決したと認識してきたはずだ」とか「韓国政府は元徴用工に対する賠償を肩代わりすることを約束した」と曲解した上で、原告の請求を認めた大法院の結論に「対処」することを要求しているのです。
　第二にこの意見は他国の民主制度を全く無視しています。韓国も日本と同じように三権分立の統治制度を採用しています。この制度の下では違憲立法審査権や国内に適用される条約の最終的な解釈権は司法府にあり、行政府は司法府の確定判決に従わなければなりません。例えば、将来日本の最高裁判所で安保法制に対する違憲判決が確定したとします。これに対してアメリカの大統領が激怒して日本政府に「対処」を要求しても、日本政府は違憲判決を取り消すことはできません。反対に政府は最高裁が違憲と判断した法律の廃止や改正を国会に提案する義務を負うことになります。こんなことは小学６年生で三権分立を学習したときから誰でも知っていることです。ところが外国の問題になると、与野党の政治家やメディアから、「韓国政府（大統領）は大法院の判決に対処せよ」という声が出て来るのは驚くべきことです。自国の民主制度を尊重したいならば、他国の民主制度も尊重しなければなりません。

山本晴太

> **Q13　請求権協定が定める紛争解決方法**
>
> 日韓請求権協定について、両国政府及び裁判所の解釈が一致しない場合、協定の解釈を最終的にどのような手続で判断すればよいのでしょうか？
> また、日本政府は、国際司法裁判所（ICJ）への提訴も検討していると表明していますが、提訴することは可能なのでしょうか？
> 仮に仲裁や裁判が実施された場合、どのような決定が出されるのでしょうか？

請求権協定3条による手続

　日韓請求権協定では、協定の解釈及び実施に関して紛争が生じた場合には、まず、外交上の経路を通じて解決するものとし（3条1項）、これにより、解決することができなかった紛争は仲裁委員会に付託することになっています。（3条2項、3項）。日韓両政府は、仲裁委員会の決定に服さなければなりません（3条4項）。

　仲裁委員会は3人の仲裁委員で構成されます。構成の方法について、ややこしい規定があるのですが、次のような3つのケースが想定されています。

　①日韓両国がそれぞれ仲裁委員を任命し、2人の委員の協議により第三の仲裁委員を指名（例えば、日本政府がA委員、韓国政府がB委員を任命。A委員とB委員が協議をしてドイツの国際法学者X氏を第三の仲裁委員に指名）。

　②日韓両国がそれぞれ仲裁委員を任命し、2人の委員の協議により第三国を指定し、第三国が第三の仲裁委員を指名（例えば、日本政府がA委員、韓国政府がB委員を任命。A委員とB委員が協議をして第三国としてノルウェーを指定。ノルウェー政府がブラジルの国際法学者Y氏を指名）。

　③日韓の一方が仲裁委員を任命しなかったり、2人の仲裁委員が①②について合意できなかったときは、両国がそれぞれ第三国を指名し、その2国が

それぞれ仲裁委員を指名し、2国の協議によりさらに第三国を決定し、その第三国の政府が第三の仲裁委員を指名する（例えば、日本政府がドイツ、韓国政府がイタリアを指定。ドイツがX氏、イタリアがY氏を指名し、独伊両国の協議でフランスを第三国と決定。フランス政府がインドの国際法学者Z氏を指名）。

　このように、よく考えられた制度ですが、日韓両国が仲裁委員の任命または第三国の指定などに協力しなければ機能しないことになります。

　過去に日韓両政府の間で請求権協定に基づく協議は行われたことはありませんが、実は日本政府の非協力により協議が実現しなかった前例があります。2005年に韓国の民官共同委員会が日本軍「慰安婦」、原爆被爆者、サハリン残留韓国人問題は日韓請求権協定の適用対象外であるという見解を公表しましたが、これについて日本に協議を求めるなどの行動はとりませんでした。すると2011年に憲法裁判所は、日本軍「慰安婦」問題と原爆被害者問題について、協定上の紛争があるにもかかわらず韓国政府が日韓請求権協定3条の手続をしないで放置しているのは違憲であるという決定をしました。日本ではあまり報道されませんでしたが、憲法裁判所の決定を受けた韓国政府はこの二つの問題について請求権協定3条1項による外交的協議手続の開始を2011年9月と11月に日本政府に要請しました。また、サハリン残留韓国人問題についても外交的協議手続の開始を2013年6月に要請しました。しかし、日本政府はいずれも「協定上の紛争は存在しない」として協議に応じることを拒否し、協議は実現しなかったのです。

　今回は反対の立場になりました。日本政府は2019年1月9日に請求権協定3条1項に基づく協議を韓国政府に要請しました。これに韓国政府が応じないと、5月20日に請求権協定3条2項に基づく仲裁付託を韓国側に通告しました。韓国政府は6月19日、訴訟当事者の日本企業を含む日韓企業が出資して財源をつくり確定判決の被害者に慰謝料相当額を支払うという提案を日本側が受け入れるなら請求権協定3条1項の外交協議を受け容れるとの立場を表明しましたが日本政府はこれを拒否し、協定3条3項に基づき仲裁委員を指名する第三国を選定することを求めたと報道されています。

国際司法裁判所への付託

　報道では、韓国側が請求権協定に基づき仲裁委員会の設置に応じない場合には、日本政府が韓国政府を国際司法裁判所に提訴することも検討しているとされています。これは可能なのでしょうか？

　国際司法裁判所の管轄権は、当事国がこの裁判所に付託することに同意した事件と国連憲章又は他の条約に特に紛争を国際司法裁判所に付託することを定めた事件に及ぶとされています（国際司法裁判所規程36条1項）。しかし、日韓請求権協定には条約上の紛争を国際司法裁判所に付託するという規定はありません。また常に国際司法裁判所の管轄を受け入れるという義務的管轄受諾宣言（同規程36条2項）を行った国同士の紛争は個別の同意がなくとも管轄が認められることになっていますが、韓国政府はこの受諾宣言を行なっていません。そのため、韓国の同意がない限り国際司法裁判所における訴訟は現実化しません。

仮に手続が開始された場合には

　以上を前提にしたうえで、仮に仲裁委員会が設置された場合、また国際司法裁判所の手続によって紛争を解決することに韓国政府が同意した場合、日韓請求権協定の解釈についてどのような決定がなされるのでしょうか（なお、国際司法裁判所の判決が出されるまでには、事件が付託されてから、少なくとも数年間はかかることが通常です）。

　この点については、どのような「紛争」の解釈が仲裁委員会や国際司法裁判所に対して付託されるのかが重要になると考えられます。

　「強制動員被害者の日本企業に対する慰謝料請求権（強制動員慰謝料請求権）」が日韓請求権協定によって消滅していないことは日韓の裁判所及び政府のいずれの見解も認めていますので（→Q10～12）、争点になる可能性は低いと考えられます。

　個人の請求権が存在することを前提とした上で、日韓請求権協定により、被害者が上記のような権利を訴訟により権利行使することができなくなったかについては、日韓の裁判所においても結論が分かれており、論理的には、(a)

韓国大法院判決の多数意見の判断のように、「強制動員慰謝料請求権」については日韓請求権協定の対象外であるという立場、(b) 韓国大法院判決の個別意見のように「強制動員慰謝料請求権」についても請求権協定の対象に含まれるが、当該請求権協定により放棄されるのは外交保護権のみであり、個人が訴訟により権利行使することは妨げられないという立場、(c) 日本の最高裁判決及び日本政府の主張のように、日韓請求権協定により、「強制動員慰謝料請求権」について個人が訴訟を通じて権利行使することもできなくなった等の解釈が考えられます。この点が争点となった場合、重大な人権侵害行為に対する個人の救済の必要性や裁判を受ける権利と、国家間合意の安定性などの要素をどのように考えるかによって判断が分かれると思われます。また、純粋な法的判断ではなく政治的判断が介入する可能性も否定できません。

国際司法裁判所が一括処理協定について判断したことはない

　なお、強制労働の被害者の日本企業に対する慰謝料請求権（「強制動員慰謝料請求権」）が日韓請求権協定に伴い韓国の裁判所においても権利行使ができなくなることの根拠として、国際司法裁判所が2012年2月3日に宣告したドイツ対イタリア主権免除事件についての判決が持ち出されることがあります。しかしながら、同判決は、「武力紛争時の軍隊の行為には主権免除（A国をB国の裁判所で訴えた場合にA国は一定の範囲で裁判に従うことから免除されるという原則）を適用するという慣習国際法が存在する」という1点について判断したものであり、戦後賠償の問題などについて国家間条約を通じて一括的に解決するいわゆる「一括処理協定」の効力について判断を示したものではなく、この判決だけから、国際司法裁判所は、「強制動員慰謝料請求権」は韓国の裁判所において行使することができないと判断するだろうと推論することには無理があるといえます。

　　　　　　　　　　　　　　　　　　　　　　　　　　　　　金昌浩

Q14 海外の参考事例

ドイツでは戦時強制動員の被害者にどのような補償をしてきたのでしょうか？

「延期」された補償

　ドイツでは「ナチズムに対する政治的反対を理由に又は人種、宗教もしくは世界観を理由に」迫害された被害者に対しては、戦後「連邦補償法」や二国間協定による一定の補償が行われてきました。

　一方、ドイツは、旧連合国との間で1953年にロンドン債務協定を締結しましたが、その５条２項では、「ドイツと戦争状態にあった国又は戦争中ドイツに占領された国およびこれら諸国の第二次世界大戦から生じるドイツ及びドイツ国民に対する請求権（中略）の検討は、賠償問題の最終的取り決めまで保留される」とされていました。ドイツ政府は、同条文を（冷戦体制の下では事実上不可能だった）将来の平和条約締結まで戦争に付随する賠償請求を延期するものとの解釈をとってきました。

　ナチス・ドイツ時代には、強制収容所やドイツ占領地域の工場で強制労働に従事させられた被害者が800万から1400万人いたといわれています（被害者の大半はソ連や東欧諸国に住んでいました）。ドイツ政府は、強制労働問題は補償の対象となる「ナチスの不法」によるものではなく、戦争に付随する賠償問題であってロンドン債務協定の５条２項に依拠して解決が猶予されると解釈し、強制労働被害者への補償はほとんどなされませんでした。

　また、1990年のいわゆる「２プラス４協定」（英・米・仏・ソがドイツ統一を承認した協定）を受けて、旧東側諸国に対する一定の補償の金銭の支払いがなされましたが、ここでも、強制労働被害者に対する補償は直接の対象とされていませんでした。

企業に対する訴訟と基金の創設

　1990年代後半から、強制労働被害者からフォルクスワーゲン社やBMW社等のドイツ企業に対する多数の集団訴訟がアメリカで提起され、不買運動等のキャンペーンが展開されました。これを受け、ドイツ政府、ドイツ企業及び被害者との間で強制労働の被害者への補償を目的とする基金を設立することについて合意が成立しました。2000年には、「記憶・責任・未来基金の創設に関する法律」がドイツ議会で可決され、基金には、ドイツ政府及びドイツ企業がそれぞれ50億マルクを拠出、2001年から2007年にかけて各国のパートナー組織を通じて補償金の配分が実施され、約166万人に対して、一人当たり5,000マルクから15,000マルクの補償が行われました（なお、法律にはこの事業は、人道的な見地から行われるものであって、法的責任に基づくものではないとの趣旨が明記されています）。また、ドイツ企業に対する法的安定性を確保するために、ドイツ政府とアメリカ政府の間で政府間協定が結ばれ、アメリカの法廷でドイツ企業に対する集団訴訟が提起された際には、アメリカ政府が「このような訴訟は米国の外交的利益に反しており、棄却することが望ましい」という声明を出すことについて合意されました。

　補償の支払いは、2007年に完了しましたが、メルケル首相は、支払終了を受けた記念式典において、「支払いは終わったが基金の任務は終わっていない。重要なのは、ナチズムの犯罪に対するドイツの終わることのない責任を自覚し続けると同時に、今日の世界中の全体主義の動向に対して立ち向かうことである」と述べています。「記憶・責任・未来」基金は、現在は、強制労働被害者の記憶を残すための歴史研究や、人権を保障するための国際的なプロジェクトへの助成事業等を行っています。

金昌浩

Q15 判決の執行

韓国の大法院判決で日本製鉄や三菱重工の敗訴が確定しましたが、日本企業が支払いに応じない場合、この判決はどのように執行されるのでしょうか？
日本や韓国以外の国でも判決は執行できるのでしょうか？

韓国国内での執行

今回の判決は、慰謝料の支払いを求めたものであり、本来であれば、日本製鉄や三菱重工は、確定判決にしたがって自発的に賠償金を速やかに支払うべきでしょう。しかし、日本製鉄などは2019年7月7日現在、支払いに応じていません。そこで、確定判決に基づき、強制執行することが考えられます。

具体的には、韓国国内にある日本製鉄や三菱重工の資産（不動産、動産、債権など）を差押えた後に売却し、その売却代金の中から判決が認めた金額を回収することになります。現在、日本製鐵事件の原告らは日本製鉄が保有する株式を差押えた上で売却手続を進めています。また三菱重工事件の原告も、同社が有する商標権等の知的財産権を差し押さえた上で売却手続を開始しました（2019年7月7日現在）。

日本等で強制執行を行う場合の要件

仮に現在韓国で進めている強制執行の手続によっても裁判所が認めた賠償金の全てが回収できない場合には、原告らは韓国以外の国にある日本製鉄や三菱重工の資産に対する強制執行を行うこともできます。

その場合には、差押えの対象となる資産のある外国の裁判所に対して、韓国の確定判決の効力の承認と、確定判決に基づき執行することを認めてもらうための申立を行うことになります。このように、ある国（A国）の確定判決

に基づき、別の国（B国）に存在している被告の資産に強制執行するためには、B国の裁判所への申立が必要とされています。その理由は、A・B各国がそれぞれ独立した主権国家であり、裁判もその主権の行使として行われたことから、A国の判決の効力をB国に当然のごとく及ぼすことができないからです。

　たとえば、今回の判決に基づき日本において日本製鉄などの資産に対して強制執行する場合には、まず、韓国における今回の判決が日本で承認されなければなりません。そのためには、①外国裁判所の確定判決であること、②判決を行った外国裁判所が国際的な民事紛争の裁判を行なうことができること（国際裁判管轄を有すること）、③敗訴した被告への送達が行われていること、④判決内容及び訴訟手続が日本における公の秩序又は善良な風俗に反しないこと、⑤相互保証があることが認められなければなりません（これらを併せて「承認要件」と言います。民事訴訟法118条）。

　これらの要件を全て満たした場合、日本国内で大法院判決の効力が認められることになりますが（外国判決の自動承認）、それだけではまだ執行はできません。強制執行を行うためには、さらに日本の裁判所に執行訴訟を提起し、執行判決を得る必要があります（民事執行法24条）。

　以上が韓国の判決を日本で執行する場合の手続ですが、今回の韓国の判決に基づき、日本以外の外国でも強制執行を行う場合にも、当該外国において大法院判決が承認され、その執行が認められることが必要です。それらが認められた場合、強制執行が可能となります。

今回の大法院判決を日本等で執行することが認められるか

　それでは、日本国内において、今回の大法院判決の承認要件が認められるでしょうか。

　この点、今回の大法院判決に関しては、承認要件のうち④の要件が認められるかが問題となります。

　すなわち、今回の大法院での裁判の原告（一部）は、いずれも韓国の裁判の前に日本国内で裁判を行い、敗訴判決が確定しています。このように、同一当事者間で同一の事実について、日本の判決と矛盾・抵触する外国の判決を

承認することは、日本の裁判法の秩序に反し、公序に反することになるのではないかが問題となります（大阪地方裁判所昭和52年12月22日判決・関西鉄工所執行判決事件参照）。

　他方で、日本以外の外国においては、韓国の裁判の前に裁判が行われたということはないようですから、同一当事者間で同一の事実について判決の矛盾・抵触の問題は生じることはありません。したがって④が争点になることはないと思われます。そこで、日本以外の外国において定められた外国判決の承認や執行の要件を満たせば、その国での強制執行が可能となるでしょう。

川上詩朗

> **Q16　強制動員問題への今後の対応**
>
> 元徴用工などの強制動員被害者が日本企業に対して損害賠償を請求する訴訟が複数起こされており、今後こうした訴訟が増加するとも言われる中で、今回の判決を受けて、日本政府及び韓国政府は、強制動員問題に対してどのような対応を取ればよいのでしょうか？

大法院判決の意義

　1965年の日韓請求権協定の締結時には、日韓両国政府間では植民地支配の不法性について合意に至らず、植民地支配下で人権侵害を受けた被害者個人の権利救済についても曖昧にしたまま、韓国への経済協力のため政治的に決着しました。その後も、元徴用工などの強制動員被害者は、直接の加害者である日本政府及び日本企業や、曖昧な政治決着をした韓国政府からも十分な救済を受けられないまま放置されてきました。

　このように、強制動員問題は、70年以上もの長きにわたり根本的な救済がされないまま放置されてきた問題です。その中で、今回大法院判決で、原告である強制動員被害者の被害が不法行為に該当し、法的に救済されるべきものであることが初めて明確に認められました。

　2018年の日本製鐵事件大法院判決は、原告である徴用工被害者の法的救済を命じたものですが、原告である徴用工被害者の被害が人権侵害といえるのであれば、訴訟を提起していないが原告と同じような被害を被った原告以外の強制動員被害者についても、同じように人権を侵害された者として救済されるべき必要性が認められるのではないでしょうか。このように今回の判決は、私たちに、強制動員被害者全体の問題を解決すべきことを提起しているといえます。

　現日本製鉄と三菱重工は、まず、原告である強制動員被害者に対して確定判決に従い速やかに賠償金を支払うべきですが、それにとどまらず、原告と

同じような被害を被った原告以外の強制動員被害者の全体を救済するための取り組みを始めるべきではないでしょうか。

日本政府及び韓国政府の徴用工問題に対する責任

それでは、日本政府や韓国政府は今回の判決を受けてどのような対応を取るべきでしょうか。

そもそも、強制動員問題は、日本の中国に対する侵略戦争を遂行するための企画院による労務動員計画（後の国民動員計画）に基づき、朝鮮半島から動員され、炭鉱や軍需工場で賃金も支払わずに過酷な労働をさせられた強制動員被害者の救済をいかに実現していくのかという問題です。その問題に関して、日本政府は、戦争目的遂行のために朝鮮半島から労働者を動員し労働させたことについて、それを企画し実施させたことに対する責任を負っています。また、日韓請求権協定により強制動員問題を曖昧に政治決着し、その後もその救済を放置してきたことへの責任も負っています。また、韓国政府も、日韓請求権協定により強制動員問題を曖昧に政治決着し、その後、一定の国内的な補償措置はとりながらも不十分なまま救済を放置してきたことへの責任を負っています。

今回の判決は、70年以上も前に生じた強制動員被害者への人権侵害について、今日に至るまで救済されないまま放置されてきたことを明らかにし、改めて、原告と同様の被害を被った原告以外の強制動員被害者の全体をも救済すべき必要性を示したものといえます。日本政府や韓国政府は、今回の訴訟の当事者とはなっていませんが、両国政府は、今回の判決を受けて、強制動員問題に対する日韓両国政府の責任も問われていることを自覚すべきではないでしょうか。

日韓両国政府は、今回の判決を受けて、速やかに、原告と同様の被害を被った原告以外の強制動員被害者全体を政治的に救済するための取り組みを、日本企業と連携しながら開始すべきです。

日本政府は、今回の判決を受けて、専ら韓国政府を非難していますが、強制動員問題に関しては、日本政府は組織的に労働者の動員や労働などの計画を立案し実行させたといえるのですから、第一次的に責任を負うべきは日本

政府です。その点を全く無視したまま韓国政府のみを非難する態度は、自らの責任の所在を隠蔽する態度といわざるをえません。他方、韓国政府も全く責任がないわけではなく、日韓会談で曖昧な形の政治決着をし、その後救済を放置してきた責任があるのですから、日本政府及び日本企業とも連携しながら、被害者全体を政治的に救済する取り組みを始めるべきです。

日韓両国政府は強制動員問題全体の解決に積極的に取り組むべきである

ところが、日韓両国政府は、被害者全体を政治的に救済すべき取り組みを行うことなく、引き続き放置している状態が続いています。日韓両国政府がそのような姿勢をとり続けることにより政治的救済が実現しないのであれば、被害者に残された手段は、裁判所を通じての法的救済しかありません。

しかし、個別に訴訟を積み重ねるということは、事実立証など訴訟遂行の負担を強制動員被害者一人一人に負わせることにほかなりません。しかも、結論が出るまでには時間もかかります。今回の2018年10月大法院判決では、最初に日本で裁判を提訴してから今回の判決を得るまでに20年近くの年月を費やしてきました。今後はそれほどの時間はかからないかもしれませんが、それでも訴訟では一人一人の原告らの負担は重いものがありますし、相当な時間がかかることは避けられません。強制動員被害者が高齢化する中で訴訟の積み重ねに解決を委ねたならば、最終的な解決を見ないまま、強制動員被害者がこの世からいなくなるという事態に至るおそれもあります。それはすなわち、解決を放置したまま、強制動員被害者が存在しなくなるのを待つことで強制動員問題を終わらせることにほかなりません。もとより裁判自体は遺族が引き継ぐことはできますが、本来、人権が救済されるべきは被害を被った被害者本人であるべきです。被害者亡き後も遺族訴訟が続くような事態は、被害者救済のみならず、将来の日韓関係にとっても望ましい姿とはいえません。

これらの事情を考えるならば、日本政府及び韓国政府は、いずれも個別訴訟の積み重ねに委ねるのではなく、政治的に全体的解決を実現するよう取り組みを始めるべきです。

日本政府の対応の問題点

　このように、本来は、日韓両国政府が強制動員問題全体の政治的解決のために積極的に自らの責任を果たすべきですが、仮に現時点においてそれが難しいというのであれば、せめて日本政府は、原告らと日本企業との間の自主的な解決を妨げるような言動は慎むべきでしょう。しかし、この間の日本政府の態様は、原告と日本企業が自主的に解決することが難しいと思わせるような社会的雰囲気を生み出す言動を繰り返していると言わざるを得ません。

　安倍晋三首相は、日本製鐵事件の大法院判決が出された2018年10月30日の衆議院本会議において、強制動員被害者の個人賠償請求権は日韓請求権協定により「完全かつ最終的に解決している」とした上で、今回の判決は「国際法に照らしてあり得ない判断」であり、「毅然として対応していく」と答弁しました。その後も、日本政府は、「日韓請求権協定は韓国の司法府をも拘束するものである」との理由から今回の大法院判決を非難しています。それにより、あたかも、韓国の司法府が日韓両国間の合意である日韓請求権協定の拘束力を否定しているかのような印象を市民に与えています。

　しかし、韓国の司法府は、日韓両国間の合意である日韓請求権協定が日韓両国を拘束していることを否定しているわけではありません。あくまでも日韓請求権協定2条が日韓両国間を拘束していることを前提として、同条項により強制動員被害者の個人賠償請求権が消滅したのかという解釈上の争点について、韓国の司法府が解釈を示したということなのです。

　この点、日本政府は、日韓請求権協定2条により個人賠償請求権も「完全かつ最終的に解決」したものであるとの見解をとっています。他方、大法院判決は、個人賠償請求権は日韓請求権協定2条で「完全かつ最終的に解決した」とされている「請求権」には含まれていないと解しています。

　すなわち、日本政府と韓国大法院との間では、拘束されている条項の内容文言の解釈に違いがあるということです。

　もとより、日韓請求権協定2条に関して、日本政府が自らの解釈を述べることが許されないわけではありません。しかし、韓国大法院判決の解釈も国際法上の解釈として十分に成り立ち得るにもかかわらず、「国際法に照らし

てあり得ない判断」と強く非難することで、今回の大法院判決が極めて特異な判決であるかのような印象を市民に与えることは、日本政府自ら市民をミスリード(誤導)していると批判されてもやむを得ないといえます。

　また、日本政府自ら同様の説明を日本製鉄や三菱重工に行っていると報じられています。仮に日本政府が日本製鉄等に対して、有形又は無形に圧力をかけ、そのため日本製鉄等が支払いを怠っているとするならば、日本政府は、そのような対応を改めるべきです。

　本来、日本政府は、日本製鉄等が確定判決に従い賠償金を原告に支払うことについて、それを妨げる立場にはありません。私人間の紛争において、日本製鉄等が訴訟手続を経て確定した判決に基づき賠償金を支払おうとすることに対して、日本政府の見解とは異なるからといって支払いを妨害することは、法治主義に照らして許されることではありません。

強制動員問題の本質は人権問題
──被害者中心のアプローチによる解決を

　強制動員問題の全体解決を図る際に留意すべきは、強制動員問題の本質は、被害を受けた人の救済をどのように図るか、という人権問題なのです。

　人権問題である以上、問題解決のためには、被害者自身の意向を十分に尊重することが必要です(被害者中心のアプローチ)。また、人権問題は普遍性を有することから、強制動員問題は社会的な問題でもあります。強制動員問題を解決することにより、その社会の人権保障の水準が高まることが期待できることから社会的関心の対象でもあり、そのため、社会的にも許容できる水準と内容の解決が求められます。国家間でいかなる合意を行っても、それが被害者の意向を踏まえておらず、社会的に求められる内容と水準に到達していなければ、真の解決にはなりません。

　そのため、強制動員問題の解決のプロセスには、被害者やその代理人弁護士が参加するなど、被害者側の意向が解決内容に反映する環境が保障されることが不可欠であり、この点は解決にあたり最も基本に据えられるべきことです。

川上詩朗

Q17 基金による解決

個別の訴訟による対応ではなく、日本企業等が共同で基金（財団）を設立するという提案も出されていますが、具体的にはどのような提案なのでしょうか？
実現のためにどのような課題があるのでしょうか？
基金（財団）が設立されても、基金（財団）に納得しない被害者が個別に訴訟を提起することは可能なのでしょうか？

なぜ基金による解決が必要なのか

　昨年（2018年）、韓国の大法院は、旧日本製鐵及び三菱重工における元徴用工被害者らの損害賠償（慰謝料）請求訴訟において、新日鉄住金などの上告を棄却する判決を出しました。それにより、原告らの請求を容認した高等法院の判決が確定しました。
　被害者らは、韓国大法院判決を機に、原告の救済のみならず、原告と同様の被害を被った強制動員被害者ら全体が救済されることを期待していましたが、残念ながらいまだにそれが実現していません。
　しかし、強制動員被害者は90代と高齢化しており、問題解決のために残されている時間はそう多くはありません。そのため、現在、個別の訴訟による救済ではなく、日本企業等が資金を拠出して基金を設立して、強制動員被害者全体を救済するという構想が検討されています（なお、基金の他に財団を創設して解決すべきとの見解もあります。そこで、以下では「基金」とは「財団」を含むものとして用いることとします）。

基金による解決構想としてどのようなものがあるのか

　強制動員被害者の全体を政治的に救済するための解決構想として、日本政府及び日本企業、韓国政府及び韓国企業のそれぞれが資金を拠出して基金を

創設し、被害者への補償等の事業を行う構想（A案）、そこから日本政府を外した構想（B案）、さらに韓国政府も外した構想（C案）などが検討されています。

　強制動員・強制労働に関して第一次的な加害責任を負うのは、日本政府及び日本企業です。しかし、被害者がこれまで十分な救済もされずに来ていることについては、韓国政府にも責任があるのではないかとの見解があります。すなわち、韓国政府には、強制動員被害者の救済のための一義的かつ明確な規定を設けずに日韓請求権協定を締結し、その後一定の救済措置は行うものの、被害者が求めている水準の救済を怠っている責任があるということです。さらに、同協定1条の経済協力資金に基づくインフラ工事などを受注した韓国企業に関しては、強制動員被害者が協定により救済されていないのに対して、インフラ工事などにより企業利益を得たことは、不公平・不公正であるとして、その責任を問う見解があります。これに関しては、日本からの経済協力資金である5億ドルを基に政府が作った公企業16社が民営化されて、国が得たお金が18兆ウォンに達するという報道もあります。

　このように、責任の対象となる行為や、責任の性質には違いがあるものの、強制動員問題に関しては、日本政府及び日本企業、韓国政府及び韓国企業がそれぞれ何らかの責任を負っているのではないかとして主張されているのが、A案です。

　これに対しては、基本的な構想としては理解できるが、現に頑なに韓国を批判している日本政府が、自らの加害責任を認めることは期待できないとして、日本政府を外したのがB案です。

　さらに、昨今の韓国政府の強制動員問題の解決に向けた消極的な姿勢に照らせば、韓国政府も基金に参加することが期待できないとして、韓国政府も外したのがC案です。

　強制連行・強制労働について第一次的責任を負うのは、日本政府と日本企業です。したがって、本来であれば、加害責任を認める主体に、日本企業のみならず日本政府も加えるべきです。しかし、現在の政治情勢をみながら、実現可能な様々なバリエーションについて検討されているのです。

　仮にC案から基金がスタートしたとしても、それにより日本政府の責任が免責されるわけではなく、最終的な解決のためには、日本政府が強制動員問

題に関する国家としての組織的な関与とそれに基づく責任を認めて謝罪をし、基金による強制動員問題の全体解決に参加してくることが必要といえるのではないでしょうか。

何が実現されれば解決したといえるのか

それでは、何が実現されれば解決といえるのでしょうか。

第一に、日本政府と日本企業が、強制動員被害者の加害と被害の事実とそれに対する自らの責任を認め謝罪すること、第二に、強制動員被害者個人に賠償ないしは補償を行うこと、第三に、再発防止のために、強制動員問題の歴史的事実とその教訓を次世代に継承することを実現することが必要です。

このうち、最も基本的なことは、強制動員被害者の加害と被害の事実とそれに対する責任を認め謝罪することです。それが問題解決の出発点であり、そこで認めた自らの責任を果たすために、一定の資金を拠出して基金を設立し、①強制動員被害者らに対する補償金の支給事業、②慰霊・追悼のための事業、③歴史の記憶を継承するための事業などを行うことが考えられます。

この点、ドイツにおけるナチス・ドイツによる強制連行・強制労働被害者を救済するために創設された「記憶・責任・未来」基金や、日本において中国人強制連行事件に関して西松建設が基金を創設して問題を解決した実例が参考になります（→コラム4）。

基金による解決構想実現のために検討すべき課題は何か

基金による解決構想実現のためには、日本企業等が認めるべき「加害と被害の事実」とは具体的にどのような事実か、「責任」の性格は何か（法的責任・道義的責任・歴史的責任など）、「謝罪」の具体的な文言はどのようなものか、「補償」の性格は何か（賠償か象徴的補償か）、「補償」金の額はいくらか、「歴史を継承する」事業とは具体的に何か（記念碑の建立、定期的な慰霊祭、歴史教科書への記載など）、どの範囲の対象者を救済するのか（軍人・軍属は含むのかなど）、被害者の認定をどのように行うのか、企業の法的安定性をどのように図るのか（基金から補償金を受け取る際には被害者に請求権を放棄して

もらうこと）など諸課題を検討する必要があります。

このうち、「歴史的責任」とは、過去の重大な人権侵害の事実に誠実に向き合い、二度と同じ過ちを生み出さない社会を構築していくというように、過去の歴史的事実を踏まえた未来志向的な意味が含まれています。強制動員問題の解決も、被害者側と企業側が対立するのではなく、過去の歴史的事実に誠実に向き合い、強制動員問題の解決という歴史的事業を共に協力しながら実現していくことが求められているのではないでしょうか。

また、「象徴的補償」というのは、厳密な意味における賠償金ではなく、あくまでも日本企業などが責任を果たすことの象徴として支払われるということを表しています。そのような意味合いにおいて個人に支払われる補償金の具体的な金額が問題となります。

この点、これまでの訴訟で認定された賠償金額が1億ウォン（約1000万円）などであることから、一人当たりに支給される補助金の額は約1000万円にすべきであるという見解があります。

しかし、訴訟の原告らは、日韓両国での長年にわたる訴訟を経てきたのであり、それを考えると1000万円は高い金額ではなく、むしろこれまでの経費等を考えると少なすぎるとも言えます。

他方、基金からの補償金は、訴訟手続を経ずに受け取れるのであり、訴訟を行う場合に比べて負担が軽いことからすれば、勝訴判決の金額よりも少ない金額であったとしても、必ずしも不合理とまでは言えません。

そこで、1000万円から減額するとして、いくらの金額が妥当か問題となりますが、そもそも補償金は、厳密な意味で賠償金ではなく、あくまでも日本企業などが自らの責任を果たすことの象徴として支払われるものだとすれば、そのような象徴的補償として扱っている他の解決例を参考にしながら、相当な金額を定めるべきであるという見解もあります。

これらの課題は、難しい問題も孕んでいますが、しかし、強制動員問題の全体解決は避けて通ることのできない課題である以上、何としても克服しなければならない課題です。

そして、中国人強制連行事件における西松基金の実例をみると、解決は可能といえるのではないでしょうか。

基金による解決は企業にとっても有益である

　基金が設立された場合でも、被害者が訴訟による解決を求めるのであれば、それを選ぶことができます。

　基金による解決を希望する被害者は、補償金の支払いと引き換えに、企業に対する個人賠償請求権を放棄することになります。国家と個人は別の法人格を有している以上、原則として、国家間の合意により個人の賠償請求権を消滅させることができません。個人の賠償請求権を消滅させるためには、当該個人自らが個人賠償請求権を放棄するしかありませんが、基金による解決によればこれが実現できます。これにより、日本企業は、法的安定性が確保されることになります。

　他方で被害者個人は、基金による解決ではなく、訴訟による解決を選択することもできます。しかし、被害者が高齢化していること、証拠が不足している被害者もいること、訴訟には費用がかかることなどを考慮すると、実際には訴訟による解決を選択する被害者はそれほど多くはないと思われます。

　したがって、基金による解決によってこそ、日本企業は、文字通り最終的な解決を得ることが出来ることになります。

　さらに、強制動員問題のような重大な人権問題に対して、日本企業が責任をとって解決をしたということは、コンプライアンスを重視し、高い道義性・倫理性が備わった企業であるという国際社会の評価を得ることが期待できるのであり、この点でも企業にとって有益と言えます。

　日本の最高裁判所判決の論理によれば、協定2条は日本企業が強制動員問題解決のために基金に自発的に資金を拠出することの法的障害にはならないのですから（→Q10）、資金の拠出を法的に禁じるものは何もありません。日本企業が決断しさえすれば強制動員問題の解決を実現することは可能です。被害者らは、日本企業と対立することを望んでいるのではありません。むしろ強制動員問題の解決という歴史的事業を共に協力しながら取り組むことを求めているのであり、基金による解決はそのための有力な解決構想といえるのではないでしょうか。

川上詩朗

[コラム4] ドイツ「記憶・責任・未来」基金や日本「西松基金」など

　ドイツにおいては、ナチス・ドイツによる強制連行事件を解決するために、強制連行・強制労働を行ったフォルクスワーゲンなどの企業やドイツ政府が、国家賠償ではなく人道的補償として自発的に資金を拠出し、2000年に「記憶・責任・未来」基金を設立しました。基金は、単に補償だけを目的とせず、過去を直視し迫害の記憶と責任を未来に引き継ぐ目的で設立され、2007年に強制労働被害者への補償の支払いを完了しました。2007年の基金の最終決算報告書によれば、基金総支出は55.79億ユーロであり、そのうち45.29億ユーロが強制労働者への個人補償(約166万人、約100カ国)に充てられました(→Q14)。

　日本においては、中国人強制連行事件に関して西松建設が基金を創設して問題を解決した実例が参考になります。西松建設は、中国人の被害者が締結した基金による解決に関する合意書において、自ら行った加害と被害の「事実を認め」「その歴史的責任を認識し」「深甚なる謝罪の意を表明」し、和解金を支出して基金を創設し、「後世の教育に資するために」記念碑を建立することなどを定めています。

　そこでは、毎年、基金事業の一環として、中国から被害者や遺族などを招聘し、企業の関係者も参加して記念碑の前で慰霊祭が催されています。そのことを通じて、被害者と企業の関係者間の相互理解が深まり、相互信頼が育まれ、被害者側が企業側の謝罪の意を受け入れる関係が作られてきています。これこそ真の解決といえるのではないでしょうか。

　なお、過去の反人道的行為に対する対応としては、他に、第二次世界大戦中の日系人抑留に対するアメリカ大統領による謝罪と補償(1990年)、ユダヤ人迫害に対するフランス大統領の謝罪(1995年)、オーストラリア先住民に対する政府の公式謝罪(2008年)などがあります。

川上詩朗

第4章
徴用工裁判を深く知る

韓国大法院判決と日韓両国の日韓請求権協定解釈の変遷

序

　日本軍「慰安婦」被害者と在韓被爆者について韓国政府が日韓請求権協定3条による紛争解決手続をとらないのは違憲であると判断した2011年の憲法裁判所決定、強制動員被害者の日本企業に対する慰謝料請求を棄却した高等法院判決を破棄して差戻した2012年の大法院判決、そして企業の再上告を棄却して元徴用工への損害賠償を命ずる判決を確定させた2018年10月の大法院判決など、韓国の司法機関において植民地・戦争被害者の問題について積極的な判断が続いた。これに対し、日本政府と大多数のメディアは激しく反発し、韓国非難は日に日に過熱している。2018年の大法院判決について安倍首相は「国際法に照らしてありえない判断」、河野外相は「両国関係の法的基盤を根本から覆すもの」、菅官房長官は「条約は司法機関も拘束する」などと非難し、大部分のメディアや「識者」もこれに追随し、韓国は国家間の合意を無視する「ちゃぶ台返し」をしたなどと非難した。一部の政治家は「報復措置」にも言及している。これを聞いた多くの人々は、日本と韓国の50余年の固い約束を韓国が一方的に反故（ほご）にしたと思って憤慨している。

　たしかに、1965年に締結された日韓請求権協定2条1項は、次のように規定している。

「両締約国は、両締約国及びその国民（法人を含む）の財産、権利及び利益並びに両締約国及びその国民の間の請求権に関する問題が、1951年9月8日にサンフランシスコ市で署名された日本国との平和条約第4条(a)に規定されたものを含めて、完全かつ最終的に解決されたこととなることを確認する。」

　しかし、「『完全かつ最終的に解決』と書いてあるから完全かつ最終的に解決済みだ」で済むほど問題は単純ではない。なぜなら、他ならぬ日本政府自身が、「『完全かつ最終的に解決』とは個人の権利の消滅を意味しない」と力説してきた歴史があり、「国家間の合意を無視する」ような解釈の大転換を行ったのも日本政府だからある。

第1　日本政府の解釈の変遷

1　原爆裁判・シベリア抑留訴訟における国側主張

日韓請求権協定のように、国家間の合意で国家や国民の権利を放棄する条項を請求権放棄条項という。日韓請求権協定に先行するサンフランシスコ平和条約（1951年）には下記の請求権放棄条項がある。

「14条（b）　この条約に別段の定がある場合を除き、連合国は、連合国のすべての賠償請求権、戦争の遂行中に日本国及びその国民がとつた行動から生じた連合国及びその国民の他の請求権並びに占領の直接軍事費に関する連合国の請求権を放棄する。

19条（a）　日本国は、戦争から生じ、又は戦争状態が存在したためにとられた行動から生じた連合国及びその国民に対する日本国及びその国民のすべての請求権を放棄し、且つ、この条約の効力発生の前に日本国領域におけるいずれかの連合国の軍隊又は当局の存在、職務遂行又は行動から生じたすべての請求権を放棄する。」

また、日ソ共同宣言（1956年）第6項も下記の通り規定していた。

「日本国及びソヴィエト社会主義共和国連邦は、1945年8月9日以来の戦争の結果として生じたそれぞれの国、その団体及び国民のそれぞれ他方の国、その団体及び国民に対するすべての請求権を、相互に放棄する。」

これらの条項が国家が条約によって国民の財産権を消滅させる趣旨であるなら、憲法29条3項により補償の問題が生じることになる。実際に、サンフランシスコ平和条約19条（a）により被爆者のアメリカ合衆国ないしトルーマン大統領に対する損害賠償請求権を日本政府が消滅させたとして、広島の原爆被爆者らが米国からの賠償に代わる補償を日本国に請求した（原爆裁判）。また、日ソ共同宣言はシベリア抑留被害者のソ連政府に対する損害賠償請求権を日本政府が消滅させたものだとして、被害者が日本国に補償請求した（シ

ベリア抑留訴訟)。

これらの訴訟において被告である国は次のように主張した。

【原爆裁判】

「対日平和条約第19条（a）の規定によって、日本国はその国民個人の米国及びトルーマンに対する損害賠償請求権を放棄したことにはならない。

（1）国家が個人の国際法上の賠償請求権を基礎として外国と交渉するのは国家の権利であり、この権利が外国との合意によって放棄できることは疑ないが、個人がその本国政府を通じないでこれとは独立して直接に賠償を求める権利は、国家の権利とは異なるから国家が外国との条約によってどういう約束をしようと、それによって直接これに影響は及ばない。

（2）従って対日平和条約第19条（a）にいう「日本国民の権利」は、国民自身の請求権を基礎とする日本国の賠償請求権、すなわちいわゆる外交保護権のみを指すものと解すべきである。……仮にこれ（個人の請求権）を含む趣旨であると解されるとしても、それは放棄できないものを放棄したと記載しているにとどまり、国民自身の請求権はこれによって消滅しない。従って、仮に原告等に請求権があるものとすれば、対日平和条約により放棄されたものではないから、何ら原告等が権利を侵害されたことにはならない。」[1]

【シベリア抑留訴訟】

「日ソ共同宣言6項2文により我が国が放棄した請求権は、我が国自身の有していた請求権及び外交的保護権であり、日本国民が個人として有する請求権を放棄したものではない。ここに外交保護権とは、自国民が外国の領域において外国の国際法違反により受けた損害について、国が相手国の責任を追及する国際法上の権利である。」[2]

要するに日本国は、サンフランシスコ平和条約・日ソ共同宣言の請求権放棄条項によって放棄したのは国家の外交保護権のみであり、被害者個人の米

---

1 東京地裁1963年12月7日判決（下級裁判所民事裁判例集14巻2451頁）。
2 「調査と情報」230号（国立国会図書館、1993年11月16日）。

国やソ連に対する損害賠償請求権は消滅していないから、日本国は被害者に対して補償する義務はないと主張したのである。

このように条約による権利の「放棄」とは個人の権利の消滅を意味するものではないという理論の創始者は他ならぬ日本政府だったのである。

2　日韓請求権協定締結時の日本政府の解釈

日韓請求権協定の締結にあたり、日本政府は「請求権協定1条の『経済協力の増進』と2条の『権利問題の解決』との間には法律的に何の相互関係も存在しないが、請求権協定全体の効果として韓国の対日請求権の問題は解決した」と説明し、その後もこの見解を維持した。[3] すなわち、経済協力資金は韓国国民の請求権の対価として支払われたものではなく、それによって補償（賠償）債務が日本政府・国民から韓国政府に移転したものではないことを明らかにしたのである。そして「請求権協定全体の効果として韓国の対日請求権の問題は解決した」とは下記の事情からみて、外交保護権の相互放棄を意味していると考えるのが妥当である。

すなわち、日韓請求権協定の締結にあたって、この協定で放棄されるのは両国の外交保護権であり、個人の権利を消滅させるものではないという認識を日本政府は持っていた。このことは、韓国人被害者の権利問題としてではなく、朝鮮半島に資産を残してきた日本人の問題として語られた。日韓会談の交渉担当官であった外務事務官谷田正躬は、請求権協定で放棄したのは外交保護権にすぎないから、日本政府が朝鮮半島に資産を残してきた日本人に対して補償責任を負うものではないと解説した。[4] 朝鮮半島に資産を残してきた日本人の権利について日本政府が放棄したのが外交保護権に過ぎないなら、韓国人被害者個人の権利について韓国政府が放棄したのも外交保護権に過ぎず、個人の権利は存続していると解釈するのが当然の論理的帰結である。日本政府は当時から実際にはこのような法的解釈を採用していたが、政治的には「日韓請求権協定で完全に解決済み」との見解を繰り返し表明した。

3　辰巳信夫ほか編『日韓条約と国内法の解説（時の法令別冊）』（大蔵省印刷局、1966年）、1965年11月5日衆議院日韓条約特別委員会における椎名悦三郎外務大臣答弁、1993年5月26日衆議院予算委員会丹波實外務省条約局長答弁。

4　辰巳ほか編・前掲注3『日韓条約と国内法の解説』。

例えば1962年と1963年に観光目的などで一時入国した在韓被爆者に被爆者健康手帳を交付した例があるにも関わらず、日韓請求権協定締結後の1968年に来日した在韓被爆者には手帳交付を拒否した事実がある。[5] しかし日韓請求権協定が1957年の原爆医療法によって創設された被爆者の権利を消滅させるものでないことは明らかである（同協定2条2(b)）。実際に、その後在韓被爆者により提起された多数の訴訟の中で国が日韓請求権協定による解決済論を主張したことは一度もなく、上記の手帳交付拒否は「韓国の問題は全て終わった」という一種の政治的デモストレーション（いやがらせ）に過ぎないことが明らかになった。

3　日韓請求権協定と財産権措置法

日本では日韓請求権協定と同年に「大韓民国等の財産権に関する措置法」（以下「財産権措置法」という）が制定された。同法1項は次のように規定している。

「次に掲げる大韓民国又はその国民（法人を含む。以下同じ。）の財産権であつて、財産及び請求権に関する問題の解決並びに経済協力に関する日本国と大韓民国との間の協定第2条3の財産、権利及び利益に該当するものは、次項の規定の適用があるものを除き、昭和40年6月22日において消滅したものとする。ただし、同日において第三者の権利（同条3の財産、権利及び利益に該当するものを除く。）の目的となつていたものは、その権利の行使に必要な限りにおいて消滅しないものとする。
　一　日本国又はその国民に対する債権
　二　担保権であつて、日本国又はその国民の有する物（証券に化体される権利を含む。次項において同じ。）又は債権を目的とするもの」

すなわち、この法律は日韓請求権協定で「完全かつ最終的に解決」した韓国国民の「財産、権利及び利益並びに……請求権」のうち「財産、権利及び利益」

---

[5] 市場淳子『ヒロシマを持ちかえった人々——「韓国の広島」はなぜ生まれたのか』（凱風社、2000年）。

を消滅させるというものである。同法案国会上程時の答弁資料は「大韓民国及びその国民の実体的権利をどのように処理するかについて、国内法を制定して同条（日韓請求権協定第２条）３にいう措置を執ることが必要になったのである」と説明しており、同法にいう「消滅」とは実体的権利そのものの消滅の趣旨と解し、実務上そのように運用されてきた。例えば、企業が供託した徴用工の未払賃金について、日韓請求権協定の適用を受ける（すなわち韓国に居住する）韓国人が返還請求をすると、財産権措置法により返還請求権が消滅したとして拒否する扱いになっている。同法は日本に存在する韓国人の「財産・権利及び利益」を一切の補償なく消滅させるものであって憲法上重大な問題があるが、最高裁は繰り返し同法は合憲であると判示しており、請求が「財産・権利及び利益」に該当する場合、日本の司法機関による救済は事実上不可能である。

　一方で、この法律の存在は、日韓請求権協定の「完全かつ最終的に解決」とは個人の実体的権利の消滅を意味するものではないということを裏付けている。仮に日韓請求権協定により個人の実体的権利が消滅したのであれば、財産権措置法は日韓請求権協定により消滅した権利を重ねて消滅させる法律ということになり、その立法趣旨が理解不能となるからである（2012年及び2018年の元徴用工に関する韓国大法院判決もこの点を指摘している）。

　そして、前記のように、財産権措置法は日韓請求権協定にいう「財産、権利及び利益並びに両締約国及びその国民の間の請求権」のうち「財産、権利及び利益」だけを消滅させ、「請求権」は消滅させなかった。日韓請求権協定の「完全かつ最終的に解決」が個人の実体的権利の消滅を意味するものではなく、「請求権」は財産権措置法による消滅も免れたとすれば、「請求権」は実体的権利としては生き続けていることになる。そこで、両者の区別が問題となるが、

6　強制動員真相究明ネットワークの小林久公氏が国立公文書館つくば分館で発見した「国内法関係（想定問答他）40.7〜40.10」。

7　東京地裁2004年10月15日判決等。すなわち在韓国人に関する供託金は返還請求があれば拒否するために保管していることになるが、請求権協定の適用を受けない朝鮮民主主義人民共和国、日本、その他の国に居住する韓国朝鮮人等からの返還請求に備えて保管自体は継続しているのであろう。

8　最高裁2001年11月22日判決（判タ1080号81頁、判時1771号83頁）、同2004年11月29日判決（判タ1170号144頁、判時1879号58頁）等。

日本政府は「財産・権利及び利益」とは協定当時にすでに実体的な権利として確定していたもの、「請求権」とは確定判決に至らない損害賠償請求権のように当時未確定であったものをいうと解している。

例えば、1993年5月26日衆議院予算委員会において丹波實外務省条約局長は次のように答弁した。

「……御承知のとおり、この第2条の3項におきまして、一方の締約国が財産、権利及び利益、それから請求権に対してとった措置につきましては、他方の締約国はいかなる主張もしないというふうな規定がございまして、これを受けまして日本で法律をつくりまして、存在している実体的な権利を消滅させたわけでございますけれども、まさにこの法律が対象としておりますのは、既に実体的に存在しておる財産、権利及び利益だけである。

……例えばAとBとの間に争いがあって、AがBに殴られた、したがってAがBに対して賠償しろと言っている、そういう間は、それはAのBに対する請求権であろうと思うのです。しかし、いよいよ裁判所に行って、裁判所の判決として、やはりBはAに対して債務を持っておるという確定判決が出たときに、その請求権は初めて実体的な権利になる、こういう関係でございます。」

これに従えば、当時すでに金額が確定していた未払賃金や供託金返還請求権などは「財産・権利及び利益」であって財産権措置法により消滅したとしても、大部分の戦後補償訴訟は「請求権」に属する慰謝料等の損害賠償や未確定の未払賃金を請求するものであり、日韓請求権協定や財産権措置法は請求の障碍とならないことになる[9]。

上記の丹羽答弁は決して答弁者が口を滑らせたものでも、韓国人戦争被害者の権利保護に配慮したものでもない。在日韓国人に対する適用除外を定める日韓請求権協定第2条2（a）の解釈上、日本政府としては「請求権」を広く

---

9 したがって、二国間条約の請求権放棄条項が戦争被害者の損害賠償請求権にいかなる影響を与えるかを考察する場合に、韓国の被害者の損害賠償請求権等のうち「請求権」に該当する部分については、財産権措置法のような立法のない中国や東南アジア等の被害者の問題とパラレルに考えることができる。

解する必要があったのである。

日韓請求権協定第2条2 (a)の規定は次のとおりである。

「2　この条の規定は、次のもの（この協定の署名の日までにそれぞれの締約国が執った特別の措置の対象となったものを除く。）に影響を及ぼすものではない。

（a）一方の締約国の国民で1947年8月15日からこの協定の署名の日までの間に他方の締約国に居住したことがあるものの財産、権利及び利益」

このように、在日韓国人の「財産・権利及び利益」を日韓請求権協定の適用対象から除外しているが、文言上「請求権」は除外していない。文言通りに理解すると、在日韓国人の「財産・権利及び利益」は請求権協定の対象ではないので韓国政府は外交保護権を放棄していないが、「請求権」は請求権協定の対象なので韓国政府は外交保護権を放棄したことになる。そうすると、「請求権」の範囲を広く解するほど在日韓国人の年金・援護法適用等の未解決問題について韓国政府からの要求（外交保護権の行使）を回避することができる。そのために日本政府としては「請求権」を広く解する解釈をとる必要があるのである。

後に在日韓国人戦傷者の障害年金請求訴訟においてこの点が問題になったことがある。軍人・軍属として動員された韓国人らは日本国民として戦地に赴き障害を負ったが、戦後は援護法附則の戸籍条項（「戸籍法の適用を受けない者[10]については、当分の間この法律を適用しない」）により障害年金の対象から除外された。1990年代に在日韓国人戦傷者から数件の年金請求訴訟が提起され、原告らは上記の戸籍条項は将来の外交交渉によって解決されることを予定して設けられたものであるから、日韓請求権協定の対象から在日韓国人が除外され、外交交渉による解決の可能性がなくなった時点で「当分の間」は終了し、戸籍条項は無効となったと主張した。これに対して被告の国は、「日韓請求権協定第2条2 (a)で除外されたのは在日韓国人の『財産・権利及び利益』であり『請求権』ではない。原告等の年金請求権は援護法に規定されてい

10　朝鮮半島、台湾出身者を意味する。

ないので法律的根拠がない『請求権』であるから、日韓請求権協定の適用を受け、韓国政府が外交保護権を放棄することによって解決した」と主張したのである。[11]

なお韓国政府は、上記の解釈を否定し、在日韓国人戦傷者の補償請求権は「財産、権利及び利益」に該当し、日韓請求権協定の対象外であると主張している。[12]

以上のように、日本政府としては日本国民からの補償請求を避けるためには「完全かつ最終的に解決」とは実体的権利消滅ではなく外交保護権放棄に過ぎないと解する必要があり、在日韓国人戦争被害者への補償責任について韓国政府からの要求を回避するためには在日韓国人についての日韓請求権協定の対象から除外されなかった「請求権」を韓国政府と対立してでも広く解する必要があったのである。

日本政府は日韓請求権協定締結当時からこのような解釈をとっていた。当時は韓国人被害者が日本の法廷で訴訟を提起することなど想像もできない時代だった。そのため、このような解釈の結果、(在韓) 韓国人被害者の幅広い権利が日韓請求権協定でも消滅せず、財産権措置法による消滅の対象外となることを意に介さなかったのである。

ところが、1990年代に入ると多数の韓国人被害者が来日し、財産権措置法により消滅していない「請求権」を日本の法廷で行使しようとしたのである。

4　1990年代の国会答弁

韓国人被害者による提訴が始まった1990年代前半、ようやく韓国人被害者の賠償請求権と日韓請求権協定の関係が国会で取り上げられるようになった。

まず、1991年3月26日参議院内閣委員会において、シベリア抑留問題について、次のような高島有終外務大臣官房審議官答弁が行われた。

11　大阪地裁1991年1月31日判決（鄭商根一審判決、判タ901号84頁）、東京地裁1992年8月13日判決（陳石一・石成基一審判決、判タ855号161頁）等参照。
12　東京高裁1998年9月29日判決（判時1659号35頁）。本件原告及び研究者の大韓民国外務部に対する照会及びこれに対する大韓民国外務部の回答書を根拠に韓国政府の解釈について事実認定している（この点は本件の担当弁護士である在間秀和弁護士のご教示による）。

「……日ソ共同宣言第6項におきます請求権の放棄という点は、国家自身の請求権及び国家が自動的に持っておると考えられております外交保護権の放棄ということでございます。したがいまして、御指摘のように我が国国民個人からソ連またはその国民に対する請求権までも放棄したものではないというふうに考えております。

……個人が請求権を行使するということでございますならば、それはあくまでソ連の国内法上の制度に従った請求権を行使する、こういうことにならざるを得ないと考えます。」

上記の答弁は事実上「個人請求権は消滅していないが、外交保護権を放棄した以上政府は何もできない、ソ連に賠償を請求したければソ連で裁判をせよ」とシベリア抑留被害者を突き放した趣旨の答弁であった。しかし、続いて同年8月27日の参議院予算委員会において、まさに日本の国内法の手続に従って訴訟を提起している韓国人被害者についての質問を受けると、前記の日ソ共同宣言に関する答弁と矛盾する答弁をする訳にもいかず、次のような答弁が行われた。

「(外務省柳井俊二条約局長)……日韓請求権協定におきまして両国間の請求権の問題は最終かつ完全に解決したわけでございます。その意味するところでございますけれども……これは日韓両国が国家として持っております外交保護権を相互に放棄したということでございます。したがいまして、いわゆる個人の請求権そのものを国内法的な意味で消滅させたというものではございません。」

その後類似の趣旨の答弁が繰り返され、[13] 次のように具体的な個人の請求権の存否は裁判所が判断するとの見解も示された。

---

[13] 1991年12月13日参議院予算委員会、1992年2月26日衆議院外務委員会、1992年3月9日衆議院予算委員会における柳井俊二条約局長答弁、1992年4月7日参議院内閣委員会における加藤紘一外務大臣答弁等。

「我が国としては、この協定上外交保護権を放棄した、そして関係者の方々が訴えを提起される地位までも否定したものではないということを申し上げたわけでございますが、しからば、その訴えに含まれておりますところの慰謝料請求等の請求が我が国の法律に照らして実体的な根拠があるかないかということにつきましては、これは裁判所でご判断になることだと存じます」（1992年3月9日柳井条約局長）

「訴権だけというふうに、申し上げていることではないと存じます。それは、訴えた場合に、それらの訴訟が認められるかどうかどうかという問題まで当然裁判所は判断されるものと考えております」（同日　工藤政府委員）

そして、「外務省調査月報」1994年度1号にも次のように明記されている。[14]

「『国家が国民の請求権を放棄する』という文言の意味は、……国内法上の個人の請求権自体を放棄するものではなく、国際法上、国家が自国民の請求権につき国家として有する外交保護権を放棄するものであるとの解釈も、日本政府がこれまで一貫して取ってきているところである。」

上記のような解釈にしたがい、1990年以来（在韓）韓国人被害者が提訴した数十件の戦後補償訴訟において、1999年までの10年間、国側が「請求権」について日韓請求権協定で解決済みとの抗弁を主張した例は一件もなく、日韓請求権協定が争点になることはなかった。ただ、前記のように在日韓国人戦傷者による障害年金請求訴訟において国側が日韓請求権協定に関する主張をしたが、それは在日韓国人戦傷者の年金請求権は日韓請求権協定の対象から除外されたのではないとの趣旨の主張であり、そのことによって原告の請求権が消滅又は行使不能になったとの抗弁として主張されたのではない。そして、その際に日韓請求権協定の対象から除外されなかったことの意味について国は「韓国政府が外交保護権を放棄した」ものであると明言しているの

---

14 この「外務省調査月報」について、最近になって発見又は公開された文献であるとの誤解があるようだが（例えば「강제동원을 말한다」도서출판 선인2015所載の呉日煥論文等）、これは「調査と情報」230号（国立国会図書館、1993年11月16日）で存在が指摘され、2000年代に多数の戦後補償裁判で原告側書証として提出された周知の文献である。

である。[15]

5　日本政府の解釈の大転換

　ところが、時効や国家無答責等の争点について企業や国に対して不利な判断をする裁判例が現れはじめ、アメリカのカリフォルニア州が韓国の強制動員被害者の日本企業に対する訴訟の管轄を認めると、この訴訟に対する2000年10月の日本政府意見書[16]を契機として日本政府は解釈を変更し、韓国人被害者を含むあらゆる戦後補償訴訟において、条約（サンフランシスコ平和条約、日韓請求権協定、日華平和条約）により解決済みとの主張を行うようになった。条約によって解決済みという結論のみがまず政治的に決定されたのか、ある訴訟においては実体的権利が消滅したと主張し、他の訴訟においては外交保護権の放棄により請求が容れられる余地がなくなったと主張するなど、「解決済み」の法的説明は各訴訟において微妙に異なっていたが、やがて個人の実体的権利は消滅していないが訴訟による行使ができなくなったとの主張に[17]収斂された。

　しかし、いずれにせよ、日本人被害者から補償請求を受けていた局面では「条約により放棄したのは外交保護権にすぎず、被害者は加害国の国内手続により請求する道が残っているので日本国には補償責任がない」と主張し、外国人被害者から賠償請求を受けると「条約により日本の国内手続で請求することは不可能になったので日本国には賠償責任がない」と主張を翻したのである。国は訴訟の中で、請求権放棄条項により解決済との新主張は従前の主張と矛盾するものではないと説明し、国会でも海老原条約局長が同旨の答弁をしている（2001年3月22日参議院外交防衛委員会）。しかし、1990年か

15　大阪地裁・前掲注10判決、東京地裁・前掲注10判決。

16　2000年11月17日付「サンフランシスコ平和条約の非締結国の国民による日本企業に対する訴訟に関する日本政府の見解」（英文）。請求権放棄条項の法的意味についての言及はなく、外交交渉と2国間条約により解決または解決されつつある問題であるとして、合衆国裁判所の管轄に反対する趣旨である。

17　例えば関釜裁判控訴審（2000年11月2日付準備書面）では「日韓請求権協定によって放棄されたのは外交保護権だが、韓国人の『請求権』は外交保護権によってしか実現しない権利なので、もはや請求が容れられる余地はない」、浮島丸訴訟控訴審（2001年10月23日付準備書面）では「韓国国民の『財産、権利及び利益』は日本の国内法（措置法）によって消滅させられ、『請求権』は日韓請求権協定の直接適用により消滅した」と主張した。

ら10年間にわたり請求権放棄の抗弁を主張しなかったという事実、前記の在日韓国人戦傷者の障害年金請求訴訟において、在日韓国人戦傷者の障害年金請求権は日韓請求権協定の適用対象であるとしながら、その効果は外交保護権の放棄であると明言し、裁判上の請求が不可能になったとの抗弁として主張しなかった事実等からみて、明らかに従来の主張を翻した「手のひら返し」であった。

6　国の新主張に対する下級裁判所の判断

このような新主張に対する裁判所の判断は下記のように分かれたが、多数は新主張を否定するものであった。

(1)　サンフランシスコ平和条約について

オランダ人元捕虜を原告とする訴訟において東京高裁2001年10月11日判決（判タ1072号88頁、判時1769号61頁）は国の新主張をそのまま受け容れた。ただし、同判決はサンフランシスコ平和条約締結過程においてオランダ代表と日本代表の間に条約の私権に対する効果について非公開の交渉があったことを理由として国の新主張を認めたものである。したがって、この交渉の存在自体を知らなかった他の締約国や条約に参加していない中国や韓国のケースに直ちに適用できる理由づけではなかった。

(2)　日韓請求権協定について

韓国人被害者に関する訴訟では国の新主張に対する下級審の判断は三様に分かれた。

広島高裁2001年3月29日判決（関釜裁判、判タ1081号91頁、判時1159号42頁）は一審の一部認容判決を取り消した判決であったが、この争点については国の新主張を完全に否定し、被害者個人が財産権措置法により消滅したものを除く実体的権利を行使することは外交保護権の存否にかかわらず許容され、当該請求権についての法律的根拠の有無は当該受訴裁判所において個別具体的に判断すべきであるとした。

東京高裁2003年7月22日判決（アジア太平洋戦争韓国人犠牲者訴訟、判時1843号32頁）、広島高裁2005年1月19日判決（三菱広島元徴用工被爆者訴訟、判タ1217号157頁、判時1903号23頁）、東京地裁2006年5月25日判決（韓国人元軍人軍属靖国合祀絶止等訴訟、判タ1212号189頁）は国の主張を変容し

て日韓請求権協定の「財産・権利及び利益」を拡張し、従来「請求権」として財産権措置法の対象外とされていた慰謝料請求権まで「財産・権利及び利益」であり財産権措置法で消滅したとした[18]。このような解釈は国に好都合ではあるが、在日韓国人の問題について韓国政府と対立しつつ「請求権」を広く解してきた日本政府の解釈と明らかに矛盾するものであり、日本政府としては採用困難な解釈であった。

　2005年2月24日名古屋地裁判決（三菱名古屋朝鮮女子勤労挺身隊訴訟、判タ1210号186頁、判時1931号70頁）は国の新主張をほぼそのまま受け容れ、慰謝料請求権は「請求権」であって財産権措置法では消滅していないという従来の解釈を維持しつつ、日韓請求権協定により「請求権」についても訴訟で行使することはできなくなったとした。

　上記のうち関釜裁判は2003年3月25日に一審原告側上告が形式的理由で棄却され、最高裁が国の新主張について判断することはなかった。アジア太平洋戦争韓国人犠牲者訴訟も最高裁2004年11月29日判決によって一審原告側上告が棄却されたが、最高裁は財産権措置法は合憲であると判示したのみで、日韓請求権協定の効果や「財産・権利及び利益」と「請求権」の異同の問題については判断しなかった。

　その他の事件が高裁・最高裁係属中に中国人被害者に関する後記の2007年4月27日最高裁判決が出され、結局国の新主張に対する最高裁の判断は中国人被害者の事件で示されることになった。

（3）　日中共同声明について

　当時中国人被害者の多数の事件が係属中であったが、中国はサンフランシスコ平和条約に参加していないばかりか、1972年の日中共同声明第5条は「中華人民共和国政府は、中日両国国民の友好のために、日本国に対する戦争賠償の請求を放棄することを宣言する」との文言であり、「放棄する」の主語は「中華人民共和国政府」であって「中国国民」ではなく、従前これがサンフランシスコ平和条約や日韓請求権協定と同じ趣旨の請求権放棄条項であるとは

18　これらの訴訟は、共同原告の請求中に未払賃金支払や軍事郵便貯金払戻など「財産・権利及び利益」にあたると解されている請求が含まれていたために国が財産権措置法による消滅の抗弁を主張したり、共同被告である企業が同抗弁を主張したケースである。その抗弁を裁判所が国の主張をこえて「請求権」を主張する原告にも適用したのである。

理解されていなかった。そこで国は、1952年に台湾の中華民国政府と締結した日華平和条約により中国人被害者の請求権は放棄されたと主張した。同条約第11条に「この条約及びこれを補足する文書に別段の定がある場合を除く外、日本国と中華民国との間に戦争状態の存在の結果として生じた問題は、サン・フランシスコ条約の相当規定に従って解決するものとする」との一般条項があり、日華平和条約もサンフランシスコ平和条約14条（ｂ）の請求権放棄条項を受け継いだというのである。しかし仮に日華平和条約がサンフランシスコ平和条約の請求権放棄条項を受け継いだとしても、日華平和条約には適用範囲について「中華民国政府の支配下に現にあり、又は今後入るすべての領域に適用がある」との交換公文があり、中国大陸に継続して居住してきた被害者らに適用される余地はないはずである。これに対し国は「請求権の放棄は戦争終結に伴うものであり、戦争終結は国家として行う一度限りの処分行為であるから、交換公文にかかわりなく、国家としての中国に属するすべての原告に適用がある」という晦渋な理論を編み出してサンフランシスコ平和条約と中国人原告を結び付けようとした[19]。しかし、いかにも牽強付会なこの理論は裁判所の受け入れるところとならず、これを否定する下級審判決が続出した[20]。その中で唯一東京高裁2005年3月18日判決（中国人日本軍「慰安婦」二次訴訟）のみが、国の主張を超えて日華平和条約により個人の実体的権利も消滅したと判示した。

7　2007年4月27日最高裁判決

2007年4月27日、最高裁の第1、第2小法廷は前記の中国人日本軍「慰安婦」事件と西松建設中国人強制連行・強制労働訴訟について同時にほとんど同文の判決を出し、日中共同声明により原告らの請求権は行使できなくなっ

---

[19] 日華平和条約により中国人被害者の請求権が放棄されたとの国の主張の大枠は浅田正彦「日華平和条約と国際法」法学論叢147巻4号（2000年）～156巻2号（2004年）に依拠している。この論文は、中国という国家との間の戦争終結と賠償問題は性格上交換公文の適用を受けず、日華平和条約により解決し、日中共同声明で中華人民共和国がこれを追認したことにより中華人民共和国政府への対抗力を得たとの趣旨である。

[20] 福岡地裁2002年4月26日判決（中国人強制連行福岡一次訴訟、判タ1098号267頁、判時1809号111頁）、東京地裁2003年4月24日判決（山西省性暴力被害者訴訟、判タ1127号281頁、判時1823号61頁）、新潟地裁2004年3月6日判決（中国人強制連行新潟訴訟）、東京高裁2004年12月15日判決（中国人「慰安婦」一次訴訟）。

たとして被害者らの請求を棄却した（2007年4月27日最高裁判決、判タ1240号121頁、判時1969号28頁）。

ただし最高裁は、交換公文の存在する日華平和条約が中国大陸在住の原告らは適用されることには疑問があるとして、日華平和条約により請求権が放棄されたという法律構成は認めず、独自の「サンフランシスコ平和条約の枠組み」論を展開した。これは、個人の請求権について事後的個別的な民事裁判上の権利行使をもって解決するという処理にゆだねたならば、将来どちらの国家又は国民に対しても平和条約締結時には予測困難な過大な負担を負わせ混乱を生じさせることとなるおそれがあり、平和条約の目的達成の妨げとなるので、個人の請求権について民事裁判上の権利行使することはできないことにするというのが「サンフランシスコ平和条約の枠組み」であり、日中共同声明もこの枠組みの中にあるため、同声明で中国は中国国民個人の請求権をも放棄したというものである。

しかし、サンフランシスコ平和条約には「個人の請求権について民事裁判上の権利行使することはできないことにする」などという文言は存在しない。同判決はこの「枠組み」を立法者（締結者）意思解釈として導いているが、この「枠組み」の成立についてこの判決が提示する唯一の事実的根拠は前述したオランダ代表と日本代表の非公開交渉及びその決着の経緯である。

この非公開交渉の経緯は次のとおりである。

①オランダ代表が平和条約はオランダ国民の私権を消滅させるものではなく、オランダ国民は日本国又は国民を訴求することができるがオランダ政府はこれに関与できなくなるに過ぎないことの確認を求め、

②これに対し、日本政府は「この条約によりオランダ国民の日本国及び日本国民に対する債権は消滅しないが、日本政府又は日本国民に対して追及してくることができなくなる」との見解を述べ、

③アメリカのダレス代表が「救済なき権利か、よくあることだ」と日本政府の見解に賛同したが、

④オランダ政府は日本政府の上記見解に同意せず、

⑤交渉の末、オランダ代表が議場においてインドネシアで日本軍に抑留された一般文民に対する補償について希望を述べ、日本代表は②の見解を述べ

るとともにオランダ代表の要望した問題を認めその解決をはかることとなった[21]。

　おそらく「枠組み」論は上記②の日本代表の見解に発想を得たものであろうが、この日蘭交渉の決着はいわゆる「玉虫色」の政治的処理であり、②の見解についてオランダ代表と合意したものでもなく、まして非公開交渉の存在を知らなかったその他の締約国との合意ではない。しかも②の見解を述べたという日本政府は、前述のように1960年代前半の原爆裁判では国家が外国との条約によってどういう約束をしようとそれによって個人の請求権には影響が及ばないと主張し、1991年にはシベリア抑留者個人の請求権についてソ連で民事裁判上の請求が可能であることを前提とした国会答弁を行い、さらに1992年には日韓請求権協定について、慰謝料請求等の請求に実体的な根拠があるか否かは裁判所が判断すると答弁し、1990年代の在日韓国人戦傷者の障害年金請求訴訟では、在日韓国人の障害年金請求権が日韓請求権協定の対象であるとしながら、それを請求棄却の理由としては主張せず、韓国人被害者を原告とする数多くの訴訟において2000年までは一回も（「請求権」について）日韓請求権協定を根拠に請求棄却を求めたことがないのである。そうすると、国自身がサンフランシスコ平和条約が「個人の請求権について民事裁判上の権利行使することはできないことにする」趣旨のものであると理解してこなかったことは明白であり、この判決の立法者（締結者）意思解釈は歴史的事実に反するフィクションに過ぎないものである。

　以上のように、この判決のいう「枠組み」について締結国間の合意があったとはとうてい言い得ないが、仮にこれがあったとしても、それをサンフランシスコ平和条約に参加していない中国や韓国の被害者に適用することは更に説明困難である。この判決が「枠組み」をサンフランシスコ平和条約締結国以外に適用する理由を説いた部分は次のとおりである。

　「この枠組みは、連合国48か国との間で締結されこれによって日本国が独立を回復したというサンフランシスコ平和条約の重要性にかんがみ、日本国

---

[21] 東京高裁2001年10月11日判決（判タ1072号88頁、判時1769号61頁）。

がサンフランシスコ平和条約の当事国以外の国や地域との間で平和条約等を締結して戦後処理をするに当たっても、その枠組みとなるべきものであった」

つまり、日蘭非公開交渉の際の日本代表意見に端を発する「枠組み」がサンフランシスコ平和条約締結国のみならず、非締約国にもその効果が及び、後に締結した二国間条約の内容を拘束し、数千万の戦争被害者から民事訴訟による解決権能を奪うという法的効果を有することの理由は「サンフランシスコ平和条約は重要だから」としか述べられていないのである。これは、とうてい「法律構成」と呼べるものではなく、この判決は法的説明を放棄したものというほかはない。最高裁は国の主張やそれが依拠した学説[22]の日華平和条約を媒介とする牽強付会な法律構成を交換公文の存在などを理由に否定したものの、それに代わる法律構成を提示できなかったのである。

しかし、原告らの請求を棄却するという前提に立って裁判所がその理由を考えていったとすれば、この判決の文脈は非常に理解しやすい。当時、原告らの請求を棄却する理由として有り得たのは国家無答責、消滅時効・除斥期間、条約による請求権放棄であった。このうち、国家は不法行為について賠償責任を負わないという国家無答責は大日本帝国憲法下の解釈理論であり、それを現憲法下で継承することに無理がある上、国家無答責では企業に対する請求を棄却できない。消滅時効・除斥期間を機械的に適用し、信義則による適用除外を認めなければ原告らの請求を容易に棄却することができるが、戦後補償以外の案件も時効・除斥期間で棄却せざるをえなくなり、裁判所の裁量権を狭める結果となる。その点、請求権放棄を理由とすれば戦後補償以外の案件に影響をあたえず、国に対する請求も企業に対する請求も棄却することができる。しかし、請求権放棄条項についての国の従前の解釈（外交保護権放棄説）と矛盾する点、日中共同声明が文言上中国国民の請求権を放棄したものとは読めないことなどの問題点がある。このような苦心の末、全ての外国人戦争被害者の請求を棄却することができ、国の従前の見解とできるだけ矛盾せず、他の事件の処理に影響を与えない理由づけとして生み出されたの

---

22 浅田・前掲注18論文。

がこの判決の論理なのである[23]。このような論理を作出するためには法的説明を放棄するしかなかったのである。

しかも、日本は世界人権宣言10条、国際人権規約（自由権規約）14条に定められた裁判を受ける権利を保障する国際法上の義務を負っている。権利の有無にかかわらず訴訟によって請求できないという最高裁の判断はこの義務に真っ向から反するものである[24]。

ともあれ、上記の最高裁判決以降、中国人被害者を原告とする全ての訴訟は日中共同声明を理由に棄却されることになった[25]。そして、文言上「国民が」放棄したと記載されていない日中共同声明によって中国国民の請求権が行使できなくなったとする以上、サンフランシスコ平和条約を前提とすることを明文で規定し「国民の」の文言のある日韓請求権協定によって韓国国民の請求権が行使できなくなったとするのが当然の論理的帰結であった。そのため、財産権措置法によっては消滅しなかった韓国人被害者の「請求権」も日韓請求権協定により訴訟による行使ができなくなったとして請求が棄却されることになった[26]。こうして日本の法廷で外国人戦争被害者の権利回復を実現することは不可能になったのである。

---

[23] 最高裁調査官や東京地方裁判所裁判官を歴任したのちに退官した瀬木比呂志が2014年に公刊した『絶望の裁判所』（講談社）に、「東京地裁の多数の部で審理が行われている同種憲法訴訟について」「裁判長たちが秘密裏に継続的な会合をもち、却下ないし棄却を暗黙の前提として審理の進め方等について相談を行った」との記載がある。著者の東京地裁在任期間などからみて見てここにいう「同種憲法訴訟」とは2000年代の中国人被害者による戦後補償訴訟であったと思われる。推測ではあるが、「国家無答責」「時効・除斥期間」「請求権放棄」の三論点のうちどれによって棄却するかについて相談をしたのではなかろうか。

[24] 阿部浩己「サンフランシスコ平和条約と司法にアクセスする権利」神奈川法学46巻2・3合併号（2013年）。

[25] 札幌高裁2007年6月28日判決（中国人強制連行北海道訴訟）、前橋地裁2007年8月29日判決・東京高裁2010年2月17日判決（いずれも中国人強制連行群馬訴訟）、山形地裁2008年2月12日判決・仙台高裁2009年11月20日判決（いずれも中国人強制連行山形訴訟）、東京高裁2009年3月26日判決（海南島性暴力訴訟）、金沢地裁2008年10月31日判決・名古屋高裁金沢支部2010年3月10日判決（いずれも中国人強制連行七尾訴訟）、福岡高裁宮崎支部2009年3月27日判決（中国人強制連行宮崎訴訟）、東京地裁2015年2月25日判決（重慶大爆撃被害者訴訟）、大阪地裁2019年1月29日判決（中国人強制連行国賠訴訟）。

[26] 名古屋高裁2007年5月31日判決（三菱名古屋朝鮮女子勤労挺身隊訴訟、判タ1210号186頁、判時1894号44頁）、富山地裁2007年9月19日判決・名古屋高裁金沢支部2010年3月8日判決（いずれも不二越勤労挺身隊二次訴訟）。

ただし、この最高裁判決は国の従前の解釈との矛盾をできるだけ軽減するためか、「ここでいう請求権の『放棄』とは、請求権を実体的に消滅させることまでを意味するものではなく、当該請求権に基づいて裁判上訴求する権能を失わせるにとどまるものと解するのが相当である。したがって個別具体的な請求権について、その内容等にかんがみ、債務者側において任意の自発的な対応をすることは妨げられない」と判示した。「サンフランシスコ平和条約の枠組み」の効果は個別的な民事裁判上の権利行使を許さないことにとどまり、個人の実体的な請求権は存続しているというのである[27]。上記最高裁判決の当事者であった元原告らはこの判決を手掛かりとして西松建設と和解を成立させた[28]。

8　現在の日本政府の解釈

　上記の最高裁判決後も日本政府は「日韓請求権協定により解決済み」との政治的発言を繰り返している。しかし政府は憲法上当然に最高裁の判断に拘束される。実際に最高裁判決後の韓国人被害者に関する訴訟においても国は裁判上の権能が失われたという最高裁判決の論理を援用している。

　例えば不二越二次訴訟一審において国は次のように主張した。

　「原告らが上記各請求権に基づく請求をしても、日本国及びその国民はこれに応ずる法的義務はない。ここで、法的義務がないというのは国内法的に消滅したという意味ではなく、韓国国民が『請求権』をどのように法的に構成して、日本国及びその国民にたいして請求しても、日本国及びその国民は、これに応ずる法的義務がないという意味である。[29]」

　したがって繰り返される政治的発言にもかかわらず、日本政府も法律解釈

27　一種の付言判決であるが、これは単なる付言以上の効果をもたらすことになる。例えば、上場企業が被害者からの損害賠償請求に自主的に応じたとしても、実体的権利が存在する以上、請求に応じた取締役は株主から責任追及を免れることになる。

28　東京簡裁2009年10月23日即決和解。和解条項において本最高裁判決を引用した上で、西松建設が「深甚なる謝罪の意を表明」し、360人の犠牲者への補償、記念碑建立、慰霊事業等の費用として２億5000万円を事業主体である自由人権協会に信託した。

29　富山地裁2007年９月19日判決。

としては被害者の実体的権利の存在は認めていることになる。そうすると、現在の日本政府の日韓請求権協定解釈は下記の通りである。

ア 「財産・権利・利益」は財産権措置法で消滅した。
イ 「請求権」について韓国政府は外交保護権を放棄したが、個人の実体的権利は消滅していない。
ウ 請求権協定により、裁判上訴求する権能が失われた。

第2　韓国政府の解釈の変遷

1　個人の請求権が消滅したと理解していた韓国政府

日韓請求権協定締結の交渉過程において1952年に韓国側から8項目の対日請求要綱が提出されたが、それには「被徴用韓人未収金」が含まれていた。また、日本が被害者個人に対して直接に個人補償すると提案したのに対して、韓国側は日本政府から補償金をまとめて受取り、それを韓国人被害者に渡すという方法を主張したという[30]。

そして、日韓請求権協定合意議事録は次のように規定している。

「同条1にいう完全かつ最終的に解決されたこととなる両国及びその国民の財産、権利及び利益並びに両国及びその国民の間の請求権に関する問題には、日韓会談において韓国側から提出された『韓国の対日請求要綱』（いわゆる8項目）の範囲に属するすべての請求が含まれており、したがつて、同対日請求要綱に関しては、いかなる主張もなしえないこととなることが確認された。」

さらに、1965年7月5日に韓国政府が発行した「大韓民国と日本国の間の

---

[30] 高崎宗司『検証日韓会談』（岩波書店、1996年）109頁。ただし、同書でも指摘しているように、個人補償をするとの日本政府の提案が誠実なものであったとは考えられない。その後日韓請求権協定の適用を受けない在日韓国・朝鮮人戦争被害者への補償は放置され、「平和条約国籍離脱者戦没者遺族に対する弔慰金等支給法」により戦没者・重度戦傷者に日本人被害者と比較して著しく少額の弔慰金等を支給することにしたのは日韓請求権協定締結35年後の2000年のことであったことからみても、このことは明らかである。

条約及び協定の解説」には「被徴用者の未収金及び補償金……などが全て完全かつ最終的に消滅することになる。」との記載がある。

また、請求権協定締結の翌年の1966年に韓国で制定された「請求権資金の運用及び管理に関する法律」5条1項は次のように規定した。

「大韓民国国民が有する1945年8月15日以前までの日本国に対する民間請求権はこの法に定める請求権資金の中から補償しなければならない。」

そして1971年の「対日民間請求権申告に関する法律」と1974年の「対日民間請求権補償に関する法律」によって、被徴用死亡者の遺族に対して死亡者一人当たり30万ウォン（約19万円）の補償金が支払われた[31]。

これらの施策の実行過程で、特に被害者の実体的権利と外交保護権の関係が論じられた形跡は発見できない。1990代までに政府による補償の範囲についていくつかの訴訟が提起されているが、それらのなかで、請求権協定は韓国政府の外交保護権の放棄を意味するに過ぎず個人の日本国に対する実体的請求権が存続するとの趣旨の主張が政府側から行われた事実も見いだせない[32]。したがって、請求権協定により実体的権利が消滅したことを前提とする理解の下に施策が進められたものと考えられる。

したがって、この時期までは加害国の日本政府は被害者の実体的権利は消滅していないと解釈し、被害国の韓国政府は消滅したと解釈していたことになり、両国の日韓請求権協定解釈は「ねじれて」いたことになる。

2　外交保護権のみ放棄説への転換

上記の「ねじれ」がいつ解消されたのか必ずしも明らかではないが、金泳三政権時の1995年9月20日の国会統一外務委員会における孔魯明外務部長官答弁は、次のように個人の権利の消滅と外交保護権放棄が別個のものである

---

[31] これらの施策は、対象者を被徴用死亡者に限定したこと、補償金額が少額であったこと、申告期間が短く申告漏れが非常に多かったことなどから、被害者の中に大きな不満を残す結果となった。

[32] 大法院1970年11月30日判決、同1970年12月22日判決、憲法裁判所1996年10月4日決定、同1996年10月31日決定、同1996年11月28日決定、同1999年7月23日決定、同2000年3月30日決定。

ことを確認した。

「我が政府は1965年韓日協定で日本に対する政府レベルでの金銭的補償についてはひとまず一段落したとこのように見て……政府は個人的な請求権については政府がそれを認めており、それをするなと言うことはない……それで、私共は被害者らの対日補償請求訴訟については国際社会の世論を喚起する努力とともに可能な支援を提供する。このような姿勢で臨んでいます。」

また、報道によれば1997年の金大中政権の発足直後に外務部長官が日本軍「慰安婦」被害者に対する個人賠償を求める発言をしており、2000年10月9日、李廷彬外交通商部長官は書面答弁書において次のように述べた。

「韓日両国政府は被徴兵・徴用者の賠償等、両国間の請求権に関する問題を解決するため1965年『大韓民国と日本国間の財産及び請求権に関する問題の解決と経済協力に関する協定』を締結し、両国政府間で請求権問題を一段落させました。……ただし、政府としては『請求権協定』が個人の請求権訴訟等の裁判を提起する権利には影響を与えないという立場です。」[33]

したがって、遅くともこの時点までに韓国政府は日本政府と足並みをそろえ、日韓請求権協定で放棄されたのは外交保護権であると解釈を変更していたことになる。

3 民官共同委員会見解

2002年10月、日本軍「慰安婦」被害者、強制動員被害者、原爆被爆者ら100名の被害者が日韓請求権協定の効力を明らかにするために、韓国政府に対して文書公開拒否処分取消訴訟を提起し、2004年2月に一審で勝訴判決を得た。[34] これに対して韓国政府（盧武鉉政権）は控訴を取り下げて記録を開示した。更にこれにともなう善後策を協議する民官共同委員会を開催し、2005年

---

[33] 김창록「한일『청구권협정』에 의해 '해결' 된 '권리'」경북대학교법학연구원「법학논고」제49집.
[34] ソウル行政裁判所2004年2月13日判決。

8月26日に下記の見解が示された。民官共同委員会の共同代表は当時の首相であり、この見解は今日に至る韓国政府の日韓請求権協定の公式解釈である。

「○韓日請求権協定は基本的に日本の植民地支配賠償を請求するためのものではなく、サンフランシスコ条約第4条に基づく韓日両国間の財政的・民事的債権債務関係を解決するためのものであった。
○日本軍慰安婦問題等、日本政府・軍・国家権力が関与した反人道的不法行為については、請求権協定により解決されたとみることはできず、日本政府の法的責任が残っている。
——サハリン同胞、原爆被害者問題も韓日請求権協定の対象に含まれていない。」

これは、サハリン残留韓国人、原爆被爆者問題は請求権協定締結に至る協議の対象とされていないゆえに請求権協定の解決には含まれず、「日本軍慰安婦問題等……反人道的不法行為」は協議の対象とされていないことに加え、反人道的不法行為という行為の性格上当然に請求権協定の対象には含まれず、いずれも外交保護権も放棄されていないという趣旨であると理解することができる。

この見解では強制動員問題が日韓請求権協定の法的効力範囲に含まれるか否かについては明記されなかった。ただ、無償3億ドルの経済協力資金には「強制動員問題解決の性格の資金」等が包括的に勘案されており、韓国政府は「受領した無償資金中から相当金額を強制動員被害者の救済に使用すべき道義的責任がある」と記載されている。この記載の意味するところは必ずしも

---

35 原文は大韓弁協ホームページ「国務調整室報道資料」〈http://www.koreanbar.or.kr/pages/japandata/view.asp?teamcode=&category=&page=1&seq=7099&types=1005&searchtype=&searchstr=〉、日本語訳は日弁連ホームページ「戦後補償のために日韓共同資料室」〈https://www.nichihttps://www.nichibenren.or.jp/library/ja/kokusai/humanrights_library/sengohosho/sonota_01.pdf〉。

36 本見解にも関わらず韓国政府がその後日本政府に対して日韓請求権協定3条の定める紛争解決(「外交上の経路」及び「仲裁委員会」による解決)に乗り出さないのは違憲であるとして元日本軍「慰安婦」被害者らが憲法裁判所に憲法訴願を提起し、憲法裁判所は2011年8月30日決定において違憲決定を行った。この決定は膠着していた日本軍「慰安婦」問題の流動化に大きな役割を果たしたが、請求人も韓国政府も民官共同委員会見解を前提としており、日韓請求権協定について新たな解釈を付け加えるものではなかった。

明らかではないが、一般的には日韓請求権協定の交渉過程で議題となっていた強制動員問題は日韓請求権協定の範囲内との趣旨であると理解されていた。ただし、日韓請求権協定により放棄したのは外交保護権であるという金泳三政権と金大中政権の解釈は更されていないから、ここにいう「日韓請求権協定の範囲内」とは外交保護権を放棄したたことを意味するにとどまる。そして、前記の「道義的責任」を遂行するために「日帝下日本軍慰安婦に対する生活安定支援法」(1993年)、「太平洋戦争前後国外強制動員犠牲者等支援に関する法律」(2007年)「対日抗争期強制動員被害調査及び国外強制動員犠牲者等支援に関する特別法」(2011年)、光州市、全羅南道、ソウル市、京畿道の勤労挺身隊被害者支援条例(2013年、京畿道は未施行)など、強制動員被害者等に慰労金や生活安定資金を支給するための法律や条例が制定されたが、これらには「人道的見地から」「国民和合なため」などの目的条項が置かれ、日韓請求権協定によって日本政府から移転した補償責任を果たす趣旨ではないことが明らかにされている。[37]

4　2012年の大法院判決

広島の三菱重工、大阪の日本製鐵に強制動員された元徴用工らは日本の裁判所で国と企業に対して損害賠償と未払賃金を請求して提訴し、敗訴確定の前後に韓国の裁判所で日本企業に対して日本での訴訟と同趣旨の訴を提起した。これに対して韓国の下級審は、消滅時効、戦前の旧三菱・旧日本製鐵債務の財閥解体後の新会社への承継の否定、日本判決の既判力などを理由に被害者らの請求を棄却した。[38]しかし、大法院2012年5月24日判決は上記の下級審判断をことごとく覆し、更に本件は日韓請求権協定の対象外であるという判断を示して事件を原審(ソウル高等法院、釜山高等法院)に差し戻した。

この判決の理由中、日韓請求権協定の適用範囲についての判断を示した部分は次の通りである。

---

[37] したがって、「盧武鉉政権は徴用工問題については韓国政府が処理することを約束したはずだ」という日本の政府とメディアの言説は曲解によるものである。

[38] 釜山地方法院2007年2月2日判決、釜山高等法院2009年2月3日判決、ソウル中央地方法院2008年4月3日判決、ソウル高等法院2009年7月16日判決。

「請求権協定は日本の植民支配賠償を請求するためのものではなく、サンフランシスコ条約第４条に基づき韓日両国間の財政的・民事的債権債務関係を政治的合意により解決するためのものであり、請求権協定第１条により日本政府が大韓民国政府に支給した経済協力資金は第２条による権利問題の解決と法的対価関係があるとはみられない点、請求権協定の交渉過程で日本政府は植民支配の不法性を認めないまま、強制動員被害の法的賠償を根本的に否定し、このため韓日両国政府は日帝の韓半島支配の性格について合意に至ることができなかったが、このような状況で日本の国家権力が関与した反人道的不法行為や植民支配と直結した不法行為による損害賠償請求権が請求権協定の適用対象に含まれていたとは解しがたい点等に照らしてみると、原告らの損害賠償請求権については、請求権協定で個人請求権が消滅しなかったのはもちろん、大韓民国の外交的保護権も放棄しなかったと解するのが相当である。」

　大法院判決はこの判断を民官共同委員会見解の解釈の形で提示している。すなわち、民官共同委員会見解が日韓請求権協定の対象外であるとした「日本軍慰安婦問題等、日本政府・軍・国家権力が関与した反人道的不法行為」とは「日本の国家権力が関与した反人道的不法行為や植民地支配に直結した不法行為」を含むものであり、企業による「植民地支配に直結した不法行為」である強制動員の被害者の請求権も日韓請求権協定の対象外であるというのである。しかし、実質的には民官共同委員会見解を拡張し、強制動員被害者の日本企業に対する損害賠償請求権も請求権協定の対象外とする新判断である。

　大法院がこれらの判断に至った根底には韓国憲法前文の規定があると考えられる。すなわち、1987年に制定された現行の韓国憲法は「悠久の歴史と伝統に輝く我が大韓国民は３・１運動により建立された大韓民国臨時政府の法統と不義に抗拒した４・19民主理念を継承し……」で始まる前文を掲げている。そして憲法裁判所は日本の判例とは異なり前文の裁判規範性を認めている[39]。例えば、2011年３月31日決定は前文の趣旨と効力を次のように判示した。

39　憲法裁判所2001年３月21日決定、同2005年６月30日決定、同2011年３月31日決定等。

「現行憲法前文は『悠久の歴史と伝統に輝く我が大韓国民は3・1運動により建立された大韓民国臨時政府の法統を継承』と規定しているが、ここにいう『3・1運動』の精神は我が国の憲法の沿革的・理念的基礎として憲法や法律解釈における解釈基準として作用するものである。『大韓民国が3・1運動により建立された大韓民国臨時政府の法統を継承』すると宣言した憲法前文の意味は、今日の大韓民国が日帝に抗拒した独立運動家の貢献と犠牲のもとに築かれたものであるという点、ひいては現行憲法は日本帝国主義の植民統治を排撃し我が民族の自主独立を追求した大韓民国臨時政府の精神を憲法の根幹としている点を意味するということができる。……」

　日本帝国主義の植民統治を排撃した大韓民国臨時政府の精神を憲法の根幹とし、これを解釈基準とする以上、日本の植民地支配の適法性を前提とする日本判決の既判力や植民地支配による被害を固定化する消滅時効、財閥解体による新会社への補償・賠償債務承継の否定、そして植民地支配の不法性を前提としない請求権協定が植民地支配に直結した不法行為にも適用されるという見解を受け入れがたいことは当然の帰結であった。
　なお、大法院判決は請求権協定に関する判断について「予備的理由」を示している。すなわち、仮に原告らの請求権が請求権協定の適用対象に含まれるとしても（強制動員は「反人道的不法行為」等に含まれないとしても）、それは韓国の外交保護権が放棄されたにとどまり、個人請求権は消滅していないというのである。
　強制動員被害者の損害賠償請求権は請求権協定の対象外であるという大法院判決は、請求権協定の効果が個人請求権の消滅か外交保護権のみの放棄かという従来の論点とは次元の異なる判断である。そこで、大法院は従来の論点では外交保護権のみ放棄説に立ちつつ、本件の場合には請求権協定の対象外と判断したことを示したのであろうが、同時に三権分立に配慮し、強制動員問題についての外交保護権を放棄したのか否かについての判断を行政府（韓国政府）に委ねる趣旨であろうと考えられる。

5　文在寅大統領の「徴用工発言」

　2012年の大法院差戻判決の後、李明博政権と朴槿恵政権は強制動員被害者

について語ることはなく、韓国政府が同判決の主位的理由（請求権協定の対象外）に立脚するのか、予備的理由（請求権協定の対象であるが外交保護権のみ放棄）に立脚するのか明らかではなかった。

　一方、日本製鐵事件差戻審ではソウル高等法院2013年7月10日判決で被害者一人当たり1億ウォン、三菱重工事件では釜山高等法院7月30日判決で被害者一人当たり8000万ウォンの賠償が認められ、両事件とも一審被告側が再上告した。ところが、大法院はその後5年にわたって判決を宣告せず、大法院や各地の高裁に係属している他の強制動員事件も上記両件の進行を待つかたちで審理が停滞し、強制動員問題は5年にわたって膠着状態に陥ってしまった。

　この膠着は朴槿恵大統領に対する弾劾を経て2017年に文在寅大統領が就任し、ようやく打開された。文大統領は同年8月17日の就任100日記者会見で記者の質問に答えて次のように発言した。

「お話の中の日本軍慰安婦の部分は、韓日会談当時、知り得なかった問題でした。言わば、その会談で扱われなかった問題です。慰安婦問題が知られて、社会問題になったのは、韓日会談からずっと後の事です。慰安婦問題が韓日会談で解決されたというのは理屈に合わない話です。強制徴用者問題も、両国間の合意が個々人の権利を侵害することはできません。両国の合意にもかかわらず、強制徴用者個人が三菱をはじめとする会社に対して持っている民事的な権利はそのまま残っているというのが韓国の憲法裁判所や大法院の判例です。政府はそのような立場で過去事問題に取り組んでいます。」

　この発言は「慰安婦」問題は日韓請求権協定の対象外であるのに対し、強制徴用問題は「国家間の合意にもかかわらず」「個人の」「民事的権利はそのまま残っている」という表現から明らかなように、大法院差戻判決の予備的理由の立場、すなわち強制動員被害は日韓請求権協定の対象ではあるが、その効果は外交保護権の放棄にすぎないという立場に立脚することを表明したものである。[40]

---

[40] これは強制動員問題には外交保護権を行使しないとの趣旨でもあるが、日本のメディアはこの

6　2018年の大法院判決

その後、朴槿恵政権の意を受けた大法院幹部による判決遅延工作等が暴露されるなどの経緯の後、2018年10月30日、ようやく日本製鉄事件について強制動員慰謝料請求権は日韓請求権協定の対象外である（外交保護権も放棄されていない）という、2012年大法院判決を踏襲した大法院判決が示された。

2012年判決の予備的理由は2018年判決では個別意見2として示され、大法院の判断としては植民地支配に直結した不法行為に対する慰謝料請求は請求権協定の対象外であることが明確になった。したがって韓国政府としては選択の余地がなくなり、文在寅大統領も大法院判決にしたがうと述べているから、韓国政府の見解も上記の多数意見の判旨に沿って改められたことになる。

第3　まとめ

1　両国政府の解釈の変遷

以上のように、日韓両国政府の日韓請求権協定解釈は著しく変遷してきた。日本政府のそれは、日本国民の補償請求を懸念する時期は「外交保護権放棄論」、外国の被害者からの賠償請求を受けてから10年間の逡巡期間を経て「訴訟による行使制限説」へと転換したものであり、日本政府の責任を回避するための意図的な変遷であった。

韓国政府は日本政府と被害者に挟まれながら動揺し、被害者の声と司法判断に押されて被害者の権利を拡大する方向に変遷してきた。

これを模式化すると下記の図のように整理することができる。

2　請求権協定解釈の争点

(1)　2008年大法院判決で示された諸見解

ところで、2018年大法院判決では7名の裁判官による多数意見の他に1名の裁判官による個別意見1、3名の裁判官による個別意見2、2名の裁判官

ような意味を理解せず、大統領が強制動員問題に言及したこと自体を非難した。

図　日韓両国政府の解釈変遷模式図

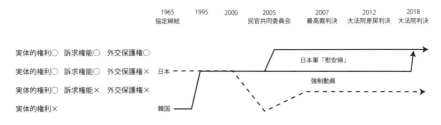

による反対意見、2名の裁判官による補充意見が示された。このうち個別意見1は差戻判決の覊束力という手続的問題に関する意見、補充意見は多数意見の理由の補充であり、請求権協定の解釈としては多数意見、個別意見2、反対意見の3つの見解が示されたことになる。

　個別意見2は強制動員被害者の損害賠償請求権は請求権協定の対象であるが、外交保護権が放棄されたにすぎないという、従来の韓国政府と2000年までの日本政府及び2000年代の日本訴訟における原告側主張とほぼ同一の見解である。反対意見は原告らの請求権は請求権協定により訴訟で行使することができなくなったというもので、結論的に最高裁及び日本政府と同じ見解である。個別意見1、2は多数意見の結論に賛成しているので、被告の再上告を棄却する結論は11対2の多数によることになる。

　上記の多数意見、個別意見2、反対意見の3説と個人請求権消滅説（被告の主張）を合わせると、論理的に考えられるすべての請求権解釈が提示されたことになる。これに各説の支持者を加えると下表のとおりとなる。

表　日韓請求権協定解釈の各説の比較

	A説	B説	C説	D説
支持者	被告	最高裁（日本政府）大法院反対意見	大法院個別意見 2000年までの日本政府 従来の韓国政府	大法院（韓国政府）
実体的権利	×	○	○	○
訴訟による権利行使	×	×	○	○
外交保護権	×	×	×	○
結論	棄却	棄却	認容可能	認容可能

(2) 日本の見解（上表B説）と韓国（同D説）の見解の争点

現在の両国の解釈では、日韓請求権協定によって被害者個人の賠償請求権（実体的権利）が消滅したものではないということについては完全に一致している。したがって、日韓の争点は外交保護権の放棄の有無と訴訟による権利行使の可否の２点である。ただし、強制動員被害に対する損害賠償請求権が請求権協定の対象であること（外交保護権が放棄されたこと）を認めている大法院判決個別意見２が、被害者の請求を認める多数意見と結論を同じくしているように、外交保護権の放棄の有無は結論を左右する争点ではない。

そうすると、日韓の間の最後の争点は訴訟による権利行使の可否である。日本政府は国際裁判で決着をつけるなどと述べているが[41]、世界人権宣言と国際人権規約で保障された国際法上の裁判を受ける権利を真っ向から否定する見解が国際的な支持を受けられるとは思えない。

その上、日韓の争点である外交保護権の有無は国家と国家の関係の問題であり、訴訟による権利行使の可否は当然訴訟における問題である。したがって被害者個人と企業や国との間の交渉においては、日韓請求権協定はいかなる意味でも被害者の権利回復の法的な障がいになっているわけではなく、日韓請求権協定による解決論は一種の「言い逃れ」に過ぎない。

(3) 大法院判決多数意見（上図D説）と個別意見２（同C説）の評価

個別意見２は多数意見の結論（原告の請求認容）に賛成しており、多数意見との相違点は外交保護権を放棄したか否かだけである。そして、国籍国の法廷においてであるとはいえ、被害者が勝訴している状況で外交保護権にそれほどの意義があるとは考えられない。しかも国際的な人権救済手段の多様化にともない外交保護権の役割は相対的に低下している。また、被害者の意思を正しく反映せずに外交保護権が行使された場合に困難な問題が生じる可能性がある。その上、韓国が外交保護権を放棄していないと主張する以上、日本企業を保護するための日本の外交保護権行使を否定できないことになり、多数意見が必ずしも被害者に有益とは言えない面もある。

---

41 実際には、韓国は国際司法裁判所（ICJ）の管轄受諾宣言を行っていないので、韓国の同意がない限り、同裁判所における訴訟は現実化しない。

また、多数意見は日韓会談における韓国側発言やその後の韓国政府の言動との整合性に、個別意見２は当事者（日韓政府）の意思の一致の認定に難があり、解釈として一長一短である。そうすると、両意見の分岐点は前記のような韓国憲法の理念にいかに忠実であるかという点にあるように思える。そのため、日本では強制動員被害者の人権回復のために大法院判決を歓迎する立場からも多数意見の論理には戸惑いがあることも事実である。

　しかし、韓国憲法の理念が韓国独自のものであるとか、日韓の憲法理念が異なるという理解には疑問がある。「……３・１運動により建立された大韓民国臨時政府の法統を継承……」以下の韓国憲法前文は、植民地支配を受けた歴史に鑑み、独立を維持することによって平和と安全を確保し世界平和に貢献していこうという理念を示したものである。一方「全世界の国民が、ひとしく恐怖と欠乏から免かれ、平和のうちに生存する権利を有することを確認する」「……いづれの国家も、自国のことのみに専念して他国を無視してはならない……」という日本国憲法前文は侵略戦争（恐怖）と植民地支配（欠乏）を再び実行しないことを全世界の国民に誓約して諸国民からの信頼を基礎に平和を実現する決意を述べたものである。そうすると日韓の憲法理念はひとつの理想を反対側から描いたものであって、決して矛盾するものではない。

　したがって、日本国憲法の立場からは個別意見２はもちろん、多数意見の見解も受け容れることが可能である。

⑷　大法院反対意見と2007年最高裁判決

　結論的に日本の2007年最高裁判決と同旨である反対意見は、最高裁判決が「サンフランシスコ平和条約の枠組み」という雑駁な論理によってこの結論を導いたのに対し、主に請求権協定と合意議事録に文言から結論を導

42　個別意見２は「請求権協定当時、日本は請求権協定を通じて個人請求権が消滅するのではなく国の外交的保護権のみが放棄されると見る立場であったことが明らかであり、協定の相手方である大韓民国もこのような事情を熟知していたと思われる。したがって両国の真の意思もやはり外交的保護権のみ放棄されるという点で一致していたと見るのが合理的である。」というが、韓国が「熟知」していたという証拠も、日本の立場に同意していたという証拠も存在しない。ただし、個人請求権が消滅すると考えていた（と思われる）韓国政府は当然に外交保護権を行使する意思がないことになるから、外交保護権を行使しないという限度で意思が一致したとみることは可能である。

いており、最高裁判決より説得力がある。しかし、「完全かつ最終的に解決」「いかなる主張もできないものとする」という文言を強調すればするほど、それならばなぜ「訴訟によって行使できない」という文言ではないのかという疑問が生じることにもなる。

　なお、日本の最高裁は日韓請求権協定だけでなく、「国民の……」という文言すらない日中共同声明にも同じように訴訟による権利行使制限の効果を認めようとしているため、日韓請求権協定の文言を根拠とすることができない。その文言を強調するとむしろそのような文言のない日中共同声明について反対解釈により逆の結論に到達せざるを得なくなるからである。

(5)　反対意見によるICJ判決の誤った援用

　ところで、反対意見は「一括処理協定によって国家が受け取った金員を別の目的に使用しても個人の請求権は消滅するとされていること」の唯一の根拠としてICJ主権免除判決を摘示しているが、完全に誤った摘示である。同ICJ判決は武力紛争時の軍隊の行為には主権免除を適用するという慣習国際法が存在するかという一点について判断したものであり、一括処理協定については何の判断もしていない。確かに同判決には、「一括支払資金が他の目的に利用された場合、そのことが金銭の分配を受けなかった個人が加害国に請求する根拠となるのかは疑問である」との趣旨の記載がある（同判決102項）。しかしこれは政府間交渉による補償の成否についての国内裁判所の判断能力という傍論部分における起案者の感想めいた記載にすぎない（審理の対象外の事柄についてこのような感想を判決に書き込むことは誤解を招くものであり、きわめて不適切である）。逆に同判決は結論部分（108項）において「平和条約77条4項及び1961年の協定の条項はイタリアにおける手続の主題についての拘束力ある請求権放棄条項であるというドイツの主張の当否についても判断する必要がない」「免除の問題に関する裁判所の判断はドイツが責任を負うか否かの問題について影響を与えない」と明示しており、この判決が一括処理協定による個人請求権の消滅については何も判断していないことは明白である。

---

43 〈http://www.icj-cij.org/en/case/143〉に判決を含む訴訟資料の仏語・英語原文、〈http://justice.skr.jp/〉に判決（多数意見、反対意見、個別意見）の日本語・韓国語拙訳。

3　日本政府、メディアの韓国非難

前記のように、文在寅大統領の「徴用工発言」や2018年の大法院判決に対して日本の政府とメディアは口をそろえて激しく非難し、安倍首相は大法院判決は「国際法に照らしてありえない判断」であると述べた。しかし、韓国で条約の解釈権限を有する大法院が日韓請求権協定の適用範囲を判断するのは当然であり、判決の各意見はともにウィーン条約法条約を基礎づける国際慣習法に依拠して解釈しており、「国際法に照らしてありえない」ものではない。

そして日本の政府とメディアは、請求権協定の対象についての見解を異にする2017年の文大統領発言と2018年の大法院判決を区別することなく非難しているから、その非難は大法院多数意見の法律構成ではなく被害者への賠償を認めた結論に対するものである。

非難の多くは、「日韓請求権協定で解決済みの問題を韓国が蒸し返している」として、日韓請求権協定で被害者の個人請求権が消滅したかのようにミスリードしている。また、経済援助資金を対価として請求権問題が解決したとの言説、盧武鉉(ノムヒョン)政権が強制動員問題は韓国が補償すると約束したという言説、以前からの日韓の共通認識を大法院や韓国政府が今回突然に覆したという言説が広められている。これらが事実ではないことはすでに述べてきたとおりである。

更に、韓国政府に大法院判決への「対処」を要求するという三権分立制度を無視した言説、大法院判決の影響を過大に評価し、日本企業の韓国における活動が不可能になるかのような言説が横行した。

そして、一連の韓国非難をなによりも特徴づけているのは、被害者の人権への無関心と植民地支配への反省の欠如である。被害以来75年余、日本での提訴以来約25年の苦難の末に勝訴判決を確定させた原告らへの慰労や謝罪の言葉は政府からもメディアからも一言もなく、被害事実に関する報道もほとんどない。不正確な事実認識をもとにひたすら感情的な非難の言葉を連ねるだけである。

「北からのミサイル」騒動の終息とともに韓国非難が始まったところを見ると、政府は政権の求心力を維持するために外に「敵」を求めているのか

もしれない。1990年代には被害者に同情的な報道を行ってきたメディアは何の説明もなく変節して政府に追随し、ジャーナリズムの歴史に戦前・戦中の翼賛報道以来の恥ずべき一頁を加えている。

4　結語

韓国の大法院と下級審で宣告された判決は加害企業4社、被害者66名に対するものに過ぎない。追加提訴の動きはあるが、訴訟による賠償ではせいぜい数百名程度の被害者しか救済できないであろう。今後、被害者と加害企業の個別和解、ドイツ式の基金構想、日本における補償立法などの解決策が模索されねばならない。

最高裁判決の当事者であった中国人被害者と西松建設はその後和解を実現し、西松建設が謝罪して継続的な慰霊行事を行っている。韓国の被害者についても同様の解決をはかることは十分に可能である。

そして、企業は国家政策にしたがって強制動員被害者を使用したのであり、政府もそのような解決に積極的に参与し推進すべき立場にある。現在の日本政府にそのようなことを期待すべくもないが、少なくとも被害者個人と民間企業の訴訟に介入して支払や和解を妨害したり、事実にもとづかない非難を繰り返すことがあってはならない。

（本稿は2012年大法院判決後に作成した論文に2018年大法院判決に関する部分を加筆したものである。）

追記

本稿作成後、最終稿の校正期限である2019年7月末までの経緯について記載しておく。

日本政府の請求権協定3条3項に基づく仲裁委員会設置の申入れに対し、2019年6月19日、韓国政府は「日韓両国の企業の自発的な出捐金で確定判決の被害者に慰謝料相当額を支払う」との提案を日本政府が受容することを条件に、まず3条1項による協議を受け容れると発表したが、日本政府

は直ちにこれを拒否した。一方、原告らの韓国の弁護団と支援団体は、韓国政府が救済対象を確定判決を受けた被害者に限定したことについて憂慮を表明した。

　そして、7月1日、日本政府は「安保上の理由」により韓国への半導体素材の輸出規制を発表し、4日に実施した。日本とは対照的にこれまで韓国の報道は冷静だったが、ここにきて一挙に加熱し、ニュース番組の過半の時間が対日関係に費やされるようになった。日本製品不買運動が始まり、民間交流や修学旅行の中止が相次いで発表された。

　7月12日、経済産業省において輸出規制についての日韓実務者会議が行われたが、日本側はこれは「説明会」に過ぎないと主張し、壁際に会議用椅子が積み上げられた部屋でスーツ、ネクタイ姿の韓国側実務者を日本側は「クールビズ」と称して半袖のシャツの第一ボタンをはずした姿で応対し、この映像を日韓のメディアが報道した。その日の東京の最高気温は21.9度であった。

　更に7月19日、河野外相は韓国大使を呼び出し、韓国が仲裁委員会設置に応じなかったことに抗議した。大使が韓国政府が提示した条件に再び言及すると、外相は通訳をさえぎって、日本政府が拒否した提案を再び繰り返すのは「極めて無礼」と声を荒げた。しかし、外相も韓国側が否定しているのに国際法違反だと繰り返しているのである。「同じことを2度言わすな」とは、主人と家臣、師匠と弟子のような上下関係を前提とするものであって、対等な国際関係において使用することこそ「無礼」である。

　これらの動きは7月21日の参議院選挙を意識したものと思われる。日本政府は世論をミスリードして反韓感情を煽り、今度は選挙を前にしてその世論に迎合するというスパイラルに陥っているように見える。

　7月25日、日本の学者、弁護士、市民運動家等77人を呼びかけ人とし、日本政府の対韓姿勢を批判する「韓国は『敵』なのか」声明が発表され、署名の受付を開始した。日本のメディアは黙殺しているがすでに5,015人（7月31日23時現在）が署名している。

　7月30日、外務省はメディアを集め大法院判決の誤りを証明するという文書を公表した。しかしそれは日本の研究書でも紹介され、大法院判決の各意見でも検討されている公知の文献（第5次日韓会談における1961年5

月10日の一般請求権小委員会記録)であった。

　8月2日には「ホワイト国除外」が閣議決定された。米国が仲介案を提示したという報道もあるが事態は流動的で、今後の展開を予測することはできない。ただひとつ確かなことは、争いが問題の原点をますます離れ、外交ゲームや貿易戦争に変質していることである。本書で紹介した被害者の苦難こそこの問題の原点であり、その侵害された人権の回復がこの問題の本質であることを改めて強調しておきたい。

山本晴太

資料

資料1
日本製鐵徴用工事件再上告審判決〔韓国大法院2018年10月30日判決〕

大法院

判決

事件	2013다61381損害賠償(기)
原告、被上告人	亡訴外人の訴訟受継人原告1外5名
	原告2外2名
	訴訟代理人　法務法人ヘマル
	担当弁護士　池氣龍、李在庸
被告、上告人	新日鉄住金株式会社
	訴訟代理人弁護士　朱ハニル外2名
差戻判決	大法院2012年5月24日宣告2009다68620判決
原審判決	ソウル高等法院 2013年7月10日宣告2012나44947判決
判決宣告	2018年10月30日

主文

上告を全て棄却する。

上告費用は被告の負担とする。

理由

上告理由（上告理由書の提出期間の経過後に提出された上告理由補充書等の書面の記載は上告理由を補充する範囲内で）を判断する。

1　基本的事実関係

差戻し前後の各原審判決及び差戻判決の理由と差戻し前後の原審が適法に採用した各証拠によれば次のような事実が認められる。

ア　日本の韓半島侵奪と強制動員など

日本は1910年8月22日の韓日合併条約以後、朝鮮総督府を通じて韓半島を支配した。日本は1931年に満州事変、1937年に日中戦争を引き起こすことによって次第に戦時体制に入り、1941年には太平洋戦争まで引き起こした。日本は戦争を遂行する中で軍需物資生産のための労働力が不足するようになると、これを解決するために1938年4月1日「国家総動員法」を制定・公布し、1942年「朝鮮人内地移入斡旋要綱」を制定・実施して韓半島各地域で官斡旋を通じて労働力を募集し、1944年10月頃からは「国民徴用令」によって一般韓国人に対する徴用を実施した。太平洋戦争は1945年8月6日に日本の広島に原子爆弾が投下された後、同月15日、日本国王がアメリカをはじめとする連合国に無条件降伏を宣言することにより終結した。

　イ　亡訴外人と原告2、原告3、原告4（以下「原告ら」という）の動員と強制労働被害及び帰国の経緯
　（1）原告らは1923年から1929年の間に韓半島で生まれ、平壌、保寧、群山などに居住していた人々であり、日本製鉄株式会社（以下「旧日本製鉄」という）は1934年1月頃に設立され、日本の釜石、八幡、大阪などで製鉄所を運営していた会社である。
　（2）1941年4月26日、基幹軍需事業体である旧日本製鉄をはじめとする日本の鉄鋼生産者らを総括指導する日本政府直属の機構である鉄鋼統制会が設立された。鉄鋼統制会は韓半島で労務者動員を積極的に拡充することにして、日本政府と協力して労務者を動員し、旧日本製鉄は社長が鉄鋼統制会の会長を歴任するなど鉄鋼統制会で主導的な役割を果たした。
　（3）旧日本製鉄は1943年頃平壌で大阪製鉄所の工具募集広告を出したが、その広告には大阪製鉄所で2年間訓練を受ければ技術を習得でき、訓練終了後には韓半島の製鉄所で技術者として就職できると記載されていた。亡訴外人と原告2は1943年9月頃上記広告を見て、技術を習得して我が国で就職できるという点にひかれて応募し、旧日本製鉄の募集担当者と面接して合格し、上記担当者の引率下に旧日本製鉄大阪製鉄所に行き、訓練工として労役に従事した。
　亡訴外人と原告2は大阪製鉄所で1日8時間の3交代制で働き、ひと月に1、2次程度外出を許可され、ひと月に2、3円程度の小遣を支給されたのみで、旧日本製鉄は賃金全額を支給すれば浪費する恐れがあるという理由をあげ、亡訴外人と原告2の同意を得ないまま彼ら名義の口座に賃金の大部分を一方的に入金し、その貯金通帳と印鑑を寄宿舎の舎監に保管させた。亡訴外人と原告2は火炉に石炭を入れて砕いて混ぜたり、鉄パイプの中に入って石炭の燃え滓をとり除くなど、火傷の危険があり技術習得とは何ら関係がない非常につらい労役に従事したが、提供される食事の量は非常に少なかった。また、警察官がしばしば立ち寄り、彼らに「逃亡しても直ぐに捕まえることができる」と言い、寄宿舎にも監視者がいたため、逃亡を企てることもできず、原告2

は逃亡したいと言ったことが発覚し、寄宿舎の舎監から殴打され、体罰を受けたこともある。

そのような中で日本は1944年2月頃から訓練工たちを強制的に徴用し、それ以後は亡訴外人と原告2に何らの対価も支給しなくなった。大阪製鉄所の工場は1945年3月頃にアメリカ合衆国軍隊の空襲で破壊され、この時訓練工らのうちの一部は死亡し、亡訴外人と原告2を含む他の訓練工らは1945年6月頃、咸鏡道清津に建設中の製鉄所に配置されて清津に移動した。亡訴外人と原告2は寄宿舎の舎監に日本で働いた賃金が入金された貯金通帳と印鑑を引渡せと要求したが、舎監は清津到着後も通帳と印鑑を返さず、清津で一日に12時間もの間工場建設のための土木工事に従事したにもかかわらず賃金は全く支給されなかった。亡訴外人と原告2は1945年8月頃、清津工場がソ連軍の攻撃により破壊されると、ソ連軍を避けてソウルに逃げ、ようやく日帝から解放された事実を知った。

（4）原告3は1941年に大田市長の推薦を受け報国隊として動員され、旧日本製鉄の募集担当官の引率によって日本に渡り、旧日本製鉄の釜石製鉄所でコークスを溶鉱炉に入れ溶鉱炉から鉄が出ればまた窯に入れるなどの労役に従事した。上記原告は、酷いほこりに苦しめられ、溶鉱炉から出る不純物につまづいて転び、腹部を負傷して3ヶ月間入院したこともあるが、賃金を貯金してやるという話を聞いただけで、賃金を全く支給されなかった。労役に従事している間、最初の6ヶ月間は外出が禁止され、日本憲兵たちが半月に一次ずつ来て人員を点検し、仕事に出ない者には仮病だと言って足蹴にしたりした。上記原告は1944年になると徴兵され、軍事訓練を終えた後、日本の神戸にある部隊に配置され、米軍捕虜監視員として働いていたところ解放になり帰国した。

（5）原告4は1943年1月頃、群山府（今の群山市）の指示を受けて募集され、旧日本製鉄の引率者に従って日本に渡り、日本製鉄の八幡製鉄所で各種原料と生産品を運送する線路の信号所に配置され、線路を切り替えるポイント操作と列車の脱線防止のためのポイントの汚染物除去などの労役に従事したが、逃走して発覚し、約7日間ひどく殴打され、食事も与えられなかったこともあった。上記原告は労役に従事する間賃金を全く支給されず、一切の休暇や個人行動を許されず、日本の敗戦後、帰国せよという旧日本製鉄の指示を受けて故郷に帰って来ることになった。

ウ　サンフランシスコ条約締結など

太平洋戦争の終結後、米軍政当局は1945年12月6日に公布した軍政法令第33号により在韓日本財産をその国有・私有を問わず米軍政庁に帰属させ、このような旧日本財産は大韓民国政府樹立直後の1948年9月20日に発効した「大韓民国政府及びアメリカ政府間の財政及び財産に関する最初協定」によって大韓民国政府に移譲された。

アメリカなどを含む連合国48ヶ国と日本は、1951年9月8日に戦後賠償問題を解決するためサンフランシスコで平和条約（以下「サンフランシスコ条約」という）を締結し、上記条約は1952年4月28日に発効した。サンフランシスコ条約第4条（a）は日本の統治から離脱した地域の施政当局及びその国民と日本及びその国民の間の財産上の債権・債務関係は上記当局と日本の間の特別取極により処理するという内容を、第4条（b）は日本は上記地域で米軍政当局が日本及びその国民の財産を処分したことを有効と認めるという内容を定めた。

　エ　請求権協定締結の経緯と内容等
　（1）大韓民国政府と日本政府は1951年末頃から国交正常化と戦後補償問題を論議した。1952年2月15日に第1次韓日会談本会議が開かれ関連論議が本格的に開始されたが、大韓民国は第1次韓日会談当時「韓・日間財産及び請求権協定要綱8項目」（以下「8項目」という）を提示した。8項目の中の第5項は「韓国法人または韓国自然人の日本銀行券、被徴用韓国人の未収金、補償金及びその他請求権の弁済請求」である。その後7回の本会議と、このための数十回の予備会談、政治会談及び各分科委員会別会議などを経て1965年6月22日に「大韓民国と日本国間の基本関係に関する条約」と、その付属協定である「大韓民国と日本国間の財産及び請求権に関する問題の解決と経済協力に関する協定」（条約第172号、以下「請求権協定」という）などが締結された。
　（2）請求権協定は前文で「大韓民国と日本国は、両国及び両国国民の財産と両国及び両国国民間の請求権に関する問題を解決することを希望し、両国間の経済協力を増進することを希望して次のとおり合意した」と定めた。第1条で「日本国が大韓民国に10年間にわたって3億ドルを無償で提供し、2億ドルの借款を行うことにする」と定め、続いて第2条で次のとおり規定した。

　1　両締約国は、両締約国及びその国民（法人を含む。）の財産、権利及び利益並びに両締約国及びその国民の間の請求権に関する問題が、1951年9月8日にサンフランシスコ市で署名された日本国との平和条約第4条（a）に規定されたものを含めて、完全かつ最終的に解決されたこととなることを確認する。
　2　この条の規定は、次のもの（この協定の署名の日までにそれぞれの締約国が執った特別の措置の対象となったものを除く。）に影響を及ぼすものではない。
　（a）一方の締約国の国民で1947年8月15日からこの協定の署名の日までの間に他方の締約国に居住したことがあるものの財産、権利及び利益
　（b）一方の締約国及びその国民の財産、権利及び利益であって1945年8月15日以後における通常の接触の過程において取得され又は他方の締約国の管轄の下にはいったもの

3 2の規定に従うことを条件として、一方の締約国及びその国民の財産、権利及び利益であってこの協定の署名の日に他方の締約国の管轄の下にあるものに対する措置並びに一方の締約国及びその国民の他方の締約国及びその国民に対するすべての請求権であって同日以前に生じた事由に基づくものに関しては、いかなる主張もすることができないものとする。

(3)請求権協定と同日に締結され1965年12月18日に発効した「大韓民国と日本国間の財産及び請求権に関する問題の解決と経済協力に関する協定に対する合意議事録（I）」［条約第173号、以下「請求権協定に対する合意議事録（I）」という］は、請求権協定第2条について次のとおり定めた。

(a)「財産、権利及び利益」とは、法律上の根拠に基づき財産的価値を認められるすべての種類の実体的権利をいうことが了解された。

(e)同条3により執られる措置は、同条1にいう両国及びその国民の財産、権利及び利益並びに両国及びその国民の間の請求権に関する問題の解決のために執られるべきそれぞれの国の国内措置ということに意見の一致をみた。

(g)同条1にいう完全かつ最終的に解決されたこととなる両国及びその国民の財産、権利及び利益並びに両国及びその国民の間の請求権に関する問題には、韓日会談において韓国側から提出された「韓国の対日請求要綱」（いわゆる8項目）の範囲に属するすべての請求が含まれており、したがって、同対日請求要綱に関しては、いかなる主張もなしえないこととなることが確認された。

オ 請求権協定締結による両国の措置

(1)請求権協定は1965年8月14日に大韓民国国会で批准同意され、1965年11月12日に日本衆議院、1965年12月11日に日本参議院で批准同意された後、まもなく両国で公布され、両国が1965年12月18日に批准書を交換することによって発効した。

(2)大韓民国は、請求権協定によって支給される資金を使用するための基本的事項を定めるために1966年2月19日、「請求権資金の運用及び管理に関する法律」（以下「請求権資金法」という）を制定し、続いて補償対象となる対日民間請求権の正確な証拠と資料を収集するのに必要な事項を規定するため、1971年1月19日に「対日民間請求権申告に関する法律」（以下「請求権申告法」という）を制定した。ところで、請求権申告法では強制動員関連被害者の請求権については「日本国によって軍人・軍属または労務者として召集または徴用され、1945年8月15日以前に死亡した者」のみに限って申告 対象とした。その後大韓民国は請求権申告法によって国民から対日請求権申告を受け付け、現実に補償を執行するために1974年12月21日、「対日民間請求権補償に関する法律」（以下「請求権補償法」という）を制定し、1977年6月30日までに83519件

に対して合計91億8769万3000ウォンの補償金（無償提供された請求権資金3億ドルの約9.7%にあたる）を支給したが、そのうち被徴用死亡者に対する請求権補償金としては8552件に対して1人当り30万ウォンずつ合計25億6560万ウォンを支給した。

（3）日本は1965年12月18日、「財産及び請求権に関する問題の解決と経済協力に関する日本国と大韓民国の間の協定第2条の実施による大韓民国などの財産権に対する措置に関する法律」（以下「財産権措置法」という）を制定した。その主な内容は、大韓民国またはその国民の日本またはその国民に対する債権または担保権であって請求権協定第2条の財産、利益に該当するものを請求権協定日である1965年6月22日に消滅させるというものである。

　カ　大韓民国の追加措置

（1）大韓民国は2004年3月5日、日帝強占下強制動員被害の真相を究明し歴史の真実を明らかにすることを目的に「日帝強占下強制動員被害真相究明などに関する特別法」（以下「真相究明法」という）を制定した。上記法律とその施行令により「日帝強占下強制動員被害」に対する調査が全面的に実施された。

（2）大韓民国は2005年1月頃、請求権協定に関する一部文書を公開した。その後構成された「韓日会談文書公開の善後策に関する民官共同委員会」（以下「民官共同委員会」という）では、2005年8月26日、「請求権協定は日本の植民支配賠償を請求するための協定ではなく、サンフランシスコ条約第4条に基づき韓日両国間の財政的・民事的債権・債務関係を解決するためのものであり、日本軍慰安婦問題等、日本政府と軍隊等の日本国家権力が関与した反人道的不法行為については請求権協定で解決されたものとみることはできず、日本政府の法的責任が残っており、サハリン同胞問題と原爆被害者問題も請求権協定の対象に含まれなかった」という趣旨の公式見解を表明したが、上記公式見解には下記の内容が含まれている。

○韓日交渉当時、韓国政府は日本政府が強制動員の法的賠償、補償を認めなかったため、「苦痛を受けた歴史的被害事実」に基づき政治的補償を求め、このような要求が両国間無償資金算定に反映されたと見るべきである。

○請求権協定を通して日本から受領した無償3億ドルは、個人財産権（保険、預金等）、朝鮮総督府の対日債権等、韓国政府が国家として有する請求権、強制動員被害補償問題解決の性格の資金等が包括的に勘案されたと見るべきである。

○請求権協定は、請求権の各項目別金額決定ではなく政治交渉を通じて総額決定方式で妥結されたため、各項目別の受領金額を推定することは困難であるが、政府は受領した無償資金のうち相当金額を強制動員被害者の救済に使用すべき道義的責任があると判断される。

○しかし、75年の我が政府の補償当時、強制動員負傷者を保護対象から除外する等、道義的次元から見た時、被害者補償が不十分であったと見る側面がある。

(3) 大韓民国は2006年3月9日に請求権補償法に基づいた強制動員被害者に対する補償が不十分であることを認めて追加補償の方針を明らかにした後、2007年12月10日「太平洋戦争前後国外強制動員犠牲者等支援に関する法律」(以下「2007年犠牲者支援法」という) を制定した。上記法律とその施行令は、①1938年4月1日から1945年8月15日の間に日帝によって軍人・軍属・労務者などとして国外に強制動員され、その期間中または国内への帰還の過程で死亡または行方不明となった「強制動員犠牲者」には1人当り2000万ウォンの慰労金を遺族に支給し、②国外に強制動員されて負傷により障害を負った「強制動員犠牲者」には1人当り2000万ウォン以下の範囲内で障害の程度を考慮して大統領令で定める金額を慰労金として支給し、③強制動員犠牲者のうち生存者または上記期間中に国外に強制動員されてから国内に帰還した者の中で強制動員犠牲者にあたらない「強制動員生還者」のうち、生存者が治療や補助装具使用が必要な場合にその費用の一部として年間医療支援金80万ウォンを支給し、④上記期間中に国外に強制動員され労務提供などをした対価として日本国または日本企業などから支給されるはずであった給料等の支払を受けられなかった「未収金被害者」またはその遺族に、未収金被害者が支給を受けるはずであった未収金を当時の日本通貨1円を大韓民国通貨2000ウォンに換算した未収金支援金を支給するよう規定した。

(4) 一方、真相究明法と2007年犠牲者支援法の廃止に代えて2010年3月22日から制定・施行されている「対日抗争期強制動員被害調査及び国外強制動員犠牲者等支援に関する特別法」(以下「2010年犠牲者支援法」という) はサハリン地域強制動員被害者等を補償対象に追加して規定している。

2　上告理由第1点について

差戻し後の原審は、その判示のような理由をあげ、亡訴外人と原告2が本件訴訟の前に日本において被告に対して訴訟を提起し、本件日本判決により敗訴・確定したとしても、本件日本判決が日本の韓半島と韓国人に対する植民支配が合法的であるという規範的認識を前提に日帝の「国家総動員法」と「国民徴用令」を韓半島と亡訴外人と原告2に適用することが有効であると評価した以上、このような判決理由が含まれる本件日本判決をそのまま承認することは大韓民国の善良な風俗やその他の社会秩序に違反するものであり、したがって我が国で本件日本判決を承認してその効力を認めることはできないと判断した。

このような差戻し後の原審の判断は、差戻判決の趣旨にしたがうものであって、そこに上告理由が主張するような外国判決承認要件としての公序良俗違反に関する法理を誤解する等の違法はない。

3　上告理由第2点について

差戻し後の原審は、その判示のような理由を挙げ、原告らを労役に従事させた旧日本製鉄が日本国の法律の規定により解散され、その判示の「第2会社」が設立された後、吸収合併の過程を経て被告に変更されるなどの手続きを経たとしても、原告らは旧日本製鉄に対する本件請求権を被告に対しても行使することができると判断した。

このような差戻し後の原審の判断もやはり差戻判決の趣旨にしたがうものであり、そこに上告理由の主張のような外国法適用における公序良俗違反の有無に関する法理を誤解する等の違法はない。

4　上告理由第3点について

ア　条約は前文・付属書を含む条約文の文脈および条約の対象と目的に照らし、その条約の文言に付与される通常の意味に従って誠実に解釈されねばならない。ここにおいて文脈とは条約文（前文および付属書を含む）の他に、条約の締結と関連して当事国間で行われたその条約に関する合意などを含み、条約の文言の意味が曖昧または不明確である場合などには条約の交渉記録および締結時の事情などを補充的に考慮してその意味を明らかすべきである。

イ　このような法理に従って、前記の事実関係および採用された証拠により認められる下記の事情を総合すると、原告らが主張する被告に対する損害賠償請求権は請求権協定の適用対象に含まれるとはいえない。その理由は次のとおりである。

（1）まず、本件で問題となる原告らの損害賠償請求権は日本政府の韓半島に対する不法な植民支配および侵略戦争の遂行と直結した日本企業の反人道的な不法行為を前提とする強制動員被害者の日本企業に対する慰謝料請求権（以下「強制動員慰謝料請求権」という）であるという点を明確にしておかなければならない。原告らは被告に対して未払賃金や補償金を請求しているのではなく、上記のような慰謝料を請求しているのである。

これに関する差戻し後原審の下記のような事実認定と判断は、記録上これを十分に首肯するこ

とができる。即ち、①日本政府は日中戦争や太平洋戦争など不法な侵略戦争の遂行過程において基幹軍需事業体である日本の製鉄所に必要な労働力を確保するために長期的な計画を立てて組織的に労働力を動員し、核心的な基幹軍需事業体の地位にあった旧日本製鉄は鉄鋼統制会に主導的に参加するなど日本政府の上記のような労働力動員政策に積極的に協力して労働力を拡充した。②原告らは、当時韓半島と韓国民らが日本の不法で暴圧的な支配を受けていた状況において、その後日本で従事することになる労働内容や環境についてよく理解できないまま日本政府と旧日本製鉄の上記のような組織的な欺罔により動員されたと認めるのが妥当である。③さらに、原告らは成年に至らない幼い年齢で家族と離別し、生命や身体に危害を受ける可能性が非常に高い劣悪な環境において危険な労働に従事し、具体的な賃金額も知らないまま強制的に貯金させられ、日本政府の残酷な戦時総動員体制のもとで外出が制限され、常時監視され、脱出が不可能であり、脱出の試みが発覚した場合には残酷な殴打を受けることもあった。④このような旧日本製鉄の原告らに対する行為は、当時の日本政府の韓半島に対する不法な植民支配および侵略戦争の遂行と直結した反人道的な不法行為に該当し、かかる不法行為によって原告らが精神的苦痛を受けたことは経験則上明白である。

（2）前記の請求権協定の締結経過とその前後の事情、特に下記のような事情によれば、請求権協定は日本の不法な植民支配に対する賠償を請求するための協定ではなく、基本的にサンフランシスコ条約第4条に基づき、韓日両国間の財政的・民事的な債権・債務関係を政治的合意によって解決するためのものであったと考えられる。

①前記のように戦後賠償問題を解決するために1951年9月8日に米国など連合国48ケ国と日本の間に締結されたサンフランシスコ条約第4条(a)は、「日本の統治から離脱した地域（大韓民国もこれに該当）の施政当局およびその国民と日本および日本国民の間の財産上の債権・債務関係は、これらの当局と日本の間の特別取極によって処理する」と規定していた。

②サンフランシスコ条約締結後、まもなく第1次韓日会談（1952年2月15日から同年4月25日まで）が開かれたが、その際に韓国側が提示した8項目も基本的に韓日両国間の財政的・民事的債務関係に関するものであった。上記の8項目中第5項に「被徴用韓国人の未収金、補償金およびその他の請求権の弁済請求」という文言があるが、8項目の他の部分のどこにも日本植民支配の不法性を前提とする内容はないから、上記第5項の部分も日本側の不法行為を前提とするものではなかったと考えられる。従って、上記の「被徴用韓国人の未収金、補償金およびその他の請求権の弁済請求」に強制動員慰謝料請求権まで含まれるとは言いがたい。

③1965年3月20日に大韓民国政府が発行した「韓日会談白書」（乙第18号証）によれば、サンフランシスコ条約第4条が韓日間の請求権問題の基礎となったことが明示され、さらに「上記第4

条の対日請求権は戦勝国の賠償請求権と区別される。韓国はサンフランシスコ条約の調印当事国でないために、第14条の規定によって戦勝国が享有する『損害および苦痛』に対する賠償請求権を認められなかった。このような韓日間の請求権問題には 賠償請求を含ませることはできない。」という説明までしている。

④その後に実際に締結された請求権協定文やその付属書のどこにも日本植民支配の不法性に言及する内容は全くない。請求権協定第2条1において「請求権に関する問題は、サンフランシスコ条約第4条（a）に規定されたものを含めて、完全かつ最終的に解決されたこととなる」として、上記の第4条(a)に規定されたもの以外の請求権も請求権協定の適用対象になりうると解釈される余地がないではない。しかし上記のとおり日本の植民支配の不法性に全く言及されていない以上、上記の第4条(a)の範疇を超える請求権、すなわち植民支配の不法性と直結する請求権までも上記の対象に含まれるとは言いがたい。請求権協定に対する合意議事録（I）2（g）も「完全かつ最終的に解決されるもの」に上記の8項目の範囲に属する請求が含まれていると規定しただけである。

⑤2005年、民官共同委員会も「請求権協定は基本的に日本の植民支配の賠償を請求するためのものではなく、サンフランシスコ条約第4条に基づき、韓日両国間の財政的・民事的債権・債務関係を解決するためのものである」と公式見解を明らかにした。

（3）請求権協定第1条により日本政府が大韓民国政府に支払った経済協力資金が第2条による権利問題の解決と法的な対価関係があると言えるか否かも明らかではない。

請求権協定第1条では「3億ドル無償提供、2億ドル借款（有償）の実行」を規定しているが、その具体的な名目については何の記載もない。借款の場合は日本の海外経済協力基金により行われることとし、上記の無償提供および借款が大韓民国の経済発展に有益なものでなければならないという制限を設けているのみである。請求権協定の前文において、「請求権問題の解決」に言及してはいるものの、上記の5億ドル（無償3億ドルと有償2億ドル）と具体的に結びつく内容はない。これは請求権協定に対する合意議事録（I）2（g）で言及された「8項目」の場合も同様である。当時の日本側の立場も、請求権協定第1条の資金は基本的に経済協力の性格であるというものであったし、請求権協定第1条と第2条の間に法律的な相互関係が存在しないという立場であった。

2005年、民官共同委員会は請求権協定当時政府が受領した無償資金のうちの相当額を強制動員被害者の救済に使用すべき「道義的責任」があったとしたうえで、1975年の請求権補償法などによる補償は「道義的次元」から見て不充分であったと評価した。そしてその後に制定された2007年の犠牲者支援法および2010年の犠牲者支援法は強制動員関連被害者に対する慰労金

や支援金の性格が「人道的次元」のものであることを明示した。

　(4) 請求権協定の交渉過程で日本政府は植民支配の不法性を認めないまま、強制動員被害の法的賠償を根本的に否認し、このため韓日両国の政府は日帝の韓半島支配の性格に関して合意に至ることができなかった。このような状況で強制動員慰謝料請求権が請求権協定の適用対象に含まれたとは認めがたい。

　請求権協定の一方の当事者である日本政府が不法行為の存在およびそれに対する賠償責任の存在を否認する状況で、被害者側である大韓民国政府が自ら強制動員慰謝料請求権までも含む内容で請求権協定を締結したとは考えられないからである。

　(5) 差戻し後の原審において被告が追加して提出した各証拠なども、強制動員慰謝料請求権が請求権協定の適用対象に含まれないという上記のような判断を左右するものであるとは考えられない。

　上記の各証拠によれば、1961年5月10日、第5次韓日会談予備会談の過程で大韓民国側が「他国民を強制的に動員することによって負わせた被徴用者の精神的、肉体的苦痛に対する補償」に言及した事実、1961年12月15日、第6次韓日会談予備会談の過程で大韓民国側が「8項目に対する補償として総額12億2000万ドルを要求し、そのうちの3億6400万ドル（約30%）を強制動員被害補償に対するものとして算定（生存者1人当り200ドル、死亡者1人当たり1650ドル、負傷者1人当り2000ドルを基準とする）」した事実などを認める事はできる。

　しかし、上記のような発言内容は大韓民国や日本の公式見解でなく、具体的な交渉過程における交渉担当者の発言に過ぎず、13年にわたった交渉過程において一貫して主張された内容でもない。「被徴用者の精神的、肉体的苦痛」に言及したのは、交渉で有利な地位を占めようという目的による発言に過ぎないと考えられる余地が大きく、実際に当時日本側の反発で第5次韓日会談の交渉は妥結されることもなかった。また、上記のとおり交渉過程で総額12億2000万ドルを要求したにもかかわらず、実際の請求権協定では3億ドル（無償）で妥結した。このように要求額にはるかに及ばない3億ドルのみを受けとった状況で、強制動員慰謝料請求権も請求権協定の適用対象に含まれていたとはとうてい認めがたい。

　ウ　差戻し後の原審がこのような趣旨から強制動員慰謝料請求権は請求権協定の適用対象に含まれないと判断したのは正当である。そこに、上告理由の主張のように請求権協定の適用対象と効力に関する法理を誤解するなどの違法はない。

　一方、被告はこの部分の上告理由において、強制動員慰謝料請求権が請求権協定の適用対象に含まれるという前提の下に、請求権協定で放棄された権利は国家の外交的保護権に限定さ

れるものではなく、個人請求権自体が放棄（消滅）されたのだとの趣旨の主張もしているが、この部分は差戻し後の原審の仮定的判断に関するものであって、さらに検討するまでもなく受け入れることができない。

5　上告理由第4点について

差し戻し後の原審は、1965年に韓日間の国交が正常化したが請求権協定関連文書がすべて公開されていなかった状況において、請求権協定により大韓民国国民の日本国または日本国民に対する個人請求権までも包括的に解決されたとする見解が大韓民国内で広く受け入れられてきた事情など、その判示のような理由を挙げて、本件の訴訟提起当時まで原告らが被告に対して大韓民国で客観的に権利を行使できない障害事由があったと見ることが相当であるため、被告が消滅時効の完成を主張して原告らに対する債務の履行を拒絶することは著しく不当であり、信義誠実の原則に反する権利の濫用として許容することはできないと判断した。

このような差戻し後の原審の判断もまた差戻判決の趣旨に従ったものであって、そこに上告理由の主張のような消滅時効に関する法理を誤解するなどの違法はない。

6　上告理由第5点について

不法行為によって受けた精神的苦痛に対する慰謝料の金額については、事実審の裁判所が諸般の事情を参酌してその職権に属する裁量によってこれを確定できる（大法院1999年4月23日宣告98다41377判決など参照）。

差戻し後の原審はその判示のような理由で原告らに対する慰謝料を判示金額に定めた。差戻し後の原審判決の理由を記録に照らし検討すれば、この部分の判断に上告理由の主張のような慰謝料の算定において著しく相当性を欠くなどの違法はない。

7　結論

したがって、上告をすべて棄却し、上告費用は敗訴者が負担することとし、主文の通り判決する。この判決には上告理由第3点に関する判断について大法官李起宅の個別意見、大法官金昭英、大法官李東遠、大法官盧貞姬の個別意見が各々あり、大法官権純一、大法官趙載淵の反対意見がある他には、関与裁判官の意見は一致し、大法官金哉衡、大法官金善洙の多数意見に対す

る補充意見がある。

8 上告理由第3点についての判断に対する大法官李起宅の個別意見

ア この部分の上告理由の要旨は、原告らが主張する被告に対する損害賠償請求権は請求権協定の適用対象に含まれ、請求権協定に含まれている請求権は国家の外交的保護権のみならず個人請求権まで完全に消滅したものと言わねばならないというものである。

この問題について、すでに差戻判決は「原告らの損害賠償請求権は請求権協定の適用対象に含まれず、含まれるとしてもその個人請求権自体は請求権協定だけでは当然消滅せず、ただ請求権協定でその請求権に関する大韓民国の外交的保護権が放棄されただけである」と判示し、差戻し後の原審もこれにそのまま従った。

上告審から事件を差戻された裁判所は、その事件を裁判するにあたり上告裁判所が破棄理由とした事実上および法律上の判断に覊束される。このような差戻判決の覊束力は再上告審にも及ぶのが原則である。従って差戻判決の覊束力に反する上記のような上告理由の主張は受け入れられない。具体的に検討すれば次のとおりである。

イ 裁判所組織法第8条は「上級裁判所の裁判における判断は当該事件に関して下級審を覊束する」と規定しており、民事訴訟法第436条第2項は「事件を差戻しまたは移送された裁判所は再び弁論を経て裁判しなければならない。この場合には上告裁判所が破棄の理由とした事実上および法律上の判断に覊束される」と規定している。従って上告裁判所から事件を差戻された裁判所は、その事件を裁判するにあたって上告裁判所が破棄理由とした事実上および法律上の判断に覊束される。ただし差戻し後の審理過程で新しい主張や証明が提出されて覊束的判断の基礎となった事実関係に変動が生じた場合には、例外的に覊束力が及ばないこともある（大法院1988年3月8日宣告87다카1396判決など参照）。

ウ 本件において、仮に差戻し後の原審の審理過程で新しい主張や証明を通して差戻判決のこの部分の判断の基礎になった事実関係に変動が生じたと評価しうるならば、覊束力が及ばないと言うことができる。

しかし、まず多数意見が適切に説示した通り、差戻し後の原審で被告が追加して提出した各証拠により認められる第5次および第6次韓日会談予備会談の過程での大韓民国側の発言内容のみでは、とうてい「原告らの損害賠償請求権は請求権協定の適用対象に含まれない」という差戻判決の覊束的判断の基礎になった事実関係に変動が生じたとは言いがたい。

また、差戻判決の仮定的判断、即ち「個人請求権自体は請求権協定だけでは当然消滅せず、ただ請求権協定でその請求権に関する大韓民国の外交的保護権が放棄されたのみである」という部分も、同じようにその判断の基礎になった事実関係に変動が生じたとは言いがたい。これについて差戻し後の原審で新たに提出された各証拠は、主に請求権協定の解釈についての各自の見解を明らかにしたものに過ぎず、「事実関係」の変動と評価することも困難である。

　ウ　差戻判決の羈束力は差し戻し後の原審だけでなく再上告審にも及ぶのが原則である（大法院1995年8月22日宣告94다43078判決など参照）。
　ただし、大法院2001年3月15日宣告98두15597の全員合議体の判決は「大法院は法令の正当な解釈適用とその統一を主たる任務とする最高法院であり、大法院の全員合議体は従前に大法院で判示した法令の解釈適用についての意見を自ら変更することができるものであるところ（裁判所組織法第7条第1項第3号）、差戻判決が破棄理由とした法律上の判断もここに言う『大法院で判示した法令の解釈適用についての意見』に含まれるものであるから、大法院の全員合議体が従前の差戻判決の法律上の判断を変更する必要があると認める場合には、それに羈束されることなく通常の法令の解釈適用についての意見の変更手続によりこれを変更できると言うべきである」として、差戻判決の羈束力が再上告審の全員合議体には及ばないという趣旨の判示をしたことがある。
　しかし、上記の98두15597全員合議体判決の意味を「全員合議体で判断する以上、常に差戻判決の羈束力から解放される」との趣旨に理解してはならない。「差戻判決に明白な法理の誤解があり、必ずこれを是正しなければならない状況であったり、差戻判決が全員合議体を経ないまま従前の大法院判決がとった見解と相反する立場をとったりした場合のような例外的な場合に限り羈束力が及ばない」との意味に解釈しなければならない。このように解さない場合、法律で差戻判決の羈束力を認めた趣旨が没却される恐れがあるからである。実際に上記の98두15597の全員合議体判決の事案自体も、差戻判決に明白な法理誤解の誤りがあっただけでなく、差戻判決が全員合議体を経ることなく既存の大法院判決に抵触する判断をした場合であった。
　このような法理に従い、本件に立ち戻って検討するなら、請求権協定の効力について差戻判決が説示した法理に明白な誤謬があるとか、従前の大法院判決に反する内容があるとは言えない。従って本件を全員合議体で判断するとしても、安易に差戻判決が説示した法理を再審査したり覆したりすることができると言うことはできない。

　エ　結局いかなる角度から見ても、この部分の上告理由の主張は差戻判決の羈束力に反する

ものであって受け入れられない。一方、前記上告理由第1、2、4点に関する判断の部分において、「差戻し後の原審の判断は差戻判決の趣旨に従うものであって、上告理由の主張のような違法はない」と判示したのは、上記のような差戻判決の覊束力に関する法理に従うものと考えられるので、この部分の判断については多数意見と見解を異にしないという点を付け加えておきたい。

以上の通りの理由により上告を棄却するべきであるという結論においては多数意見と意見を同じくするが、上告理由第3点については多数意見とその具体的な理由を異にするため、個別意見としてこれを明らかにしておく。

9　上告理由第3点に関する判断についての大法官金昭英、大法官李東遠、大法官盧貞姫の個別意見

ア　請求権協定にもかかわらず原告らが被告に対して強制動員被害に対する慰謝料請求権を行使することができるという点については多数意見と結論を同じくする。ただしその具体的な理由は多数意見と見解を異にする。

多数意見は、「原告らが主張する被告に対する損害賠償請求権は、請求権協定の適用の対象に含まれるとはいえない」との立場をとっている。しかし請求権協定の解釈上、原告らの損害賠償請求権は請求権協定の対象に含まれるというべきである。ただし原告ら個人の請求権自体は請求権協定により当然に消滅するとは言えず、請求権協定によりその請求権に関する大韓民国の外交的保護権のみが放棄されたに過ぎない。したがって原告らは依然として大韓民国において被告に対して訴訟により権利を行使することができる。

このように解すべき具体的な理由は次の通りである。

イ　まず条約の解釈方法について多数意見が明らかにした法理については見解を異にしない。このような法理に基づき、差戻し後の原審で初めて提出された各証拠（乙第16ないし18、37ないし39、40ないし47、50、52、53、55号証）も含めて原審が適法に採用・調査した各証拠によって認められる事実関係を検討すると、多数意見とは異なり原告らの被告に対する損害賠償請求権は請求権協定の対象に含まれると認めるのが妥当である。

（1）差戻し後の原審で提出された各証拠をはじめとする採用証拠によって認められる請求権協定の具体的な締結過程は次の通りである。

（ア）前記のように1952年2月15日に開催された第1次韓日会談当時、大韓民国は8項目を提示したが、その後日本の逆請求権の主張、独島と平和線問題（訳注：日本で言う『李承晩ライン

問題』)についての意見の対立、両国の政治的状況などにより第4次韓日会談では8項目についての議論がほとんど行われなかった。

(イ)第5次韓日会談から8項目についての実質的な討議が行われ、第5次韓日会談では以下のような議論があった。

①1961年5月10日の第5次韓日会談予備会談一般請求権小委員会第13次会議で大韓民国側8項目のうち上記の第5項(韓国法人または韓国自然人の日本銀行券、被徴用韓国人の未収金、補償金およびその他の請求権の弁済請求)と関連して、「強制徴用で被害を受けた個人に対する補償」を日本側に要求した。具体的には「生存者、負傷者、死者、行方不明者及び軍人・軍属を含む被徴用者全般に対して補償を要求するもの」であるとして、「これは他国の国民を強制的に動員することにより負わせた被徴用者の精神的・肉体的苦痛に対する補償を意味する」という趣旨であると説明した。これに対し日本側が、個人の被害に対する補償を要求するものか、大韓民国として韓国人被害者の具体的な調査をする用意があるか等について質問すると、大韓民国側は「国として請求するものであり、被害者個人に対する補償は国内で措置する性質のもの」との立場を表明した。

②日本側は大韓民国側の上記のような個人の被害補償の要求に反発し、具体的な徴用・徴兵の人数や証拠資料を要求したり、両国国交の次復後に個別的に解決する方法を提示するなど、大韓民国側の要求にそのまま応じることができないという立場を表明した。

③第5次韓日会談の請求権委員会では1961年5月16日の軍事政変によって会談が中断されるまで、8項目の第1項から第5項までについて討議が行われたが、根本的な認識の差異を確認するにとどまり、実質的な妥協を行うことはできなかった。

(ウ)第6次韓日会談が1961年10月20日に開始された後は、請求権の細部についての議論は時間を浪費するばかりで解決が遅れるとの判断から政治的な側面の妥協が探られ、下記のような交渉過程を経て第7次韓日会談中の1965年6月22日、ようやく請求権協定が締結された。

①1961年12月15日の第6次韓日会談予備会談一般請求権小委員会第7次会議で大韓民国側は日本側に8項目に対する補償として合計12億2000万ドルを要求し、強制動員に対する被害補償は生存者1人当たり200ドル、死亡者1人当たり1650ドル、負傷者1人当たり2000ドルを基準として計算した3億6400万ドル(約30%)であると算定した。

②1962年3月頃の外相会談では、大韓民国側の支払要求額と日本側の支払準備額を非公式に提示することにしたが、その結果大韓民国側の支払い要求額である純弁済7億ドルと、日本側の支払準備額である純弁済7000万ドル及び借款2億ドルの間に顕著な差があることが確認された。

③このような状況において、日本側は初めから請求権に対する純弁済とすると法律関係と事実

関係を厳格に解明しなければならないだけでなく、その金額も少額となり大韓民国が受諾できなくなるであろうから、有償と無償の経済協力の形式をとり、金額を相当程度引き上げ、その代わり請求権を放棄することにしようと提案した。これに対して大韓民国側は請求権に対する純弁済を受けるべきであるという立場であるが問題を大局的見地から解決するために請求権解決の枠内で純弁済と無相照支払の2つの名目で解決することを主張し、その後再び譲歩して請求権解決の枠の中で純弁済と無相照支払の2つの名目とするが、その金額をそれぞれ区分して表示せず総額だけを表示する方法で解決することを提案した。

④その後、当時の金鍾泌中央情報部長は日本で池田首相と1回、大平外相と2回にわたって会談し、大平外相との1962年11月12日の第2次会談時に請求権問題の金額、支払細目及び条件等について両国政府に建議する妥結案について原則的な合意をした。その後の具体的調整過程を経て、第7次韓日会談が進行中の1965年4月3日、当時外務部長官であった李東元と日本の外務大臣であった椎名悦三郎の間に「韓日間の請求権問題の解決及び経済協力に関する合意」が行われた。

（2）前記のように、請求権協定の前文は「大韓民国及び日本国は、両国及びその国民の財産並びに両国及びその国民の間の請求権（以下「請求権協定上の請求権」という）に関する問題を解決することを希望し、両国間の経済協力を増進することを希望して、次のとおり合意した。」と述べ、第2条1は「両締約国は、両締約国及びその国民（法人を含む。）の財産、権利及び利益並びに両締約国及びその国民の間の請求権に関する問題が、1951年9月8日にサンフランシスコ市で署名された日本国との平和条約第4条(a)に規定されたものを含めて、完全かつ最終的に解決されたこととなることを確認する。」と定めた。

また、請求権協定と同日に締結された請求権協定の合意議事録(I)は、上記第2条について「同条1にいう完全かつ最終的に解決されたことになる請求権協定上の請求権に関する問題には、韓日会談で韓国側から提出された『韓国の対日請求要綱』（いわゆる8項目）の範囲に属するすべての請求が含まれており、したがって同対日請求要綱に関しては如何なる主張もできなくなることを確認した。」と定めたが、8項目の第5項には、「被徴用韓国人の未収金、補償金およびその他の請求権（以下「被徴用請求権」という）の弁済請求」が含まれている。このような請求権協定などの文言によれば、大韓民国と日本の両国は国家と国家の間の請求権についてだけでなく、一方の国民の相手国とその国民に対する請求権も協定の対象としたことが明らかであり、請求権協定の合意議事録(I)は請求権協定上の請求権の対象に被徴用請求権も含まれることを明らかにしている。

（3）請求権協定自体の文言は、第1条に従って日本が大韓民国に支払うことにした経済協力資

金が第2条による権利問題の解決に対する対価であるか否かについて明確には規定していない。

しかし、前記のように、①大韓民国は1961年5月10日の第5次韓日会談予備会談一般請求権小委員会第13次会議において被徴用請求権について「生存者、負傷者、死亡者、行方不明者及び軍人・軍属を含む被徴用者全般に対する補償」を要求し、「他国の国民を強制的に動員することにより負わせた被徴用者の精神的肉体的苦痛に対する補償」までも積極的に要請しただけでなく、1961年12月15日の第6次韓日会談予備会談一般請求権小委員会第7次会議で強制動員による被害補償金を具体的に3億6400万ドルと算定し、これを含めて8項目の合計補償金12億2000万ドルを要求し、②第5次韓日会談当時、大韓民国が上記要求額は国家として請求するものであり被害者個人に対する補償は国内で措置するものであると主張したが、日本は具体的な徴用・徴兵の人数や証拠資料を要求して交渉が難航し、③これに対して日本は証明の困難などを理由に有償と無償の経済協力の形式をとり、金額を相当程度引き上げ、その代わりに請求権を放棄する方式を提案し、大韓民国が純弁済及び無相照の2つの名目で金員を受領するが具体的な金額は項目別に区分せずに総額のみを表示する方法を再提案することによって、④以降の具体的な調整過程を経て1965年6月22日、第1条では経済協力資金の支援について定め、併せて第2条で権利関係の解決について定める請求権協定が締結された。

このような請求権協定の締結に至るまでの経緯等に照らしてみると、請求権協定上の請求権の対象に含まれる被徴用請求権は強制動員被害者の損害賠償請求権まで含んだものであり、請求権協定第1条で定めた経済協力資金は実質的にこのような損害賠償請求権まで含めた第2条で定めた権利関係の解決に対する対価ないし補償としての性質をその中に含んでいると認められ、両国も請求権協定締結当時そのように認識したと認めるのが妥当である。

(4) 8項目のうち第5項は被徴用請求権について「補償金」という用語を使用し、「賠償金」という用語は使用していない。しかしその「補償」が「植民支配の合法性を前提とする補償」のみを意味するとは言いがたい。上記のように交渉の過程で双方が示した態度だけを見ても、両国政府が厳密な意味での「補償」と「賠償」を区分していたとは思えない。むしろ両国は「植民支配の不法性を前提とした賠償」も当然に請求権協定の対象に含めることを相互に認識していたと思われる。

(5) それだけでなく、大韓民国は請求権協定によって支給される資金を使用するための基本的事項を定めるために請求権資金法及び請求権申告法などを制定・施行し、日本によって労務者として徴用され1945年8月15日以前に死亡した者の請求権を請求協定に基づいて補償する民間請求権に含め、その被徴用死亡者の申告及び補償手続を完了した。これは強制動員被害者の損害賠償請求権が請求権協定の適用対象に含まれていることを前提としたものと思われる。

そして請求権協定に関する一部の文書が公開された後に構成された民官共同委員会も2005

年8月26日に請求権協定の法的効力について公式見解を表明したが、日本国慰安婦問題など日本政府と軍隊などの日本国家権力が関与した反人道的不法行為については請求権協定によって解決されたと言うことはできないとしながらも、強制動員被害者の損害賠償請求権については「請求権協定を通じて日本から受けた無償3億ドルに強制動員被害補償問題を解決するための資金などが包括的に勘案された」とした。

さらに大韓民国は2007年12月10日の請求資金法等により行われた強制動員被害者に対する補償が不十分であったという反省的な考慮から2007年の犠牲者支援法を制定・施行し、1938年4月1日から1945年8月15日までの間に日帝によって労務者などとして国外に強制動員された犠牲者・負傷者・生還者等に対し慰労金を支給し、強制動員されて労務を提供したが日本企業などから支給されなかった未収金を大韓民国の通貨に換算して支給した。

このように大韓民国は請求権協定に強制動員被害者の損害賠償請求権が含まれていることを前提として、それ従って請求権協定締結以来長期にわたって補償などの追加措置をとってきたことが認められる。

（6）以上の内容、すなわち請求権協定及びそれに関する了解文書などの文言、請求権協定の締結経緯や締結当時の推定される当事者の意思、請求権協定の締結に従った追加措置などの各事情を総合すると、強制動員被害者の損害賠償請求権は請求権協定の適用対象に含まれると解するのが妥当である。

それにも関わらず、これと異なり原告らの被告に対する損害賠償請求権が請求権協定の適用対象に含まれていたとは言いがたいとする本件差戻し後の原審のこの部分の判断には条約の解釈に関する法理などを誤解した誤りがある。

ウ　しかし、上記のような誤りにもかかわらず、「原告らの個人請求権自体は請求権協定のみによって当然に消滅するは言えず、ただ請求権協定によりその請求権に関する大韓民国の外交的保護権が放棄されることにより、日本の国内措置で当該請求権が日本国内で消滅しても大韓民国がこれを外交的に保護する手段を失うことになるだけである」という差戻し後の原審の仮定的判断は下記の理由から首肯することができる。

（1）請求権協定には、個人請求権消滅について韓日両国政府の意思合致があったと認めるだけの充分かつ明確な根拠がない。

過去に主権国家が外国と交渉をして自国の国民の財産や利益に関する事項を一括的に解決する、いわゆる一括処理協定（lump sum agreements）が国際紛争の解決・予防のための方式の一つとして採用されてきたということもできる。しかし、このような協定を通じて国家が「外交的保

護権（diplomatic protection）」、すなわち「自国民が外国で違法・不当な取り扱いを受けた場合、その国籍国が外交手続などを通じて外国政府に対して自国民の適当な保護や救済を求めることができる国際法上の権利」を放棄するだけでなく、個人の請求権までも完全に消滅させることができるというためには、少なくとも当該条約にこれに関する明確な根拠が必要であると言わねばならない。国家と個人が別個の法的主体であるという近代法の原理は国際法上も受け入れられているが、権利の「放棄」を認めようとするならその権利者の意思を厳格に解釈しなければならないという法律行為の解釈の一般原則によれば、個人の権利を国家が代わりに放棄する場合には、これをより厳しく解さなければならないからである。

　ところが請求権協定はその文言上、個人請求権自体の放棄や消滅については何の規定も置いていない。この点で連合国と日本の間で1951年9月8日に締結されたサンフランシスコ条約第14条(b)で、「連合国は、すべての補償請求、連合国とその国民の賠償請求及び軍の占領費用に関する請求をすべて放棄する」と定めて明示的に請求権の放棄（waive）という表現を使用したことと区別される。もちろん請求権に関する問題が「完全かつ最終的に解決されたことになる」との表現が用いられはしたが、上記のような厳格解釈の必要に照らし、これを個人請求権の「放棄」や「消滅」と同じ意味とは解しがたい。

　前述の各証拠によれば、請求権協定締結のための交渉過程で日本は請求権協定に基づいて提供される資金と請求権との間の法律的対価関係を一貫して否定し、請求権協定を通じて個人請求権が消滅するのではなく国の外交的保護権のみが消滅するという立場を堅持した。これに対し大韓民国と日本の両国は請求権協定締結当時、今後提供される資金の性格について合意に至らないまま請求権協定を締結したとみられる。したがって請求権協定で使用された「解決されたことになる」とか、主体などを明らかしないまま「いかなる主張もできないものとする」などの文言は意図的に使用されたものといわねばならず、これを個人請求権の放棄や消滅、権利行使の制限が含まれたものと安易に判断してはならない。

　このような事情等に照らすと、請求権協定での両国政府の意思は、個人請求権は放棄されないことを前提に政府間だけで請求権問題が解決されたことにしようというもの、すなわち外交的保護権に限定して放棄しようというものであったと見るのが妥当である。

　（2）前述のように、日本は請求権協定の直後、日本国内で大韓民国国民の日本国及びその国民に対する権利を消滅させる内容の財産権措置法を制定・施行した。こうした措置は請求権協定だけでは大韓民国国民個人の請求権が消滅していないことを前提とするとき初めて理解することができる。すなわち前記のように、請求権協定当時、日本は請求権協定を通じて個人請求権が消滅するのではなく国の外交的保護権のみが放棄されると見る立場であったことが明らかであり、

協定の相手方である大韓民国もこのような事情を熟知していたと思われる。したがって両国の真の意思もやはり外交的保護権のみ放棄されるという点で一致していたと見るのが合理的である。

　大韓民国が1965年7月5日に発行した「日本国と大韓民国との間の条約と協定解説」には、請求権協定第2条について「財産及び請求権の問題の解決に関する条項により消滅する当方の財産及び請求権の内容を見ると、我々が最初に提示したところである8項目の対日請求要綱で要求したものはすべて消滅することになり、従って被徴用者の未収金及び補償金、韓国人の対日本政府及び日本国民に対する各種請求などがすべて完全にそして最終的に消滅することになる。」とされている。これによると当時の大韓民国の立場が個人請求権も消滅するというものであったと見る余地もないとは言えない。しかし、上記のように当時の日本の立場が「外交的保護権限定放棄」であることが明白であった状況において大韓民国の内心の意思が上記のようなものであったとしても、請求権協定で個人請求権まで放棄されることについて意思の合致があったということはできない。さらに後の大韓民国で請求権資金法などの補償立法を通じて強制動員被害者に対して行われた補償内容が実際の被害に比べて極めて微々たるものであった点に照らしてみても、大韓民国の意思が請求権協定を通じて個人請求権も完全に放棄させるというものであったと断定することも困難である。

　(3) 一括処理協定の効力と解釈と関連して国際司法裁判所（ICJ）が2012年2月3日に宣告したドイツのイタリアの主権免除事件（Jurisdictional Immunities of the State, Germany v. Italy: Greece intervening）が国際法的観点から議論されている。しかしながら、他の多くの争点はともかくとしても、1961年6月2日にイタリアと西ドイツの間で締結された「特定財産に関連する経済的・財政的な問題の解決に関する協定（Treaty on the Settlement of certain property-related, economic and financial questions）」及び「ナチスの迫害を受けたイタリア国民らに対する補償に関する協定（Agreement on Compensation for Italian Nationals Subjected to National-Socialist Measures of Persecution）」が締結された経緯、その内容や文言が請求権協定のそれと同じではないので、請求権協定をイタリアと西ドイツの間の上記条約と単純比較することは妥当ではない。

　エ　結局、原告らの被告に対する損害賠償請求権が請求権協定の対象に含まれていないとする多数意見の立場には同意することができないが、請求権協定にもかかわらず原告らが被告に対して強制動員被害に関する損害賠償請求権を行使することができるとする差戻し後の原審の結論は妥当である。そこにはこの部分の上告理由の主張に言うような請求権協定の効力、大韓民国国民の日本国民に対する個人請求権の行使の可能性に関する法理などを誤解した誤りはない。

10　大法官権純一、大法官趙載淵の反対意見

ア　大法官金昭英、大法官李東遠、大法官盧貞姫の個別意見（以下「個別意見2」という）が上告理由3について請求権協定の解釈上原告らの損害賠償請求権が請求権協定の対象に含まれるという立場をとったことについては見解を同じくする。

しかし、個別意見2が請求権協定では大韓民国の外交的保護権のみが放棄されたとして、原告らが大韓民国において被告に対して訴訟によって権利を行使することができると判断したことには同意しがたい。その理由は次の通りである。

イ　請求権協定第2条1は、「…両締約国及びその国民の間の請求権に関する問題が…完全かつ最終的に解決されたことになることを確認する。」と規定している。ここにいう「完全かつ最終的に解決されたことになる」という文言の意味が何なのか、すなわち請求権協定によって両締約国がその国民の個人請求権に関する外交保護権だけを放棄したことを意味するのか、またはその請求権自体が消滅するという意味なのか、それとも両締約国の国民がもはや訴訟によって請求権を行使することができないことを意味するのかは、基本的に請求権協定の解釈に関する問題である。

(1)憲法により締結・公布された条約と一般的に承認された国際法規は、国内法と同等の効力を有する（憲法第6条第1項）。そして具体的な事件において当該法律又は法律条項の意味・内容と適用範囲を定める権限、すなわち法令の解釈・適用権限は司法権の本質的内容をなすものであり、これは大法院を最高法院とする裁判所に専属する（大法院2009年2月12日宣告2004두10289判決参照）。

請求権協定は、1965年8月14日に大韓民国国会で批准同意され、1965年12月18日に条約第172号として公布されたので、国内法と同じ効力を有する。したがって、請求権協定の意味・内容と適用範囲は、法令を最終的に解釈する権限を有する最高法院である大法院によって最終的に定められる他はない。

(2)条約の解釈は、1969年に締結された「条約法に関するウィーン条約（Vienna Convention on the Law of Treaties、以下「ウィーン条約」という）」を基準とする。ウィーン条約は大韓民国に対しては1980年1月27日、日本に対しては1981年8月1日に各々発効したものであるが、その発効前に既に形成されていた国際慣習法を規定したものであるから、請求権協定を解釈する際にウィーン条約を適用しても時制法上の問題はない。

ウィーン条約第31条（解釈の一般規則）によれば、条約は前文及び附属書を含む条約文の文脈及び条約の対象と目的に照らしてその条約の文言に与えられる通常の意味に従って誠実に解釈しなければならない。ここにいう条約の解釈上の文脈とは、条約文の他に条約の締結に関して締約国間で行われたその条約に関する合意などを含む。そしてウィーン条約第32条（解釈の補足的手段）によれば、第31条の適用から導かれる意味を確認するため、又は第31条の規定により解釈すると意味が曖昧または不明確になる場合、明らかに常識に反しまたは不合理な結果をもたらす場合には、その意味を決定するために条約の準備作業及び条約締結時の事情を含む解釈の補充的手段に依存することができる。

（3）請求権協定の前文は「両国及びその国民の財産並びに両国及びその国民の間の請求権に関する問題を解決することを希望し」と述べ、第2条1は「両締約国は、両締約国及びその国民（法人を含む）の財産、権利及び利益並びに両締約国及びその国民の間の請求権に関する問題が…平和条約第4条（a）に規定されたものを含めて、完全かつ最終的に解決されたこととなることを確認する。」と規定しており、第2条3は「…一方の締約国及びその国民の他方の締約国及びその国民に対するすべての請求権であって…いかなる主張もすることができないものとする。」と規定した。また、請求権協定の合意議事録（I）は請求権協定第2条について「同条1にいう完全かつ最終的に解決されたこととなる両国及びその国民の財産、権利及び利益並びに両国及びその国民の間の請求権に関する問題には、韓日会談において韓国側から提出された『韓国の対日請求要綱』（いわゆる8項目）の範囲に属するすべての請求が含まれており、したがって、同対日請求要綱に関しては、いかなる主張もなしえないこととなることが確認された。」と規定し、対日請求要綱8項目の中には「被徴用韓国人の未収金、補償金およびその他の請求権の弁済請求」が含まれている。

上記のような請求権協定第2条、請求権協定の合意議事録（I）などの文言、文脈及び請求権協定の対象と目的等に照らし、請求権協定第2条をその文言に与えられる通常の意味に従って解釈すれば、第2条1で「完全かつ最終的に解決されたもの」は、大韓民国及び大韓民国国民の日本および日本国民に対するすべての請求権と日本及び日本国民の大韓民国及び大韓民国国民に対するすべての請求権に関する問題であることは明らかであり、第2条3にすべての請求権について「いかなる主張もできないものとする」と規定している以上、「完全かつ最終的に解決されたことになる」という文言の意味は、両締約国はもちろん、その国民ももはや請求権を行使することができなくなったという意味であると解さなければならない。

（4）国際法上国家の外交的保護権（diplomatic protection）とは、外国で自国民が違法・不当な扱いを受けたが、現地の機関を通じた適切な権利救済が行われない場合に、最終的にその国籍国が外交手続や国際司法手続を通じて外国政府に対して自国民に対する適切な保護や救

済を求めることができる権利である。外交的保護権の行使主体は被害者個人ではなくその国籍国であり、外交的保護権は国家間の権利義務に関する問題に過ぎず国民の個人の請求権の有無に直接影響を及ぼすことはない。

　ところが前述のように請求権協定第2条は大韓民国の国民と日本の国民の相手方の国とその国民に対する請求権まで対象としていることが明らかであるから、請求権協定を国民個人の請求権とは関係なく両締約国が相互に外交的保護権を放棄するだけの内容の条約であるとは解しがたい。また、請求権協定第2条1に規定する「完全かつ最終的に解決される」という文言は請求権に関する問題が締約国間ではもちろんその国民の間でも完全かつ最終的に解決されたという意味に解釈するのがその文言の通常の意味に合致し、単に締約国の間で相互に外交的保護権を行使しないことにするという意味に読むことはできない。

　(5) 日本は請求権協定締結後、請求権協定で両締約国の国民の個人請求権が消滅するのではなく両締約国が外交的保護権のみを放棄したものであるという立場をとってきた。これは日本政府が自国の国民に対する補償義務を次避するために「在韓請求権について外交的保護権を放棄した」という立場をとったことから始まったものである。しかし下記のように大韓民国は最初から対日請求要綱8項目を提示し、強制徴用被害者に対する補償を要求し、請求権資金の分配は全的に国内法上の問題であるという立場をとり、このような立場は請求権協定締結当時まで維持された。

　前述の事実関係及び記録によれば次のような事実が認められる。すなわち、①大韓民国側は1952年2月15日の第1次韓日会談から8項目を日本側に提示し、1961年5月10日の第5次韓日会談予備会談の一般請求権小委員会第13次会議で8項目のうち第5項について「強制徴用により被害を受けた個人に対する補償」を日本側に要求し、個人の被害に対する補償を要求するのかという日本側の質問に対し「国として請求するものであり、被害者個人に対する補償は国内で措置する性質のもの」という立場を表明した。②1961年12月15日の第6次韓日会談予備会談一般請求権小委員会の第7次会議で大韓民国側は日本側に8項目の補償として合計12億2000万ドルを要求し、そのうち強制動員に対する被害補償金を3億6400万ドルと算定して提示した。③請求権協定締結直後の1965年7月5日に大韓民国政府が発行した「大韓民国と日本国の間の条約及び協定の解説」には、「財産及び請求権問題の解決に関する条項により消滅する当方の財産及び請求権の内容を見ると、当方が最初に提示したところの8項目の対日請求要綱で要求したものはすべて消滅するところであり、したがって……被徴用者の未収金及び補償金、……韓国人の対日本政府及び日本国民に対する各種請求などがすべて完全かつ最終的に消滅することになるものである。」と記載されている。④1965年8月、張基栄経済企画院長官は、請求権協定第1条の

無償3億ドルは実質的に被害国民に対する賠償的な性格を持ったものであるという趣旨の発言をした。⑤請求権協定締結後、大韓民国は請求権資金法、請求権申告法、請求権補償法、2007年および2010年の犠牲者支援法などを制定して強制徴用被害者に対する補償金を支給した。2010年の犠牲者支援法に基づいて設置された「対日抗争期強制動員被害調査及び国外強制動員犠牲者など支援委員会」の決定（前身である「太平洋戦争前後の国外強制動員犠牲者支援委員会」の決定を含む）を通じて2016年9月頃まで支給された慰労金等の内訳を見ると、死亡・行方不明慰労金3601億ウォン、負傷障害慰労金1022億ウォン、未収金の支援金522億ウォン、医療支援金1人当たり年間80万ウォンなど約5500億ウォンになる。

　このような事実を総合してみると、請求権協定当時、大韓民国は請求権協定により強制徴用被害者の個人請求権も消滅するか、少なくともその行使が制限されるという立場をとっていたことが認められる。したがって、請求権協定当時の両国の真の意思が外交的保護権のみ放棄するということで一致していたわけでもない。

　(6) 一方、国際法上戦後賠償問題などについて主権国家が外国と交渉をして自国国民の財産や利益に関する事項を国家間条約を通じて一括的に解決するいわゆる「一括処理協定（lump sum agreements）」は、国際紛争の解決予防のための方法の一つとして請求権協定締結当時国際慣習法上一般的に認められていた条約の形式である。

　一括処理協定は国家が個人の請求権などを含む補償問題を一括妥結する方式であるから、その当然の前提として一括処理協定によって国家が相手国からの補償や賠償を受けた場合にはそれに応じて自国民個人の請求権は消滅するものとして処理され、この時その資金が実際には被害国民に対する補償目的に使用されなかったとしても同様とされる［国際司法裁判所（ICJ）が2012年2月3日に宣告したドイツ対イタリア主権免除事件（Jurisdictional Immunities of the State, Germany v.Italy: Greece intervening)、いわゆる「フェリーニ（Ferrini）事件」判決参照］。

　請求権協定についても、大韓民国は日本から強制動員被害者の損害賠償請求権を含む対日請求要綱8項目について一括補償を受け、請求権資金を被害者に補償の方式で直接分配したり、または国民経済の発展のための基盤施設の再建等に使用することによりいわゆる「間接的に」補償する方式を採用した。このような事情に照らしてみると、請求権協定は大韓民国及びその国民の請求権などに対する補償を一括的に解決するための条約として請求権協定当時国際的に通用していた一括処理協定に該当するということができる。この点からも、請求権協定が国民の個人の請求権とは関係なく、単に両締約国が国家の外交的保護権を放棄することだけを合意した条約であるとは解釈しがたい。

ウ　請求権協定第2条に規定している「完全かつ最終的な解決」や「いかなる主張もできないこととする」という文言の意味は、個人請求権の完全な消滅までではなくとも「大韓民国国民が日本や日本国民に対して訴訟によって権利を行使することは制限される」という意味に解釈するのが妥当である。

　（1）請求権協定はその文言上の個人請求権自体の放棄や消滅について直接定めてはいない。この点でサンフランシスコ条約第14条（b）で、「連合国は、すべての補償請求、連合国とその国民の賠償請求および軍の占領費用に関する請求をすべて放棄する」と定めて明示的に請求権の放棄（waive）という表現を使用したものとは区別される。したがって請求権協定により個人請求権が実体法的に完全に消滅したり放棄されたとは解しがたいという点では個別意見2と見解を同じくする。

　（2）請求権協定第2条1は請求権に関する問題が「完全かつ最終的に解決されたことになることを確認する」と規定しており、「完全かつ最終的な解決」に至る方式は第2条の3に規定している「いかなる主張もできないものとする。」との文言によって実現される。つまり「どのような主張もできないこと」という方法を通じて請求権問題の「完全かつ最終的な解決」を期している。ところで「いかなる主張もできないものとする」という文言の意味は前述したように請求権に関する大韓民国の外交的保護権のみを放棄するという意味に解釈することができず、かといって請求権自体が実体法的に消滅したという意味である断定することも困難である。そうであれば、「いかなる主張もできないものとする。」という文言の意味は、結局「大韓民国国民が日本や日本国民に対して訴訟によって権利を行使することが制限される」という意味に解釈するほかはない。

　（3）先に見たように大韓民国は請求権協定締結後、請求権補償法、2007年及び2010年の犠牲者支援法などを制定し、強制徴用被害者らに補償金を支給した。これは請求権協定によって大韓民国の国民が訴訟によって請求権を行使することが制限された結果、大韓民国がこれを補償する目的で立法措置をしたものである。「外交的保護権限定放棄説」に従うと大韓民国が上記のような補償措置をとる理由を見出しがたい。

　エ　（1）個別意見2が大韓民国で請求権資金法などの補償の立法を通じて強制動員被害者に対して行われた補償内容が実際の被害に備えて非常に不十分であったという点を請求権協定の効力を解釈する根拠に挙げていることも受け入れがたい。前記のように「一括処理協定（lump sum agreements）」によって国家が補償や賠償を受けたなら、その国民は相手国及びその国民に対して個人請求権を行使することができないのであり、これは支給された資金が実際には被害

国民に対する補償の目的に使用されなかったとしても変わることはないからである。

（2）日帝強占期に日本が不法な植民支配と侵略戦争遂行のために強制徴用被害者らに与えた苦痛に照らしてみると、大韓民国が被害者らに行った補償が非常に不十分なことは事実である。大韓民国は2006年3月9日の請求補償法に基づく強制動員被害者の補償が不十分であることを認め追加補償の方針を表明した後、2007年の犠牲者支援法を制定し、その後2010年の犠牲者支援法を追加制定した。しかしこのような追加的な補償措置によっても国内強制動員被害者は当初から慰労金支給対象に含まれず、国外強制動員生還者に対しては2007年の犠牲者支援法の制定当時、1人当たり500万ウォンの慰労金を支給する内容の法案が国会で議決されたが、追加的な財政負担などを理由に大統領が拒否権を行使し、結局彼らに対する慰労金支給は行われなかった。

（3）日本政府が請求権協定の交渉過程で植民支配の不法性を認めていなかった状況で大韓民国政府が請求権協定を締結したことが果たして正しかったのか等を含め、請求権協定の歴史的評価については未だ議論があることは事実である。しかし請求権協定が憲法や国際法に違反して無効であると解するのでなければ、その内容の良否を問わずその文言と内容に従って遵守しなければならない。請求権協定により個人請求権をもはや行使できなくなることによって被害を受けた国民に、今からでも国家は正当な補償を行うべきである。大韓民国がこのような被害国民に対して負う責任は法的責任であり、これを単なる人道的・恩恵的措置とみることはできない。大韓民国は被害国民が訴訟を提起したか否かにかかわらず正当な補償がなされるようにする責務があり、このような被害国民に対して大韓民国が訴訟においてその消滅時効完成の有無を争うことはないと考える。

オ　要するに、大韓民国の国民が日本及び日本国民に対して有する個人請求権は請求権協定によって直ちに消滅したり放棄されたわけでないが、訴訟によってこれを行使することは制限されることとなったので、原告らが日本国民である被告に対して国内で強制動員による損害賠償請求権を訴訟によって行使することもやはり制限されると解するのが妥当である。

これと異なる趣旨により判示した原審の判断には請求権協定の適用範囲及び効力等に関する法理を誤解した誤りがあり、原審が根拠とした差戻判決の請求権協定に関する見解もやはりこれに背馳する範囲内で変更すべきである。

以上のような理由から、多数意見に反対する。

11　大法官金哉衡、大法官金善洙の多数意見に対する補充意見

ア　原告らが主張する被告に対する損害賠償請求権、すなわち「強制動員慰謝料請求権」が請求権協定の対象に含まれていないという多数意見の立場は条約の解釈に関する一般原則に従うものであって妥当である。その具体的な理由は次 の通りである。

イ　条約の解釈の出発点は条約の文言である。当事者らが条約を通じて達成しようとした意図が文言として現れるからである。したがって条約の文言が持つ通常の意味を明らかにすることが条約の解釈において最も重要なことである。しかし当事者らが共通して意図したものとして確定された内容が条約の文言の意味と異なる場合には、その意図に応じて条約を解釈しなければならない。

この時、文言の辞典的な意味が明確でない場合には、文脈、条約の目的、条約締結過程をはじめとする締結当時の諸事情だけでなく、条約締結以降の事情も総合的に考慮して条約の意味を合理的に解釈しなければならない。ただし条約締結過程で行われた交渉過程や締結当時の事情は条約の特性上、条約を解釈するために補充的に考慮すべきである。

一方、条約が国家ではなく個人の権利を一方的に放棄するような重大な不利益を与える場合には約定の意味を厳密に解釈しなければならず、その意味が明確でない場合には個人の権利を放棄していないものと解すべきである。個人の権利を放棄する条約を締結しようとするなら、これを明確に認識して条約の文言に含ませることにより個々人がそのような事情を知ることができるようにすべきであるからである。

1969年に締結されたウィーン条約は、大韓民国に対しては1980年1月27日、日本に対しては1981年8月1日に発効したため、1965年に締結された請求権協定の解釈の基準としてこの条約を直ちに適用することはできない。ただし条約の解釈に関するウィーン条約の主な内容は既存の国際慣習法を反映したものであると見ることができるので、請求権協定を解釈においても参考とすることができる。条約の解釈基準に関する多数意見はウィーン条約の主な内容を反映したものであるから、条約の解釈に関する一般原則と異なるものではない。ただしウィーン条約が請求権協定に直接適用されるものではないから、請求権協定を解釈する際にウィーン協約を文言にそのまま従わねばならないものでは ない。

ウ　本件の主な争点は、請求権協定の前文と第2条に現れる「請求権」の意味をどのように解釈するかである。具体的には上記「請求権」に「日本政府の韓半島に対する不法な植民支配・侵略戦争の遂行と直結した日本企業の反人道的不法行為を前提とする強制動員被害者の日本企業に対する精神的損害賠償請求権」、すなわち「強制動員慰謝料請求権」が含まれるか否かが問

題になる。

　請求権協定では、「請求権」が何を意味するかを特に定めていない。請求権はきわめて多様な意味で使用することができる用語である。この用語に不法行為に基づく損害賠償請求権、特に本件で問題となる強制動員慰謝料請求権まで一般的に含まれると断定することはできない。

　したがって請求権協定の文脈や目的なども併せて検討すべきである。まず請求権協定第2条でサンフランシスコ条約第4条(a)に明示的に言及しているから、サンフランシスコ条約第4条が請求権協定の基礎になったことには特に疑問がない。すなわち請求権協定は基本的にサンフランシスコ条約第4条(a)にいう「日本の統治から離脱した地域(大韓民国もこれに該当)の施政当局・国民と日本・日本国民の間の財産上の債権・債務関係」を解決するためのものである。ところで、このような「債権・債務関係」は日本の植民支配の不法性を前提とするものではなく、そのような不法行為に関する損害賠償請求権が含まれたものでもない。特にサンフランシスコ条約第4条(a)では「財産上の債権・債務関係」について定めているので、精神的損害賠償請求権が含まれる余地はないと見るべきである。

　サンフランシスコ条約を基礎として開かれた第1次韓日会談において韓国側が提示した8項目は次のとおりである。「①1909年から1945年までの間に日本が朝鮮銀行を通じて大韓民国から搬出した地金及び地銀の返還請求、②1945年8月9日現在及びその後の日本の対朝鮮総督府債務の弁済請求、③1945年8月9日以降に大韓民国にから振替または送金された金員の返還請求、④1945年8月9日現在大韓民国に本店、本社または主たる事務所がある法人の在日財産の返還請求、⑤大韓民国法人または大韓民国自然人の日本銀行券、被徴用韓国人の未収金、補償金およびその他の請求権の弁済請求、⑥韓国人の日本国または日本人に対する請求であって上記①ないし⑤に含まれていないものは韓日会談の成立後、個別に行使することができることを認めること、⑦前記の各財産または請求権から発生した各果実の返還請求、⑧前記返還と決済は協定成立後直ちに開始し遅くとも6ヶ月以内に完了すること」である。

　上記8項目に明示的に列挙されたものはすべて財産に関するものである。したがって上記第5項で列挙されたものも、例えば徴用による労働の対価として支払われる賃金などの財産上の請求権に限定されたものであり、不法な強制徴用による慰謝料請求権まで含まれると解することはできない。その上ここに言う「徴用」が国民徴用令による徴用のみを意味するのか、それとも原告らのように募集方式または官斡旋方式で行われた強制動員まで含まれるのかも明らかではない。また第5項は「補償金」という用語を使用しているが、これは徴用が適法であるという前提で使用した用語であり、不法性を前提とした慰謝料が含まれないことが明らかである。当時の大韓民国と日本の法制では「補償」は適法な行為に起因する損失を填補するものであり、「賠償」は不法行為

による損害を填補するものとして明確に区別して使用していた。請求権協定の直前に大韓民国政府が発行した「韓日会談白書」も「賠償請求は請求権問題に含まれない」と説明した。「その他」という用語も前に列挙したものと類似した付随的なものと解するべきであるから、強制動員慰謝料請求権が含まれるとするのは行き過ぎた解釈である。

請求権協定の合意議事録（I）では、8項目の範囲に属するすべての請求が請求権協定で完全かつ最終的に「解決されるものとされる」請求権に含まれると規定しているが、前記のように上記第5項「被徴用韓国人の未収金、補償金及びその他の請求権の弁済請求」が日本の植民支配の不法性を前提としたものと解することができないから、強制動員慰謝料請求権がこれに含まれると解することもできない。

結局、請求権協定、請求権協定に関する合意議事録（I）の文脈、請求権協定の目的などに照らして請求権協定の文言に現れた通常の意味に従って解釈すれば、請求権協定にいう「請求権」に強制動員慰謝料請求権まで含まれるとは言いがたい。

エ　上記のような解釈方法だけでは請求権協定の意味が明らかではなく、交渉記録と締結時の諸事情等を考慮してその意味を明らかにすべきだとしても、上記のような結論が変わることはない。

まず請求権協定締結当時の両国の意思がどのようなものであったのかを検討する必要がある。一般的な契約の解釈と同様に条約の解釈においても、外に現れた表示にもかかわらず両国の内心の意思が一致していた場合、その真意に基づいて条約の内容を解釈するのが妥当である。仮に請求権協定当時、両国とも強制動員慰謝料請求権のような日本の植民支配の不法性を前提とする請求権も　請求権協定に含めることに意思が一致していたと見ることができるなら、請求権協定に言う「請求権」に強制動員慰謝料請求権も含まれると解することができる。

しかし日本政府が請求権協定当時はもちろん現在に至るまで強制動員の過程で反人道的な不法行為が犯されたことはもとより植民支配の不法性さえも認めていないことは周知の事実である。また請求権協定当時日本側が強制動員慰謝料請求権を請求権協定の対象としたと解するに足りる資料もない。当時強制動員慰謝料請求権の存在自体も認めていなかった日本政府が請求権協定にこれを含めるという内心の意思を持っていたと解することもできない。

これは請求権協定当時の大韓民国政府も同様であったと見るのが合理的である。多数意見において述べたように請求権協定の締結直前の1965年3月20日に大韓民国政府が発行した公式文書である「韓日会談白書」では、サンフランシスコ条約第4条が韓・日間の請求権問題の基礎になったと明示しており、さらに「上記第4条の対日請求権は、戦勝国の賠償請求権とは区別される。大韓民国はサンフランシスコ条約の調印国ではないため、第14条の規定により戦勝国が享有す

る損害と苦痛に対する賠償請求権は認められなかった。このような韓・日間の請求権問題には賠償請求を含めることができない。」という説明までしている。

　一方、上記のような請求権協定締結当時の状況の他に条約締結後の事情も補充的に条約の解釈の考慮要素になりうるが、請求権協定に言う「請求権」に強制動員慰謝料請求権が含まれると解することができないということは、これによっても裏付けることができる。請求権協定以後大韓民国は請求権資金法、請求権申告法、請求補償法を通じて1977年6月30日までに被徴用死亡者8552人に1人当り30万ウォンずつ合計25億6560万ウォンを支給した。これは上記8項目のうち、第5項の「被徴用韓国人の未収金、補償金およびその他の請求権の弁済請求」が請求権協定の対象に含まれることによる追加措置に過ぎないと見ることができるから、強制動員慰謝料請求権に対する弁済とは言いがたい。しかもその補償対象者も「日本国によって軍人・軍属または労務者として招集または徴用され1945年8月15日以前に死亡した者」に限定されていた。また、その後大韓民国は2007年の犠牲者支援法などによりいわゆる「強制動員犠牲者」に慰労金や支援金を支給したが、当該法律では名目は「人道的次元」のものであることを明示した。このような大韓民国の措置は、請求権協定に強制動員慰謝料請求権は含まれておらず、大韓民国が請求権協定資金により強制動員慰謝料請求権者に対して法的支払い義務を負うものではないことを前提としているものと言わざるを得ない。

　オ　国家間の条約によって国民個々人が相手国や相手国の国民に対して有する権利を消滅させることが国際法上許容されるとしても、これを認めるためには当該条約でこれを明確に定めねばならない。その上本件のように国家とその所属国民が関与した反人道的な不法行為による損害賠償請求権、その中でも精神的損害に対する慰謝料請求権の消滅のような重大な効果を与えようとする場合には条約の意味をより厳密に解釈しなければならない。

　サンフランシスコ条約第14条が日本によって発生した「損害と苦痛」に対する「賠償請求権」とその「放棄」を明確に定めているのとは異なり、請求権協定は「財産上の債権・債務関係」のみに言及しているだけであり、請求権協定の対象に不法行為による「損害と苦痛」に対する「賠償請求権」が含まれるとか、その賠償請求権の「放棄」を明確に定めてはいない。

　日本政府の韓半島に対する不法な植民支配と侵略戦争の遂行と直結した日本企業の反人道的な不法行為により動員され、人間としての尊厳と価値を尊重されないままあらゆる労働を強要された被害者である原告らは、精神的損害賠償を受けられずに依然として苦痛を受けている。大韓民国政府と日本政府が強制動員被害者らの精神的苦痛を過度に軽視し、その実状を調査・確認しようとする努力すらしないまま請求権協定を締結した可能性もある。請求権協定で強制動員

慰謝料請求権について明確に定めていない責任は協定を締結した当事者らが負担すべきであり、これを被害者らに転嫁してはならない。

以上のような理由から、多数意見の論拠を補充しようとするものである。

裁判長：大法院長　金命洙
　　　　大法官　　金昭英
　　　　大法官　　曺喜大
　　　　大法官　　権純一
　　　　大法官　　朴商玉
　　　　大法官　　李起宅
　　　　大法官　　金哉衡
　　　　大法官　　趙載淵
　　　　大法官　　朴貞枇
　　　　大法官　　閔裕淑
　　　　大法官　　金善洙
　　　　大法官　　李東遠
　　　　大法官　　盧貞姫

資料2
日本製鐵徴用工事件上告審判決〔韓国大法院2012年5月24日判決〕

2012年5月24日　判決宣告

主文

原審判決を破棄し、事件をソウル高等法院に差し戻す。

理由

上告理由を判断する

1　基本的事実関係

原審判決の理由と原審が適法に採択した証拠によれば次の事実を認めることができる。

ア　原告らは1923年から1929年までに韓半島で生まれ、平壌、保寧、群山等に居住していた者であり、日本製鐵株式会社（以下「旧日本製鐵」という）は1934年1月頃に日本で設立され、日本の釜石、八幡、大阪等で製鉄所を運営していた会社である。

イ　日本は中日戦争と太平洋戦争を遂行して軍需物資生産に労働力が不足するようになると、これを解決するため1938年4月1日に国家総動員法を制定・公布し、1942年に朝鮮人内地移入斡旋要綱を制定・実施し、韓半島各地域で官斡旋を通じて人力を募集し、1944年10月頃からは国民徴用令により一般韓国人に対する徴用を実施した。一方、旧日本製鐵を始めとする日本の鉄鋼生産者らを総括指導する日本政府直属機構である鉄鋼統制会が1941年4月26日に設立されたが、鉄鋼統制会では我が国からの労務者を積極拡充することに決め、日本政府と協力して労務者を動員し、旧日本製鐵は社長が鉄鋼統制会の会長を歴任する等、鉄鋼統制会で主導的な役割を果たした。

ウ　旧日本製鐵は1943年平壌で大阪製鉄所の工員募集広告を出したが、その広告には大阪製鉄所で2年間訓練を受ければ、技術を習得することができて、訓練終了後に韓半島の製鉄所で技術者として就職することができると記載されていた。原告X1、X2は1943年9月頃、上記広告

を見て、技術を習得し韓半島に帰って就職することができるという点に惹かれて応募した後、平壌で旧日本製鐵の募集担当者と面接をして合格し、上記担当者の引率下に旧日本製鐵の大阪製鉄所に行き、訓練工として労役に従事した。

　大阪製鉄所では原告X1、X2は一日8時間の三交代制で働き、月1、2回程度外出が許され、月に2、3回程度の小遣いの支給されるだけで、旧日本製鐵は賃金全額を支給すれば浪費する憂慮があるという理由を挙げて、原告X1・X2の同意を受けないまま上記原告ら名義の口座に賃金の大部分を一方的に入金し、その貯金通帳と印鑑を寄宿舎の舎監に保管させた。上記原告らは火炉に石炭を入れて砕いて混ぜたり、鉄パイプの中に入って石炭滓を除去するなど火傷の危険があり技術習得とは何の関係もない非常に過酷な労役に従事したが、提供される食事はその量が非常に少なかった。また警察官が頻繁に立ち寄り、上記原告らに「逃亡してもすぐ捕まえることができる」と言い、寄宿舎にも監視する人がいたので、上記原告らは逃亡する考えをもつことはできなかったが、原告X2は逃げ出したいと言ったことが発覚して寄宿舎舎監から殴打される体罰を受けた。

　こうした中、日本は1944年2月頃、訓練工らを強制的に徴用し、原告X1、X2は徴用以後には小遣の支給も全く受けられなかった。大阪製鉄所の工場は1945年3月頃アメリカ合衆国軍の空襲で破壊され、この時訓練工のうち一部が死亡し、原告X1、X2を含む残りの訓練工らは1945年6月頃咸鏡道清津に建設中であった製鉄所に配置され清津に移動した。原告X1・X2は寄宿舎の舎監に賃金が入金されていた貯金通帳と印鑑を渡せと要求したが、舎監は清津に到着した後も上記通帳と印鑑を返してくれず、原告X1、X2は清津で一日12時間工場建設のため土木工事をしたが、賃金を全くもらえなかった。原告X1・X2は1945年8月頃、清津工場がソ連軍の攻撃で破壊されると、ソ連軍を避けてソウルに逃げ、日帝から解放された事実を知ることになった。

　エ　原告X3は1941年大田市長の推薦を受けて報国隊に動員され、保寧から旧日本製鐵募集担当官の引率で日本に渡り、旧日本製鐵の釜石製鉄所で労役に従事したが、賃金を貯金してやるという言葉を聞いただけで、賃金を全く受け取ることができなかった。原告X4は1943年1月頃、群山府（現在の群山市）の指示を受けて募集され、旧日本製鐵の引率者にしたがって日本に渡り、旧日本製鐵の八幡製鉄所で労役に従事したが、賃金を全く受け取ることができず、逃走して発覚し、約5日間殴打を受けたこともあった。原告X3、X4は各製鉄所が空襲で破壊され、日本が敗戦し、旧日本製鐵でこれ以上強制労働をさせることができなくなると、1945年8月頃から同年12月頃までにそれぞれ故郷に帰ってきた。

オ　旧日本製鐵は日本の会社経理応急措置法（1946年8月15日法律第7号）、企業再建整備法（1946年10月19日法律第40号）の制定・施行にともない、上記各法で定められた特別経理会社、特別経理株式会社に指定され、1950年4月1日に解散し、旧日本製鐵の資産出資で八幡製鐵株式会社、富士製鐵株式会社、日鐵汽船株式会社、播磨耐火煉瓦株式会社（上記4社を以下「第二会社」という）が設立された。八幡製鐵株式会社は1970年3月31日に日本製鐵株式会社に商号を変更し、1970年5月29日に富士製鐵株式会社を合併し、現在の被告となった。

　会社経理応急措置法は「特別経理会社に該当する場合、その会社は指定時（1946年8月11日午前零時を言う。第1条第1号）に新勘定と旧勘定を設け（第7条第1項）、財産目録上の動産、不動産、債権その他の財産は「会社の目的たる現に行ってゐる事業の継続及び戦後産業の回復振興に必要なもの」に限って指定時に新勘定に所属させ、その他は原則的に指定時に旧勘定に所属させ（第7条第2項）、指定時以後の原因に基いて生じた収入及び支出は新勘定の収入及び支出、指定時以前の原因に基いて生じた収入及び支出は旧勘定の収入及び支出として経理処理し（第11条第1、2項）、旧債権に対しては弁済などの消滅行為を禁止するが、例外的に弁済を認める場合にも旧勘定として弁済しなければならず、新勘定として弁済する場合は特別管理人の承認など一定の要件を備えた場合に一定の金額の限度においてのみ可能（第14条）」であると規定している。

　旧日本製鐵は会社経理応急措置法、企業再建整備法により1946年8月11日午前零時を基準にして新勘定と旧勘定に区分経理し、その後の企業活動は専ら新勘定で行い、事業の継続及び戦後産業の回復振興に必要な既存財産を新勘定に所属させた後、新勘定に所属する財産を第二会社に現物出資したり財産と営業を譲渡して1950年4月1日に第二会社を設立し、その他のその時までに発生した債務を中心にした旧勘定上の債務は旧日本製鐵の解散及び清算手続に委ねた。その結果、旧日本製鐵が保有してきた八幡、輪西、釜石、富士、広畑の各製鐵所資産のうち八幡製鉄所の資産と営業、役員及び従業員は第二会社である八幡製鐵株式会社、その余の4か所の製鉄所の資産と営業、役員及び従業員は他の第二会社である富士製鐵株式会社がそれぞれ承継した。

　カ　大韓民国政府と日本国政府は1951年末ころから国交正常化及び戦後補償問題を論議し、ついに1965年6月22日、「国交正常化のための大韓民国と日本国間の基本関係に関する条約」と、その付属協定の一つとして「大韓民国と日本国間の財産及び請求権に関する問題の解決と経済協力に関する協定」（以下「請求権協定」という）が締結されたが、請求権協定は第1条で日本国が大韓民国に10年間にわたって3億ドルを無償で提供し2億ドルの借款を行うこととすると定め

とともに第2条で次のように定めた。

1　両締約国は、両締約国及びその国民（法人を含む。）の財産、権利および利益並びに両締約国及びその国民の間の請求権に関する問題が1951年9月8日にサンフランシスコ市で署名された日本国との平和条約第4条(a)に規定されたものを含めて、完全かつ最終的に解決されたことになることを確認する。

3　2の規定に従うことを条件として、一方の締約国及びその国民の財産、権利および及び利益であってこの協定の署名の日に他方の締約国の管轄の下にあるものに対する措置並びに一方の締約国及びその国民の他方の締約国及びその国民に対するすべての請求権であって同日以前に生じた事由に基づくものに関しては、いかなる主張もすることができないものとする。

また、請求権協定に対する合意議事録(I)は、上記第2条に関して次のように定めている。

(a)「財産、権利および利益」とは、法律上の根拠に基づき財産的価値が認められるすべての種類の実体的権利をいうことが了解された。

(b) 同条3により執られる措置は、同条1にいう両国及びその国民の財産、権利および利益並びに両国及びその国民の間の請求権に関する問題の解決のために執られるべきそれぞれの国の国内措置ということに意見の一致をみた。

(c) 同条1にいう完全にかつ最終的に解決されたこととなる両国及びその国民の財産、権利および利益並びに両国及びその国民の間の請求権に関する問題には、韓日会談で韓国側から提出された「韓国の対日請求要綱」（いわゆる8項目）の範囲に属するすべての請求が含まれており、したがって同対日請求要綱に関しては、いかなる主張もなしえないこととなることを確認した。

そして、上記合意議事録に指摘されている対日請求8項目には、被徴用韓国人の未収金、補償金その他請求権の弁済請求、韓国人の日本国または日本人に対する請求が含まれていた。

請求権協定の締結にともない日本は1965年12月17日「財産及び請求権に関する問題の解決と経済協力に関する日本国と大韓民国間の協定第2条の実施にともなう大韓民国等の財産権に対する措置に関する法律」（法律第144号。以下「財産権措置法」という）を制定・施行したが、その内容は「大韓民国又はその国民の日本国またはその国民に対する債権または担保権で協定第2条の財産、利益に該当するものは1965年6月22日に消滅したものとする」というものである。

　キ　原告X1、X2は1997年12月24日、日本の大阪地方裁判所に被告と日本国に対して国際法違反及び不法行為等を理由とする損害賠償金と強制労働期間に支給されなかった賃金等の支給を求める訴訟を提起し、2001年3月27日に原告請求棄却判決を宣告され、大阪高等裁判所に控訴したが2002年11月19日に控訴棄却判決を宣告され、2003年10月9日、最高裁判所の上

告棄却及び上告不受理決定で上記判決が確定した（このような日本での訴訟を以下「日本訴訟」と言い、その判決を「日本判決」と言う）。一方、原告らは原告X1、X2の日本訴訟が終了した後の2005年2月28日、大韓民国の裁判所であるソウル中央地方法院に被告に対して国際法違反及び不法行為を理由とする損害賠償金の支払いを求めて本訴を提起したが、原告X1、X2は日本訴訟で主張した請求原因と同一の内容を本訴の請求原因とした。

ク　大韓民国政府は原告らが本訴を提起する直前に請求権協定に関する一部文書を公開した後、本訴が提起された後の2005年8月26日、「韓日会談文書公開後続対策関連民官共同委員会」（以下「民官共同委員会」という）を開催して、「請求権協定は日本の植民地支配の賠償を請求するための協商ではなく、サンフランシスコ条約第4条に基いて韓日両国間の財政的・民事的債権・債務関係を解決するためのものであり、日本軍慰安婦問題等日本政府と軍隊等日本の国家権力が関与した反人道的不法行為については請求権協定で解決したとみることはできず、日本政府の法的責任は残っており、サハリンの同胞問題と原爆被害者問題も請求権協定の対象に含まれなかった」という趣旨の公式意見を表明した。

2　国際裁判管轄の存否に関する判断

国際裁判管轄を決定するにあたっては、当事者間の公平、裁判の適正、迅速及び経済を期するという基本理念に従うべきであり、具体的には訴訟当事者らの公平、便宜そして予測可能性のような個人的な利益のみならず、裁判の適正、迅速、効率及び判決の実効性等のような裁判所ないし国家の利益も共に考慮しなければならないが、このような多様な利益中のいかなる利益を保護する必要があるかについては、個別事件において法廷地と当事者との実質的な関連性及び法廷地と紛争になった事案との実質的な関連性を客観的な基準にして合理的に判断しなければならない（大法院2005年1月27日宣告2002タ59788判決など参照）。

原審判決理由及び記録によれば、本件不法行為による損害賠償請求は、旧日本製鐵が日本国と共に原告らを強制労働に従事させる目的で欺罔や強制により動員し、こうして動員された原告らを強制労働に従事させた一連の行為が不法行為であり、被告は旧日本製鐵の原告らに対する法的責任をそのまま負担すると主張するものであるところ、大韓民国は日本国とともに上記のような一連の不法行為中の一部が行われた不法行為地である点、被害者である原告らが全て大韓民国に居住しており、事案の内容が大韓民国の歴史及び政治的変動状況などと密接な関係がある点等を認めることができる。

先にみた法理に上記の事情を照らして検討すると、大韓民国は本件当事者及び紛争になった事案と実質的な関連性があると言うことができ、従って大韓民国の裁判所は本件に対し国際裁判管轄権を有する。

3　原告X1、X2の上告理由に対する判断

民事訴訟法第217条第3号は外国裁判所の確定判決の効力を認定することが大韓民国の善良な風俗やその他の社会秩序に反してはならないということを外国判決承認要件のひとつとして規定しているが、ここで外国判決の効力を認定すること、すなわち外国判決を承認した結果が大韓民国の善良な風俗やその他の社会秩序に反するか否かは、その承認の可否を判断する時点で外国判決の承認が我が国の国内法秩序が保護しようとする基本的な道徳的信念と社会秩序に及ぼす影響を、外国判決が扱った事案と我が国の関連性の程度に照らして判断すべきであり、このとき当該外国判決の主文のみならず理由及び外国判決を承認する場合に発生する結果まで総合して検討しなければならない。

原審が適法に採択した証拠によれば、日本判決は原告X1、X2が主張する請求権発生当時の上記原告らを日本人とみなし、上記原告らが居住していた韓半島を日本領土の構成部分とみることによって上記原告らの請求に適用される準拠法を外国的な要素を考慮した国際私法的観点から決定せずに初めから日本法を適用したが、日本の韓国併合の経緯に関し、「朝鮮は1910年韓日合併条約が締結された後、日本国の統治下にあった」と前提し、上記原告らに対する徴用の経緯について「当時の日本国政府、朝鮮総督府等が戦時下の労務動員のための積極的な政策を遂行していたことが認められるとしても上記原告らは全て労働者募集当時の説明に応じその意思により応募したことにより大阪製鐵所で労働するにいたったものであり、彼らの意思に反して強制連行したものではない」として、「上記原告らが応募した1943年9月頃にはすでに『朝鮮人内地移住斡旋要綱』により事業主の補導員が地方行政機関、警察、そして朝鮮労務協会等の連携した協力を受けて短期間に目的の人員数を確保し、確保された朝鮮人労務者は事業主の補導員によって引率され日本の事業所に連行される『官斡旋方式』により徴用が実施されたが、これは日本国政府が厚生省と朝鮮総督府の統制下に朝鮮人労働力を重要企業に導入し生産機構に編入しようという計画下に進行したものであり、実質的な強制連行や強制徴用であった」という上記原告らの主張を受け入れなかった事実、また日本判決は旧日本製鐵が事前の説明と異なり上記原告らを大阪製鉄所で自由が制約された状態で違法に強制労働に従事させた点、実質的な雇用主として上記原告らに対し一部の賃金を支給せず、安全配慮義務を尽さなかった点など、上記原告ら

の請求原因に関する一部主張を認めたにもかかわらず、旧日本製鐵の上記原告らに対する債務は旧日本製鐵と別個の法人格を有している被告に承継されなかったと判断するにとどまらず、仮にそうでなくとも1965年韓日請求権協定と日本の財産権措置法により消滅したという理由で結局上記原告らの被告に対する請求を棄却した事実等を認めることができる。

このように日本判決の理由には日本の韓半島と韓国人に対する植民支配が合法であるという規範的認識を前提とし、日帝の国家総動員法と国民徴用令を上記原告らに適用することが有効であると評価した部分が含まれている。

しかし、大韓民国制憲憲法はその前文で「悠久の歴史と伝統に輝く我ら大韓国民は己未三一運動により大韓民国を建立し、世の中に宣布した偉大な独立精神を継承し、いま民主独立国家を再建するにおいて」と述べ、附則第100条では「現行法令はこの憲法に抵触しない限り効力を有する」と規定し、附則第101条は「この憲法を制定した国会は檀紀4278年8月15日以前の悪質な反民族行為を処罰する特別法を制定することができる」と規定した。また現行憲法もその前文で「悠久の歴史と伝統に輝くわが大韓国民は3・1運動により建立された大韓民国臨時政府の法統と不義に抗拒した4・19民主理念を継承し」と規定している。このような大韓民国憲法の規定に照らしてみるとき、日帝強占期の日本の韓半島支配は規範的観点から不法な強占に過ぎず、日本の不法な支配による法律関係のうち、大韓民国の憲法精神と両立しえないものはその効力が排斥されると解さなければならない。そうであれば、日本判決の理由は日帝強占期の強制動員自体を不法であると解している大韓民国憲法の核心的価値と正面から衝突するものであり、このような判決理由が含まれる日本判決をそのまま承認する結果はそれ自体として大韓民国の善良な風俗やその他の社会秩序に違反するものであることは明らかである。したがってわが国で日本判決を承認し、その効力を認定することはできない。

然るに原審はこれと異なり、日本判決の効力を大韓民国の裁判所が承認する結果が大韓民国の善良な風俗やその他の社会秩序に反するとはいえないから承認された日本判決の既判力により上記原告らの請求について日本判決と矛盾する判断をすることができないという理由で上記原告らの請求を直ちに棄却し、大韓民国裁判所の独自的な観点から上記原告らの請求を直接判断しなかった。このような原審判決には外国判決の承認に関する法理を誤解し判決結果に影響を及ぼした違法がある。この点を指摘する上記原告らのこの部分の上告理由の主張は理由がある。

4　原告X3、X4の上告理由に対する判断

ア　旧日本製鐵と被告の法的同一性の有無

原審は旧日本製鐵が日本国と共に組織的な欺罔により原告X3、X4を動員し強制労働に従事させる不法行為を行ったと判断しながら、旧日本製鐵と被告の法人格が同一である事や旧日本製鐵の上記原告らに対する債務を被告が承継した事を認めることはできないという理由で上記原告らの請求を棄却した。

　しかし、原審のこのような判断は次のような理由により、そのまま首肯することはできない。

　旧日本製鐵の解散及び分割に伴い法人格が消滅したか否か、第二会社及び被告が旧日本製鐵の債務を継承するか否かを判断する基準になる準拠法は、法廷地である大韓民国において外国的要素がある法律関係に適用される準拠法の決定に関する規範（以下、「抵触規範」という）によって決定されねばならないが、その法律関係が発生した時点は、旧渉外私法（1962年1月15日法律第996号として制定されたもの）が施行された1962年1月15日以前からそれ以後にわたっている。そのうち1962年1月15日以前に発生した法律関係に適用される大韓民国の抵触規範は1912年3月28日から日王の勅令第21号により我が国に依用されて来た後、軍政法令第21号を経て大韓民国制憲法付則第100条により「現行法令」として大韓民国の法秩序に編入された日本の「法例」（1898年6月21日法律第10号）である。上記「法例」は旧日本製鐵と第二会社及び被告の法的同一性の有無を判断する法人の属人法について明文の規定を置いてはいなかったが、法人の設立準拠地法や本拠地法によりこれを判断すると解釈されていたところ、旧日本製鐵と第二会社及び被告の設立準拠地と本拠地はすべて日本なので、旧日本製鐵の解散及び分割による法人格の消滅いかん、債務承継の有無を判断する準拠法はひとまず日本法となるであろうが、これに会社経理応急措置法と企業再建整備法が含まれるのは当然である。しかし一方で、上記「法例」第30条は「外国法による場合にその規定が公共の秩序または善良な風俗に反する時にはこれを適用しない」と規定していたので、大韓民国の抵触規範にしたがって準拠法に指定された日本法を適用した結果が大韓民国の公序良俗に違反する場合には日本法の適用を排除して法廷地である大韓民国の法律を適用しなければならない。また1962年1月15日以後に発生した法律関係に適用される旧渉外私法においてもこのような法理は同様である。

　本件で外国法である日本法を適用することになれば、上記原告らは旧日本製鐵に対する債権を被告に対して主張できなくなるが、上記1、オで見たように旧日本製鐵が被告に変更される過程で被告が旧日本製鐵の営業財産、役員、従業員を実質的に承継し、会社の人的、物的構成には基本的な変化がなかったにもかかわらず、戦後処理及び賠償債務解決のための日本国内の特別な目的の下に制定された技術的立法に過ぎない会社経理応急措置法と企業再建整備法等の日本の国内法を理由に旧日本製鐵の大韓民国国民に対する債務が免脱される結果になることは、大韓民国の公序良俗に照らして容認することはできない。

日本法の適用を排除して当時の大韓民国の法律を適用してみると、旧日本製鐵が上記1、オでみたように責任財産になる資産と営業、人力を第二会社に移転して同一の事業を継続した点等に照らして旧日本製鐵と被告はその実質において同一性をそのまま維持しているものと見るのが相当であり、法的には同一の会社と評価するに充分であり、日本国の法律が定めるところによって旧日本製鐵が解散し第二会社が設立された後、吸収合併の過程を経て被告に変更される等の手続きを経たからといって、これと異なる評価をすることはできない。

　したがって上記原告らは旧日本製鐵に対する請求権を被告に対しても行使できる。

　結局原審のこの部分の判断は抵触規範に於ける公序規定に関する法理を誤解し判決結果に影響を及ぼす違法を犯したものである。この点を指摘する上記原告らのこの部分の上告理由の主張は理由がある。

　イ　請求権協定による上記原告らの請求権の消滅の当否

　(1) 原審は上記の判断に付加して、上記原告らの国内法上の不法行為による損害賠償請求権は時効の完成によって全て消滅したとの趣旨の判示を行い、これに対し上記原告らは原審が消滅時効に関する法理を誤解したとの趣旨の上告理由を主張している。このような上告理由を判断するにおいてはその先決問題として請求権協定により上記原告らの請求権が消滅したか否かに対する判断をまず行わなければならない。

　(2) 請求権協定は日本の植民支配賠償を請求するためのものではなく、サンフランシスコ条約第4条に基づき韓日両国間の財政的・民事的債権債務関係を政治的合意により解決するためのものであり、請求権協定第1条により日本政府が大韓民国政府に支給した経済協力資金は第2条による権利問題の解決と法的対価関係があるとはみられない点、請求権協定の交渉過程で日本政府は植民支配の不法性を認めないまま、強制動員被害の法的賠償を根本的に否定し、このため韓日両国政府は日帝の韓半島支配の性格について合意に至ることができなかったが、このような状況で日本の国家権力が関与した反人道的不法行為や植民支配と直結した不法行為による損害賠償請求権が請求権協定の適用対象に含まれていたと解することは困難である点などに照らしてみると、上記原告らの損害賠償請求権については、請求権協定で個人請求権が消滅しなかったのはもちろん、大韓民国の外交的保護権も放棄しなかったと解するのが相当である。

　その上、国家が条約を締結して外交的保護権を放棄するにとどまらず、国家とは別個の法人格を有する国民個人の同意なく国民の個人請求権を直接的に消滅させることができると解するのは近代法の原理と相いれない点、国家が条約を通して国民の個人請求権を消滅させることが国際法上許容されるとしても国家と国民個人が別個の法的主体であることを考慮すれば条約に明確

な根拠がない限り条約締結で国家の外交的保護権以外に国民の個人請求権まで消滅したと解することはできないが、請求権協定では個人請求権の消滅に関して韓日両国政府の意思の合致があったと解するだけの充分な根拠がない点、日本が請求権協定直後日本国内で大韓民国国民の日本国及びその国民に対する権利を消滅させる内容の財産権措置法を制定・施行した措置は請求権協定だけでは大韓民国国民個人の請求権が消滅しないことを前提とするときに初めて理解できる点等を考慮すれば、上記原告らの請求権が請求権協定の適用対象に含まれていたとしても、その個人請求権自体は請求権協定のみによって当然に消滅したと解することはできず、ただ請求権協定によりその請求権に関する大韓民国の外交的保護権が放棄されたことにより、日本の国内措置で当該請求権が日本国内で消滅したとしても大韓民国がこれを外交的に保護する手段を喪失することになるだけである。

（3）したがって、上記原告らの被告に対する請求権は請求権協定により消滅しなかったものであり、上記原告らは被告に対してこのような請求権を行使することができる。

ウ　被告の消滅時効の完成の抗弁の可否
（1）準拠法
　原告らの請求権が発生した時点で適用される大韓民国の抵触規範に該当する上記「法例」によれば、不法行為に因る損害賠償請求権の成立と効力は不法行為の発生地の法律によることになるが（第11条）、本件の不法行為地は大韓民国と日本にわたっているので、不法行為による損害賠償請求権に関して判断する準拠法は大韓民国法若しくは日本法になるであろうが、既に共同原告X1、X2が日本法が適用された日本訴訟で敗訴した点に照らして、原告X3、X4は自己により有利な準拠法として大韓民国法を選択しようという意思を持っていると推認されるので、大韓民国の裁判所は大韓民国法を準拠法にして判断すべきである。さらに制定民法が施行された1960年1月1日以前に発生した事件が不法行為に該当するか否か、その損害賠償請求権が時効で消滅したか否かの判断に適用される大韓民国法は制定民法附則第2条本文に従い、「旧民法（依用民法）」ではなく「現行民法」である。

（2）消滅時効完成の抗弁の成否
　消滅時効は客観的に権利が発生してその権利を行使できる時から進行しその権利を行使できない間は進行しないが、ここで「権利を行使できない」場合というのは、その権利行使に法律上の障害事由、例えば期間の未到来や条件不成就等がある場合をいうのであり、事実上権利の存在や権利行使の可能性を知ることができず、知ることができなかったことに過失がないとしても、このような事由は法律上の障害事由に該当しない（大法院2006年4月27日宣告、2006タ1381判

決等参照)。

　一方、債務者の消滅時効による抗弁権の行使も民法の大原則である信義誠実の原則と権利濫用禁止の原則の支配を受けるものであり、債務者が時効完成前に債権者の権利行使や時効中断を不可能または著しく困難にさせたり、そのような措置が不必要だと信じさせるような行動をしたり、客観的に債権者が権利を行使することができない障害事由があったり、またはいったん時効が完成した後に債務者が時効を援用しないような態度をとり権利者をしてそのように信頼させたり、債権者保護の必要性が大きく、同じ条件の他の債権者が債務の弁済を受領するなどの事情があり債務履行の拒絶を認めるのが著しく不当であるとか不公平である等の特別な事情がある場合には、債務者が消滅時効の完成を主張することは信義誠実の原則に反し権利濫用として許容されない(大法院2011年6月30日宣告、2009다72599決定等参照)。

　原審判決の理由と原審が適法に採択した証拠によれば、旧日本製鐵の不法行為の後1965年6月22日に韓日間の国交が樹立されるまでは日本国と大韓民国間の国交が断絶しており、したがって、原告らが被告に対して大韓民国で判決を受けたとしてもこれを執行することができなかった事実、1965年韓日間の国交が正常化したが、韓日請求権協定関連文書がすべて公開されない状況の中で、請求権協定第2条及びその合意議事録の規定と関連し請求権協定により大韓民国国民の日本国または日本国民に対する個人請求権が包括的に解決されたものであるという見解が大韓民国内で一般的に受け入れられてきた事実、日本で請求権協定の後続措置として財産権措置法を制定し原告らの請求権を日本の国内的に消滅させる措置をとり、共同原告である原告X1、X2らが提起した日本訴訟で請求権協定と財産権措置法が原告らの請求を棄却する付加的な根拠として明示されたという事実、一方で原告らの個人請求権、その中でも特に日本の国家権力が関与した反人道的不法行為や植民支配と直結した不法行為による損害賠償請求権は請求権協定で消滅しなかったという見解が、原告X1、X2ら強制動員被害者らが日本で訴訟を提起した1990年代後半以後になって徐々に浮き彫りになり、ついに2005年1月に韓国で韓日請求権協定関連文書が公開された後、2005年8月26日に日本の国家権力が関与した反人道的不法行為や植民支配と直結した不法行為による損害賠償請求権は請求権協定により解決されたものと解することはできないという民官共同委員会の公式見解が示された事実等を認めることができる。

　これに、前記のように旧日本製鐵と被告の同一性の有無についても疑問を持たざるを得なくするような日本での法的措置があった点も勘案すると、少なくとも原告らが本訴を提起する時点である2000年5月1日までは原告らが大韓民国で客観的に権利を事実上行使できない障害事由があったとみるのが相当である。

　このような点を前記の法理に照らしてみると、旧日本製鐵と実質的に同一の法的地位にある被

告が消滅時効の完成を主張し原告らに対する不法行為による損害賠償債務または賃金支給債務の履行を拒絶することは著しく不当であり、信義誠実の原則に反する権利濫用であって、許容することができない。

然るに原審がその判示のような事情のみによって被告が消滅時効の完成を主張することが信義則違反による権利濫用に該当しないと判断したのは、消滅時効主張の信義則による制限の法理を誤解して判決結果に影響を及ぼす違法をおかしたものである。この点を指摘する上記原告らのこの部分の上告理由の主張にもまた理由がある。

5 結論

したがって、原審判決を破棄し（原告らは各国際法違反と国内法違反を本件損害賠償請求の原因として主張したところ、原審はこれを別個の訴訟物と解するがごとき判示をしたが、これは別個の訴訟物というより不法行為による損害賠償請求における攻撃方法を異にしたものに過ぎないと解するのが相当であるので、原審判決全部を破棄する）、事件を再度審理・判断するために原審裁判所に差し戻すことにして、関与大法官の一致した意見により主文のとおり判決する。

資料3
西松建設強制労働事件上告審判決〔最高裁判所2007年4月27日判決〕

損害賠償請求事件
最高裁判所第二小法廷平成16年（受）第1658号
平成19年4月27日判決

主文

原判決を破棄する。
被上告人らの控訴をいずれも棄却する。
控訴費用及び上告費用は被上告人らの負担とする。

理由

第1　事案の概要（略）

第2　上告代理人樋口俊二、同高野康彦、同五百田俊治の上告受理申立て理由第4について

1　論旨は、原審の上記第1の4（4）の判断の法令違反をいうものであるところ、同判断のうち、日中共同声明による請求権放棄の抗弁を認めなかった部分は是認することができない。その理由は、以下のとおりである。

2　戦後処理の基本原則としての請求権放棄について
（1）第二次世界大戦後における日本国の戦後処理の骨格を定めることとなったサンフランシスコ平和条約は、いわゆる戦争賠償（講和に際し戦敗国が戦勝国に対して提供する金銭その他の給付をいう。）に係る日本国の連合国に対する賠償義務を肯認し、実質的に戦争賠償の一部に充当する趣旨で、連合国の管轄下にある在外資産の処分を連合国にゆだねる（14条（a）2）などの処理を定める一方、日本国の資源は完全な戦争賠償を行うのに充分でないことも承認されるとして（14条（a）柱書き）、その負担能力への配慮を示し、役務賠償を含めて戦争賠償の具体的な取決めについては、日本国と各連合国との間の個別の交渉にゆだねることとした（14条（a）1）。

そして、このような戦争賠償の処理の前提となったのが、いわゆる「請求権の処理」である。ここでいう「請求権の処理」とは、戦争の遂行中に生じた交戦国相互間又はその国民相互間の請求権であって戦争賠償とは別個に交渉主題となる可能性のあるものの処理をいうが、これについては、個人の請求権を含め、戦争の遂行中に生じた相手国及びその国民（法人も含むものと解される。）に対するすべての請求権は相互に放棄するものとされた（14条（b）、19条（a））。

（2）このように、サンフランシスコ平和条約は、個人の請求権を含め、戦争の遂行中に生じたすべての請求権を相互に放棄することを前提として、日本国は連合国に対する戦争賠償の義務を認めて連合国の管轄下にある在外資産の処分を連合国にゆだね、役務賠償を含めて具体的な戦争賠償の取決めは各連合国との間で個別に行うという日本国の戦後処理の枠組みを定めるものであった。この枠組みは、連合国48か国との間で締結されこれによって日本国が独立を回復したというサンフランシスコ平和条約の重要性にかんがみ、日本国がサンフランシスコ平和条約の当事国以外の国や地域との間で平和条約等を締結して戦後処理をするに当たっても、その枠組みとなるべきものであった（以下、この枠組みを「サンフランシスコ平和条約の枠組み」という。）。サンフランシスコ平和条約の枠組みは、日本国と連合国48か国との間の戦争状態を最終的に終了させ、将来に向けて揺るぎない友好関係を築くという平和条約の目的を達成するために定められたものであり、この枠組みが定められたのは、平和条約を締結しておきながら戦争の遂行中に生じた種々の請求権に関する問題を、事後的個別的な民事裁判上の権利行使をもって解決するという処理にゆだねたならば、将来、どちらの国家又は国民に対しても、平和条約締結時には予測困難な過大な負担を負わせ、混乱を生じさせることとなるおそれがあり、平和条約の目的達成の妨げとなるとの考えによるものと解される。

（3）そして、サンフランシスコ平和条約の枠組みにおける請求権放棄の趣旨が、上記のように請求権の問題を事後的個別的な民事裁判上の権利行使による解決にゆだねるのを避けるという点にあることにかんがみると、ここでいう請求権の「放棄」とは、請求権を実体的に消滅させることまでを意味するものではなく、当該請求権に基づいて裁判上訴求する権能を失わせるにとどまるものと解するのが相当である。したがって、サンフランシスコ平和条約の枠組みによって、戦争の遂行中に生じたすべての請求権の放棄が行われても、個別具体的な請求権について、その内容等にかんがみ、債務者側において任意の自発的な対応をすることは妨げられないものというべきであり、サンフランシスコ平和条約14条（b）の解釈をめぐって、吉田茂内閣総理大臣が、オランダ王国代表スティッカー外務大臣に対する書簡において、上記のような自発的な対応の可能性を表明していることは公知の事実である。

被上告人らは、国家がその有する外交保護権を放棄するのであれば格別、国民の固有の権利

である私権を国家間の合意によって制限することはできない旨主張するが、国家は、戦争の終結に伴う講和条約の締結に際し、対人主権に基づき、個人の請求権を含む請求権の処理を行い得るのであって、上記主張は採用し得ない。

（4）サンフランシスコ平和条約の締結後、日本国政府と同条約の当事国政府との間では、同条約に従って、役務賠償を含む戦争賠償の在り方について交渉が行われ、その結果、二国間賠償協定が締結され（フィリピン共和国等）、あるいは、賠償請求権が放棄された（ラオス人民民主共和国等）が、そこでは、当然ながら、個人の請求権を含めた請求権の相互の放棄が前提とされた。日本国政府は、サンフランシスコ平和条約の当事国とならなかった諸国又は地域についても、個別に二国間平和条約又は賠償協定を締結するなどして、戦争賠償及び請求権の処理を進めていったが、これらの条約等においても、請求権の処理に関し、個人の請求権を含め、戦争の遂行中に生じたすべての請求権を相互に放棄する旨が明示的に定められている（「日本国とインドとの間の平和条約」6条、「日本国とビルマ連邦との間の平和条約」5条、「特別円問題の解決に関する日本国とタイとの間の協定」3条、「オランダ国民のある種の私的請求権に関する問題の解決に関する日本国政府とオランダ王国政府との間の議定書」3条、「日本国とソヴィエト社会主義共和国連邦との共同宣言」6項、「日本国とポーランド人民共和国との間の国交回復に関する協定」4条、「日本国とインドネシア共和国との間の平和条約」4条、「日本国とシンガポール共和国との間の1967年9月21日の協定」2条、「太平洋諸島信託統治地域に関する日本国とアメリカ合衆国との間の協定」3条等）。なお、「日本国とマレイシアとの間の1967年9月21日の協定」2条は、「マレイシア政府は、両国間に存在する良好な関係に影響を及ぼす第二次世界大戦の間の不幸な事件から生ずるすべての問題がここに完全かつ最終的に解決されたことに同意する。」というやや抽象的な表現となっており、表現としては唯一の例外といえるが、同協定がサンフランシスコ平和条約やそれ以後の前記二国間平和条約における請求権の処理と異なった請求権の処理を定めたものと解することはできず、この条項も、個人の請求権を含めて戦争の遂行中に生じたすべての請求権を相互に放棄するサンフランシスコ平和条約の枠組みに従う趣旨のものと解される。

3　日華平和条約による請求権放棄について

（1）中国との関係での戦後処理に係る条約としては、上記のとおり、中華民国政府との間で締結された日華平和条約が存在する。同条約11条は、「日本国と中華民国との間に戦争状態の存在の結果として生じた問題」はサンフランシスコ平和条約の相当規定に従うものと規定するところ、その中には、個人の請求権を含む請求権の処理の問題も当然含まれていると解されるから、これによれば、日中戦争の遂行中に生じた中国及び中国国民のすべての請求権は、サンフランシスコ

平和条約14条(b)の規定に準じて、放棄されたと解すべきこととなる。また、前記のとおり、議定書1(b)には、「日本国民に対する寛厚と善意の表徴」として、役務賠償も放棄する旨定められている。

（2）ところで、日華平和条約が締結された1952年（昭和27年）当時、中華民国政府は中国大陸を追われ台湾及びその周辺の諸島を支配するにとどまっていたことから、同政府が、日中戦争の講和に係る平和条約を締結する権限を有していたかどうか、疑問の余地もないではない。しかし、当時、中国の政府承認をめぐっては、中華民国政府を承認するアメリカ合衆国を始めとする諸国と中華人民共和国政府を承認するイギリスを始めとする諸国に二分されていたとはいえ、数の上では前者が後者を上回っており、また、国際連合における中国の代表権を有していたのも中華民国政府であったことは公知の事実であって、このような状況下で、日本国政府において中華民国政府を中国の正統政府として承認したのであり、そうすると、中華民国政府が日中戦争の講和に係る平和条約を締結すること自体に妨げはなかったというべきである。

（3）もっとも、前記のとおり、日華平和条約が締結された当時、中華民国政府は台湾及びその周辺の諸島を支配するにとどまっており、附属交換公文には、これを前提として、「この条約の条項が、中華民国に関しては、中華民国政府の支配下に現にあり、又は今後入るすべての領域に適用がある」旨の記載がある。この記載によると、戦争賠償及び請求権の処理に関する条項は、中華人民共和国政府が支配していた中国大陸については、将来の適用の可能性が示されたにすぎないとの解釈も十分に成り立つものというべきである。

したがって、戦争賠償及び個人の請求権を含む請求権の放棄を定める日華平和条約11条及び議定書1(b)の条項については、同条約の締結後中華民国政府の支配下に入ることがなかった中国大陸に適用されるものと断定することはできず、中国大陸に居住する中国国民に対して当然にその効力が及ぶものとすることもできない。そして、被上告人らは、中国大陸に居住する中国国民であることが明らかであるから、同人らに対して当然に同条約による請求権放棄の効力が及ぶとすることはできない。

4　日中共同声明5項による請求権放棄について

（1）日中共同声明5項は、「中華人民共和国政府は、中日両国国民の友好のために、日本国に対する戦争賠償の請求を放棄することを宣言する。」と述べるものであり、その文言を見る限りにおいては、放棄の対象となる「請求」の主体が明示されておらず、国家間のいわゆる戦争賠償のほかに請求権の処理を含む趣旨かどうか、また、請求権の処理を含むとしても、中華人民共和国の国民が個人として有する請求権の放棄を含む趣旨かどうかが、必ずしも明らかとはいえない。

（2）しかしながら、公表されている日中国交正常化交渉の公式記録や関係者の回顧録等に基づく考証を経て今日では公知の事実となっている交渉経緯等を踏まえて考えた場合、以下のとおり、日中共同声明は、平和条約の実質を有するものと解すべきであり、日中共同声明において、戦争賠償及び請求権の処理について、サンフランシスコ平和条約の枠組みと異なる取決めがされたものと解することはできないというべきである。

ア　中華人民共和国政府は、日中国交正常化交渉に当たり、「復交三原則」に基づく処理を主張した。この復交三原則とは、①中華人民共和国政府が中国を代表する唯一の合法政府であること、②台湾は中華人民共和国の領土の不可分の一部であること、③日華平和条約は不法、無効であり、廃棄されなければならないことをいうものである。中華人民共和国政府としては、このような考え方に立脚した場合、日中戦争の講和はいまだ成立していないことになるため、日中共同声明には平和条約としての意味を持たせる必要があり、戦争の終結宣言や戦争賠償及び請求権の処理が不可欠であった。

これに対し、日本国政府は、中華民国政府を中国の正統政府として承認して日華平和条約を締結したという経緯から、同条約を将来に向かって終了させることはともかく、日中戦争の終結、戦争賠償及び請求権の処理といった事項に関しては、形式的には日華平和条約によって解決済みという前提に立たざるを得なかった（日華平和条約による戦争賠償及び請求権の処理の条項が中国大陸に適用されると断定することができないことは上記のとおりであるが、当時日本国政府はそのような見解を採用していなかった。）。

イ　日中国交正常化交渉において、中華人民共和国政府と日本国政府は、いずれも以上のような異なる前提で交渉に臨まざるを得ない立場にあることを十分認識しつつ、結果として、いずれの立場からも矛盾なく日中戦争の戦後処理が行われることを意図して、共同声明の表現が模索され、その結果、日中共同声明前文において、日本国側が中華人民共和国政府の提起した復交三原則を「十分理解する立場」に立つ旨が述べられた。そして、日中共同声明1項の「日本国と中華人民共和国との間のこれまでの不正常な状態は、この共同声明が発出される日に終了する。」という表現は、中国側からすれば日中戦争の終了宣言と解釈できるものであり、他方、日本国側からは、中華人民共和国政府と国交がなかった状態がこれにより解消されたという意味に解釈し得るものとして採用されたものであった。

ウ　以上のような日中国交正常化交渉の経緯に照らすと、中華人民共和国政府は、日中共同声明5項を、戦争賠償のみならず請求権の処理も含めてすべての戦後処理を行った創設的な規定ととらえていることは明らかであり、また、日本国政府としても、戦争賠償及び請求権の処理は日華平和条約によって解決済みであるとの考えは維持しつつも、中華人民共和国政府との間でも

実質的に同条約と同じ帰結となる処理がされたことを確認する意味を持つものとの理解に立って、その表現について合意したものと解される。以上のような経緯を経て発出された日中共同声明は、中華人民共和国政府はもちろん、日本国政府にとっても平和条約の実質を有するものにほかならないというべきである。

そして、前記のとおり、サンフランシスコ平和条約の枠組みは平和条約の目的を達成するために重要な意義を有していたのであり、サンフランシスコ平和条約の枠組みを外れて、請求権の処理を未定のままにして戦争賠償のみを決着させ、あるいは請求権放棄の対象から個人の請求権を除外した場合、平和条約の目的達成の妨げとなるおそれがあることが明らかであるが、日中共同声明の発出に当たり、あえてそのような処理をせざるを得なかったような事情は何らうかがわれず、日中国交正常化交渉において、そのような観点からの問題提起がされたり、交渉が行われた形跡もない。したがって、日中共同声明5項の文言上、「請求」の主体として個人を明示していないからといって、サンフランシスコ平和条約の枠組みと異なる処理が行われたものと解することはできない。

エ 以上によれば、日中共同声明は、サンフランシスコ平和条約の枠組みと異なる趣旨のものではなく、請求権の処理については、個人の請求権を含め、戦争の遂行中に生じたすべての請求権を相互に放棄することを明らかにしたものというべきである。

(3) 上記のような日中共同声明5項の解釈を前提に、その法規範性及び法的効力について検討する。

まず、日中共同声明は、我が国において条約としての取扱いはされておらず、国会の批准も経ていないものであることから、その国際法上の法規範性が問題となり得る。しかし、中華人民共和国が、これを創設的な国際法規範として認識していたことは明らかであり、少なくとも同国側の一方的な宣言としての法規範性を肯定し得るものである。さらに、国際法上条約としての性格を有することが明らかな日中平和友好条約において、日中共同声明に示された諸原則を厳格に遵守する旨が確認されたことにより、日中共同声明5項の内容が日本国においても条約としての法規範性を獲得したというべきであり、いずれにせよ、その国際法上の法規範性が認められることは明らかである。

そして、前記のとおり、サンフランシスコ平和条約の枠組みにおいては、請求権の放棄とは、請求権に基づいて裁判上訴求する権能を失わせることを意味するのであるから、その内容を具体化するための国内法上の措置は必要とせず、日中共同声明5項が定める請求権の放棄も、同様に国内法的な効力が認められるというべきである。

(4) 以上のとおりであるから、日中戦争の遂行中に生じた中華人民共和国の国民の日本国又は

その国民若しくは法人に対する請求権は、日中共同声明5項によって、裁判上訴求する権能を失ったというべきであり、そのような請求権に基づく裁判上の請求に対し、同項に基づく請求権放棄の抗弁が主張されたときは、当該請求は棄却を免れないこととなる。

5 まとめ

本訴請求は、日中戦争の遂行中に生じた中国人労働者の強制連行及び強制労働に係る安全配慮義務違反等を理由とする損害賠償請求であり、前記事実関係にかんがみて本件被害者らの被った精神的・肉体的な苦痛は極めて大きなものであったと認められるが、日中共同声明5項に基づく請求権放棄の対象となるといわざるを得ず、自発的な対応の余地があるとしても、裁判上訴求することは認められないというべきである。したがって、請求権放棄をいう上告人の抗弁は理由があり、以上と異なる原審の判断には判決に影響を及ぼすことが明らかな法令の違反がある。論旨は理由があり、原判決は破棄を免れない。そして、以上説示したところによれば、その余の点について判断するまでもなく、被上告人らの請求は理由がないというべきであり、これを棄却した第1審判決は結論において正当であるから、被上告人らの控訴をいずれも棄却すべきである。

なお、前記2(3)のように、サンフランシスコ平和条約の枠組みにおいても、個別具体的な請求権について債務者側において任意の自発的な対応をすることは妨げられないところ、本件被害者らの被った精神的・肉体的苦痛が極めて大きかった一方、上告人は前述したような勤務条件で中国人労働者らを強制労働に従事させて相応の利益を受け、更に前記の補償金を取得しているなどの諸般の事情にかんがみると、上告人を含む関係者において、本件被害者らの被害の救済に向けた努力をすることが期待されるところである。

よって、裁判官全員一致の意見で、主文のとおり判決する。

裁判長裁判官　中川了滋
　　裁判官　今井　功
　　裁判官　古田佑紀

資料4
元徴用工の韓国大法院判決に対する弁護士有志声明〔2018年11月5日〕

　韓国大法院（最高裁判所）は、本年10月30日、元徴用工4人が新日鉄住金株式会社（以下「新日鉄住金」という。）を相手に損害賠償を求めた裁判で、元徴用工の請求を容認した差し戻し審に対する新日鉄住金の上告を棄却した。これにより、元徴用工の一人あたり1億ウォン（約1千万円）を支払うよう命じた判決が確定した。

　本判決は、元徴用工の損害賠償請求権は、日本政府の朝鮮半島に対する不法な植民地支配及び侵略戦争の遂行と直結した日本企業の反人道的な不法行為を前提とする強制動員被害者の日本企業に対する慰謝料請求権であるとした。その上で、このような請求権は、1965年に締結された「日本国と大韓民国との間の財産及び請求権に関する問題の解決と経済協力に関する協定」（以下「日韓請求権協定」という。）の対象外であるとして、韓国政府の外交保護権と元徴用工個人の損害賠償請求権のいずれも消滅していないと判示した。

　本判決に対し、安倍首相は、本年10月30日の衆議院本会議において、元徴用工の個人賠償請求権は日韓請求権協定により「完全かつ最終的に解決している」とした上で、本判決は「国際法に照らしてあり得ない判断」であり、「毅然として対応していく」と答弁した。

　しかし、安倍首相の答弁は、下記のとおり、日韓請求権協定と国際法への正確な理解を欠いたものであるし、「毅然として対応」するだけでは元徴用工問題の真の解決を実現することはできない。

　私たちは、次のとおり、元徴用工問題の本質と日韓請求権協定の正確な理解を明らかにし、元徴用工問題の真の解決に向けた道筋を提案するものである。

1 元徴用工問題の本質は人権問題である

　本訴訟の原告である元徴用工は、賃金が支払われずに、感電死する危険があるなかで溶鉱炉にコークスを投入するなどの過酷で危険な労働を強いられていた。提供される食事もわずかで粗末なものであり、外出も許されず、逃亡を企てたとして体罰を加えられるなど極めて劣悪な環境に置かれていた。これは強制労働（ILO第29号条約）や奴隷制（1926年奴隷条約参照）に当たるものであり、重大な人権侵害であった。

　本件は、重大な人権侵害を受けた被害者が救済を求めて提訴した事案であり、社会的にも解決が求められている問題である。したがって、この問題の真の解決のためには、被害者が納得し、社会的にも容認される解決内容であることが必要である。被害者や社会が受け入れることができない国家間合意は、いかなるものであれ真の解決とはなり得ない。

2 日韓請求権協定により個人請求権は消滅していない

　元徴用工に過酷で危険な労働を強い、劣悪な環境に置いたのは新日鉄住金(旧日本製鐵)であるから、新日鉄住金には賠償責任が発生する。

　また、本件は、1910年の日韓併合後朝鮮半島を日本の植民地とし、その下で戦時体制下における労働力確保のため、1942年に日本政府が制定した「朝鮮人内地移入斡旋要綱」による官斡旋方式による斡旋や、1944年に日本政府が植民地朝鮮に全面的に発動した「国民徴用令」による徴用が実施される中で起きたものであるから、日本国の損害責任も問題となり得る。

　本件では新日鉄住金のみを相手としていることから、元徴用工個人の新日鉄住金に対する賠償請求権が、日韓請求権協定2条1項の「完全かつ最終的に解決された」という条項により消滅したのかが重要な争点となった。

　この問題について、韓国大法院は、元徴用工の慰謝料請求権は日韓請求権協定の対象に含まれていないとして、その権利に関しては、韓国政府の外交保護権も被害者個人の賠償請求権もいずれも消滅していないと判示した。

　他方、日本の最高裁判所は、日本と中国との間の賠償関係等について、外交保護権は放棄されたが、被害者個人の賠償請求権については、「請求権を実体的に消滅させることまでを意味するものではなく、当該請求権に基づいて訴求する権能を失わせるにとどまる」と判示している(最高裁判所2007年4月27日判決)。この理は日韓請求権協定の「完全かつ最終的に解決」という文言についてもあてはまるとするのが最高裁判所及び日本政府の解釈である。

　この解釈によれば、実体的な個人の賠償請求権は消滅していないのであるから、新日鉄住金が任意かつ自発的に賠償金を支払うことは法的に可能であり、その際に、日韓請求権協定は法的障害にならない。

　安倍首相は、個人賠償請求権について日韓請求権協定により「完全かつ最終的に解決した」と述べたが、それが被害者個人の賠償請求権も完全に消滅したという意味であれば、日本の最高裁判所の判決への理解を欠いた説明であり誤っている。他方、日本の最高裁判所が示した内容と同じであるならば、被害者個人の賠償請求権は実体的には消滅しておらず、その扱いは解決されていないのであるから、全ての請求権が消滅したかのように「完全かつ最終的に解決」とのみ説明するのは、ミスリーディング(誤導的)である。

　そもそも日本政府は、従来から日韓請求権協定により放棄されたのは外交保護権であり、個人の賠償請求権は消滅していないとの見解を表明しているが、安倍首相の上記答弁は、日本政府自らの見解とも整合するのか疑問であると言わざるを得ない。

3　被害者個人の救済を重視する国際人権法の進展に沿った判決である

　本件のような重大な人権侵害に起因する被害者個人の損害賠償請求権について、国家間の合意により被害者の同意なく一方的に消滅させることはできないという考え方を示した例は国際的に他にもある（例えば、イタリアのチビテッラ村におけるナチス・ドイツの住民虐殺事件に関するイタリア最高裁判所（破棄院）など）。このように、重大な人権侵害に起因する個人の損害賠償請求権を国家が一方的に消滅させることはできないという考え方は、国際的には特異なものではなく、個人の人権侵害に対する効果的な救済を図ろうとしている国際人権法の進展に沿うものといえるのであり（世界人権宣言8条参照）、「国際法に照らしてあり得ない判断」であるということもできない。

4　日韓両国が相互に非難しあうのではなく、本判決を機に根本的な解決を行うべきである

　本件の問題の本質が人権侵害である以上、なによりも被害者個人の人権が救済されなければならない。それはすなわち、本件においては、新日鉄住金が本件判決を受け入れるとともに、自発的に人権侵害の事実と責任を認め、その証として謝罪と賠償を含めて被害者及び社会が受け入れることができるような行動をとることである。

　例えば中国人強制連行事件である花岡事件、西松事件、三菱マテリアル事件など、訴訟を契機に、日本企業が事実と責任を認めて謝罪し、その証として企業が資金を拠出して基金を設立し、被害者全体の救済を図ることで問題を解決した例がある。そこでは、被害者個人への金員の支払いのみならず、受難の碑ないしは慰霊碑を建立し、毎年中国人被害者等を招いて慰霊祭等を催すなどの取り組みを行ってきた。

　新日鉄住金もまた、元徴用工の被害者全体の解決に向けて踏み出すべきである。それは、企業としても国際的信頼を勝ち得て、長期的に企業価値を高めることにもつながる。韓国において訴訟の被告とされている日本企業においても、本判決を機に、真の解決に向けた取り組みを始めるべきであり、経済界全体としてもその取り組みを支援することが期待される。

　日本政府は、新日鉄住金をはじめとする企業の任意かつ自発的な解決に向けての取り組みに対して、日韓請求権協定を持ち出してそれを抑制するのではなく、むしろ自らの責任をも自覚したうえで、真の解決に向けた取り組みを支援すべきである。

　私たちは、新日鉄住金及び日韓両政府に対して、改めて本件問題の本質が人権問題であることを確認し、根本的な解決に向けて取り組むよう求めるとともに、解決のために最大限の努力を尽

くす私たち自身の決意を表明する。

2018年11月5日

(呼びかけ人・弁護士)

青木有加　足立修一　殷勇基　内河恵一　大森典子　岩月浩二　川上詩朗　金昌浩　在間秀和　張界満　山本晴太　崔信義

(賛同人・弁護士)

愛須勝也　青木佳史　赤石あゆ子　秋田智佳子　秋田一恵　味岡申宰　足立定夫　渥美玲子　有村とく子　安藤ヨイ子　伊賀興一　五十嵐二葉　池田賢太　李尚昭　石川元也　石田明義　泉澤章　泉武臣　一瀬敬一郎　井戸謙一　伊藤真　伊藤みさ子　稲村晴夫　猪野亨　井上洋子　井上明彦　井上正信　井上啓　井下顕　李博盛　今橋直　岩井羊一　岩佐英夫　植竹和弘　上野格　上本忠雄　魚住昭三　宇賀神直　内田雅敏　宇部雄介　尾家康介　大江京子　大口昭彦　大久保賢一　大塚喜封　大橋昭夫　大山弘通　大脇雅子　岡田克彦　緒方蘭　岡本浩明　小川隆太郎　奥村秀二　奥山泰行　小田幸児　鬼束忠則　小貫陽介　小野順子　海渡雄一　梶原利之　加藤裕　金井塚康弘　金子修　兼松洋子　冠木克彦　亀井千恵子　狩野節子　河合良房　川田繁幸　北澤貞男　北村栄　金順雅　金星玉　金星姫　金喜明　金奉植　金銘愛　金敏寛　金竜介　木村庸五　清田美喜　具良鈺　工藤勇行　工藤和雄　国宗直子　久野由詠　粂原周征　桑原育朗　小出重義　小竹広子　小谷成美　後藤景子　後藤富和　小橋るり　小林保夫　小牧英夫　近藤正道　齋藤耕　斎藤匠　斉藤豊　坂本博之　坂和優　佐久間敬子　迫田登紀子　佐々木正博　定岡由紀子　佐藤博文　佐藤真理　佐藤むつみ　佐藤由紀子　澤藤統一郎　塩沢忠和　塩見卓也　重村達郎　志田なや子　七堂眞紀　幣原廣　清水善朗　下山順　城台哲　白川秀之　眞珠浩行　神保大地　杉島幸生　菅野園子　菅野昭夫　鈴木宏一　鈴木達夫　鈴木雅子　青龍美和子　空野佳弘　宋昌錫　宋惠燕　平和元　髙貝亮　髙木太郎　髙木喜孝　髙崎暢　髙橋済　髙見澤昭治　武内更一　竹下政行　武田信裕　武村二三夫　立松彰　田中健太郎　田中貴文　谷次郎　田巻紘子　樽井直樹　全東周　塚田聡子　辻田航　角田由紀子　津留雅昭　寺沢勝子　寺西環江　徳岡宏一朗　年森俊宏　冨田真平　内藤雅義　中井雅人　中川匡亮　中川瑞代　中北龍太郎　中島光孝　中田政義　中谷雄二　長野真一郎　仲松大樹　仲松正人　中道武美　中村和雄　中村博則　中村洋二郎　鳴尾節夫　成見幸子　名和田茂生　新倉修　新山直行　西剛謙　西

田隆二　西村正治　丹羽雅雄　野上恭道　野田葉子　野村侃靭　則武透　萩原繁之　朴憲浩　羽柴駿　長谷川一裕　長谷川直彦　端野真　林治　林翔太　林純子　林範夫　林真由美　葉山岳夫　原田學植　韓検治　韓雅之　玄政和　平方かおる　平澤千鶴子　平田かおり　福山洋子　藤井裕　藤井なつみ　藤浦龍治　藤沢抱一　船尾徹　古川健三　古田典子　裵明玉　星野圭　穂積剛　牧野幸子　松岡肇　松田幸子　松田生朗　松本篤周　松本康之　馬奈木昭雄　丸山健　水野幹男　南典男　宮坂浩　宮里邦雄　宮沢孝児　宮下萌　宮田陸奥男　宮本平一　向山知　村角明彦　村松昭夫　村山晃　毛利正道　森川文人　森田太三　森山文昭　師岡康子　矢﨑暁子　安原邦博　養父知美　山内益恵　山口廣　山崎吉男　山下潔　山田延廣　山田博　山本志都　山森良一　梁文洙　梁英子　幸長裕美　横田雄一　吉川健司　吉田恵美子　芳永克彦　吉村功志　依田有樹恵　米倉勉　米倉洋子　米山秀之　渡辺和恵　渡部照子

（賛同人・学者研究者）
愛敬浩二　庵逧由香　上脇博之　右崎正博　内海愛子　浦田賢治　太田修　岡崎勝彦　北川善英　金富子　申惠丰　田中宏　田村和之　ペヨンミ　丸山重威　森英樹　安川寿之輔　吉澤文寿

（2019年1月19日現在、弁護士280名、学者18名、合計298名）

資料5
日本弁護士連合会と大韓弁護士協会の共同宣言〔2010年12月11日〕

　日本弁護士連合会（日弁連）と大韓弁護士協会（大韓弁協）は、2010年6月21日にソウルで開催された共同シンポジウムにおいて、日本国による植民地支配下での韓国民に対する人権侵害、特にアジア太平洋戦争時の人権侵害による被害が、日韓両国政府によって十分に回復されないまま放置されていることに対し、両弁護士会が協働してその被害回復に取り組むことの重要性を確認した。

　日弁連と大韓弁協は、現実的課題として、先ず日本軍「慰安婦」問題に対する立法化とその実現に向けた取組が必要であるとの認識を共有化するとともに、1965年日韓請求権協定において未解決とされている強制動員による被害を含む諸課題について、法的問題と解決策を検討することとした。

　日弁連と大韓弁協は、上記のシンポジウムとその後の検討及び本日東京で開催された共同シンポジウムの成果を踏まえ、アジア太平洋戦争時の韓国民に対する人権侵害による被害の回復を求めて、以下のとおり宣言する。

　1　われわれは、韓国併合条約締結か100年を経たにもかかわらず、日韓両国 及び両国民が、韓国併合の過程や韓国併合条約の効力についての認識を共有していない状況の下で、過去の歴史的事実の認識の共有に向けた努力を通じて、日韓両国及び両国民の相互理解と相互信頼が深まることが、未来に向けて良好な日韓関係を築くための礎であることを確認する。

　2　われわれは、日本軍「慰安婦」問題の解決のための立法が、日本政府及び国会により速やかになされるべきであることを確認する。

　この立法には、日本軍が直接的あるいは間接的な関与のもとに設置運営した「慰安所」等における女性に対する組織的かつ継続的な性的行為の強制が、当時の国際法・国内法に違反する重大な人権侵害であり、女性に対する名誉と尊厳を深く傷つけるものであったことを日本国が認め、被害者に対して謝罪し、その責任を明らかにし、被害者の名誉と尊厳回復のための金銭の補償を含む措置を取ること、その事業実施にあたっては、内閣総理大臣及び関係閣僚を含む実施委員会を設置し、被害者及び被害者を代理する者の意見を聴取することなどが含まれなければならない。

　また、日本政府は、日本軍「慰安婦」問題を歴史的教訓とするために、徹底した真相究明と、教

育・広報のための方策を採用しなければならない。

　日弁連と大韓弁協は、これらの内容を、「日本軍『慰安婦』問題の最終的解決に関する提言」としてまとめ、共同して公表することとした。

　3　われわれは、1965年の日韓請求権協定の完全最終解決条項の内容と範囲に関する両国政府の一貫性がない解釈・対応が、被害者らへの正当な権利救済を妨げ、被害者の不信感を助長してきたことを確認する。このような事態を解消するために、日韓基本条約等の締結過程に関する関係文書を完全に公開して認識を共有し、実現可能な解決案の策定をめざすべきであり、韓国政府と同様に、日本政府も自発的に関係文書を全面的に公開すべきことが重要であるという認識に達した。

　4　韓国においては、強制動員による被害の救済のために、強制動員被害の真相糾明及び支援のための法律が制定されたが、日本政府においても真相究明と謝罪と賠償を目的とした措置をとるべきである。

　さらにわれわれは、2007年4月27日に日本の最高裁判所が、強制動員に関わった企業及びその関係者に対し、強制動員の被害者らに対する自発的な補償のための努力を促したことに留意しつつ、既に自発的な努力を行っている企業を評価するとともに、他の企業に対しても同様の努力を行うよう訴える。

　この際、想起されるべきは、ドイツにおいて、同様の強制労働被害に関し、ドイツ政府とドイツ企業が共同で「記憶・責任・未来」基金を設立し、被害者の被害回復を図ったことである。韓国では、真相究明委員会が被害者からの被害申告を受け被害事実を審査していることから、同委員会とも連携し、日韓両国政府の共同作業により強制動員被害者の被害回復を進めることも検討すべきである。

　5　われわれは、戦没者・戦傷者に対する援護制度及び国民年金制度の対象から在日韓国人高齢者を除外している問題や、供託金や郵便貯金の返還問題、在日韓国人の法的地位・権利、韓国人軍人軍属や強制動員による被害者の遺骨の発掘・収集・返還、韓国文化財の返還等、植民地支配や強制動員に由来する問題が他にも残存しているところ、その解決のために協働することが重要であることを確認する。

　日弁連と大韓弁協は、被害者らの被害回復が、日本と韓国の未来のために必ず解決されなけ

ればならない課題であり、解決のための日韓相互の努力自体が未来指向的な作業であることをあらためて確認するとともに、今後、既に指摘されている個別的争点を調査・検討するための共同の委員会を設立するなど、持続的な調査研究及び交流を通して、被害者らの被害が回復されるその日まで協働することを宣言する。

2010年12月11日

日本弁護士連合会
　　会長　宇都宮健児
大韓弁護士協会
　　会長　金平祐

資料6
日韓請求権並びに経済協力協定〔財産及び請求権に関する問題の解決並びに経済協力に関する日本国と大韓民国との間の協定・1965年6月22日〕

日本国及び大韓民国は、
両国及びその国民の財産並びに両国及びその国民の間の請求権に関する問題を解決することを希望し、
両国間の経済協力を増進することを希望して、
次のとおり協定した。

第1条
1 日本国は、大韓民国に対し、
(a) 現在において千八十億円（一〇八、〇〇〇、〇〇〇、〇〇〇円）に換算される三億合衆国ドル（三〇〇、〇〇〇、〇〇〇ドル）に等しい円の価値を有する日本国の生産物及び日本人の役務を、この協定の効力発生の日から十年の期間にわたつて無償で供与するものとする。各年における生産物及び役務の供与は、現在において百八億円（一〇、八〇〇、〇〇〇、〇〇〇円）に換算される三千万合衆国ドル（三〇、〇〇〇、〇〇〇ドル）に等しい円の額を限度とし、各年における供与がこの額に達しなかつたときは、その残額は、次年以降の供与額に加算されるものとする。ただし、各年の供与の限度額は、両締約国政府の合意により増額されることができる。
(b) 現在において七百二十億円（七二、〇〇〇、〇〇〇、〇〇〇円）に換算される二億合衆国ドル（二〇〇、〇〇〇、〇〇〇ドル）に等しい円の額に達するまでの長期低利の貸付けで、大韓民国政府が要請し、かつ、3の規定に基づいて締結される取極に従つて決定される事業の実施に必要な日本国の生産物及び日本人の役務の大韓民国による調達に充てられるものをこの協定の効力発生の日から十年の期間にわたつて行なうものとする。この貸付けは、日本国の海外経済協力基金により行なわれるものとし、日本国政府は、同基金がこの貸付けを各年において均等に行ないうるために必要とする資金を確保することができるように、必要な措置を執るものとする。
前記の供与及び貸付けは、大韓民国の経済の発展に役立つものでなければならない。
2 両締約国政府は、この条の規定の実施に関する事項について勧告を行なう権限を有する両政府間の協議機関として、両政府の代表者で構成される合同委員会を設置する。
3 両締約国政府は、この条の規定の実施のため、必要な取極を締結するものとする。

第2条

1　両締約国は、両締約国及びその国民（法人を含む。）の財産、権利及び利益並びに両締約国及びその国民の間の請求権に関する問題が、千九百五十一年九月八日にサン・フランシスコ市で署名された日本国との平和条約第四条（a）に規定されたものを含めて、完全かつ最終的に解決されたこととなることを確認する。

2　この条の規定は、次のもの（この協定の署名の日までにそれぞれの締約国が執つた特別の措置の対象となつたものを除く。）に影響を及ぼすものではない。

（a）一方の締約国の国民で千九百四十七年八月十五日からこの協定の署名の日までの間に他方の締約国に居住したことがあるものの財産、権利及び利益

（b）一方の締約国及びその国民の財産、権利及び利益であつて千九百四十五年八月十五日以後における通常の接触の過程において取得され又は他方の締約国の管轄の下にはいつたもの

3　2の規定に従うことを条件として、一方の締約国及びその国民の財産、権利及び利益であつてこの協定の署名の日に他方の締約国の管轄の下にあるものに対する措置並びに一方の締約国及びその国民の他方の締約国及びその国民に対するすべての請求権であつて同日以前に生じた事由に基づくものに関しては、いかなる主張もすることができないものとする。

第3条

1　この協定の解釈及び実施に関する両締約国の紛争は、まず、外交上の経路を通じて解決するものとする。

2　1の規定により解決することができなかつた紛争は、いずれか一方の締約国の政府が他方の締約国の政府から紛争の仲裁を要請する公文を受領した日から三十日の期間内に各締約国政府が任命する各一人の仲裁委員と、こうして選定された二人の仲裁委員が当該期間の後の三十日の期間内に合意する第三の仲裁委員又は当該期間内にその二人の仲裁委員が合意する第三国の政府が指名する第三の仲裁委員との三人の仲裁委員からなる仲裁委員会に決定のため付託するものとする。ただし、第三の仲裁委員は、両締約国のうちいずれかの国民であつてはならない。

3　いずれか一方の締約国の政府が当該期間内に仲裁委員を任命しなかつたとき、又は第三の仲裁委員若しくは第三国について当該期間内に合意されなかつたときは、仲裁委員会は、両締約国政府のそれぞれが三十日の期間内に選定する国の政府が指名する各一人の仲裁委員とそれらの政府が協議により決定する第三国の政府が指名する第三の仲裁委員をもって構成されるものとする。

4　両締約国政府は、この条の規定に基づく仲裁委員会の決定に服するものとする。

第4条

この協定は、批准されなければならない。批准書は、できる限りすみやかにソウルで交換されるものとする。この協定は、批准書の交換の日に効力を生ずる。

以上の証拠として、下名は、各自の政府からこのために正当な委任を受け、この協定に署名した。
千九百六十五年六月二十二日に東京で、ひとしく正文である日本語及び韓国語により本書二通を作成した。

日本国のために
　椎名悦三郎
　高杉晋一
大韓民国のために
　李東元
　金東祚

資料7
日韓請求権並びに経済協力協定合意議事録(1)〔1965年6月22日〕

　日本国政府代表及び大韓民国政府代表は、本日署名された財産及び請求権に関する問題の解決並びに経済協力に関する日本国と大韓民国との間の協定（以下「協定」という。）及び関連文書に関して次の了解に到達した。

　1　協定第1条1に関し、
　日本国が供与する生産物及び役務は、日本国内において営利目的のために使用されることはないことに意見の一致をみた。

　2　協定第2条に関し、
　（a）「財産、権利及び利益」とは、法律上の根拠に基づき財産的価値を認められるすべての種類の実体的権利をいうことが了解された。
　（b）「特別の措置」とは、日本国については、第二次世界大戦の戦闘状態の終結の結果として生じた事態に対処して、千九百四十五年八月十五日以後日本国において執られた戦後処理のためのすべての措置（千九百五十一年九月八日にサン・フランシスコ市で署名された日本国との平和条約第四条（a）の規定に基づく特別取極を考慮して執られた措置を含む。）をいうことが了解された。
　（c）「居住した」とは、同条2（a）に掲げる期間内のいずれかの時までその国に引き続き一年以上在住したことをいうことが了解された。
　（d）「通常の接触」には、第二次世界大戦の戦闘状態の終結の結果として一方の国の国民で他方の国から引き揚げたもの（支店閉鎖を行なつた法人を含む。）の引揚げの時までの間の他方の国の国民との取引等、終戦後に生じた特殊な状態の下における接触を含まないことが了解された。
　（e）同条3により執られる措置は、同条1にいう両国及びその国民の財産、権利及び利益並びに両国及びその国民の間の請求権に関する問題の解決のために執られるべきそれぞれの国の国内措置ということに意見の一致をみた。
　（f）韓国側代表は、第二次世界大戦の戦闘状態の終結後千九百四十七年八月十五日前に帰国した韓国国民が日本国において所有する不動産について慎重な考慮が払われるよう希望を表明し、日本側代表は、これに対して、慎重に検討する旨を答えた。
　（g）同条1にいう完全かつ最終的に解決されたこととなる両国及びその国民の財産、権利及び

利益並びに両国及びその国民の間の請求権に関する問題には、日韓会談において韓国側から提出された「韓国の対日請求要綱」(いわゆる八項目)の範囲に属するすべての請求が含まれており、したがつて、同対日請求要綱に関しては、いかなる主張もなしえないこととなることが確認された。

(h) 同条1にいう完全かつ最終的に解決されたこととなる両国及びその国民の財産、権利及び利益並びに両国及びその国民の間の請求権に関する問題には、この協定の署名の日までに大韓民国による日本漁船のだ捕から生じたすべての請求権が含まれており、したがつて、それらのすべての請求権は、大韓民国政府に対して主張しえないこととなることが確認された。

3　協定第3条に関し、

同条3にいう両国政府のそれぞれが選定する国及びそれらの国の政府が協議により決定する第三国は、日本国及び大韓民国の双方と外交関係を有する国のうちから選ばれるものとすることに意見の一致をみた。

4　第一議定書第2条1に関し、

(a) 韓国側代表は、協定第1条1の規定に基づく供与又は貸付けにより行なわれる事業の遂行上必要であると予想される大韓民国の国内資金を確保するため、大韓民国は、日本国政府が一億五千万合衆国ドルに等しい円の額をこえる資本財以外の生産物を供与することを期待する旨を述べ、日本側代表は、これに対し考慮を払う用意がある旨を答えた。

(b) 日本国が供与する生産物は、武器及び弾薬を含まないものとすることに意見の一致をみた。

5　第一議定書第2条2に関し、

外国為替上の追加の負担が日本国に課される場合とは、当該生産物を供与するために、(i) 特に高い外貨負担が必要とされる場合、及び(ii) 同等の品質の日本国の生産物により代替することができる輸入品又は独立の機能を有する輸入機械部品の購入に当たつて外貨負担が必要とされる場合をいうことに意見の一致をみた。

6　第一議定書第三条に関し、

(a) 同条1につき、韓国側代表は、契約の締結が日本国内で行なわれること、及びこの契約の締結とは署名を意味し、署名にいたるまでの入札、公告その他の行為については、大韓民国政府(調達庁)が行なう場合は原則として大韓民国において、その他の場合は大韓民国又は日本国において、これらの行為が行なわれることを了解すると述べ、日本側代表は、これに対し異議がない旨を答えた。

(b) 同条2の契約であつて、輸送、保険又は検査のような附随的役務の供与を必要とし、かつ、そのための支払が第一議定書に従つて行なわれることとなつているものは、すべて、これらの役務が日本国民又は日本国の法人によつて行なわれるべき旨の規定を含まなければならないことが了解された。

7　第一議定書第6条4に関し、

日本国により供与された生産物が加工（単純な組立加工又はこれと同程度の加工を除く。）又は両政府間で合意されるその他の処理を加えられた後大韓民国の領域から輸出された場合には、同条4の規定は適用されないものとすることに意見の一致をみた。

8　協定第1条1(b)の規定の実施に関する交換公文に関し、

(a) 同交換公文2(b)の事業計画合意書の効力発生の日とは、事業計画合意書に別段の規定がある場合を除くほか、それぞれの事業計画合意書の署名の日を意味することが了解された。

(b) 同交換公文2(c)の貸付けの実行の日とは、日本側の輸出者と大韓民国側の輸入者との間で締結される契約の定めるところに従つて、海外経済協力基金が、大韓民国政府のために、日本側の輸出者に対して支払を行ない、同基金に開設される大韓民国政府の勘定に借記する日であることが確認された。

千九百六十五年六月二十二日に東京で
E・S・
T・W・L・

資料8
日韓基本条約〔抜粋・1965年6月22日〕

　日本国及び大韓民国は、

　両国民間の関係の歴史的背景と、善隣関係及び主権の相互尊重の原則に基づく両国間の関係の正常化に対する相互の希望とを考慮し、

　両国の相互の福祉及び共通の利益の増進のため並びに国際の平和及び安全の維持のために、両国が国際連合憲章の原則に適合して緊密に協力することが重要であることを認め、

　千九百五十一年九月八日にサン・フランシスコ市で署名された日本国との平和条約の関係規定及び千九百四十八年十二月十二日に国際連合総会で採択された決議第百九十五号（III）を想起し、

　この基本関係に関する条約を締結することに決定し、よつて、その全権委員として次のとおり任命した。

　　日本国
　　　日本国外務大臣　　椎名悦三郎
　　　　　　　　　　　　高杉晋一
　　大韓民国
　　　大韓民国外務部長官　　李東元
　　　大韓民国特命全権大使　　金東祚

　これらの全権委員は、互いにその全権委任状を示し、それが良好妥当であると認められた後、次の諸条を協定した。

第1条
　両締約国間に外交及び領事関係が開設される。両締約国は、大使の資格を有する外交使節を遅滞なく交換するものとする。また、両締約国は、両国政府により合意される場所に領事館を設置する。

第2条
　千九百十年八月二十二日以前に大日本帝国と大韓帝国との間で締結されたすべての条約及び協定は、もはや無効であることが確認される。

第3条

大韓民国政府は、国際連合総会決議第百九十五号（III）に明らかに示されているとおりの朝鮮にある唯一の合法的な政府であることが確認される。

第4条

（a）両締約国は、相互の関係において、国際連合憲章の原則を指針とするものとする。

（b）両締約国は、その相互の福祉及び共通の利益を増進するに当たつて、国際連合憲章の原則に適合して協力するものとする。

第5条

両締約国は、その貿易、海運その他の通商の関係を安定した、かつ、友好的な基礎の上に置くために、条約又は協定を締結するための交渉を実行可能な限りすみやかに開始するものとする。

第6条

両締約国は、民間航空運送に関する協定を締結するための交渉を実行可能な限りすみやかに開始するものとする。

第7条

この条約は、批准されなければならない。批准書は、できる限りすみやかにソウルで交換されるものとする。この条件は、批准書の交換の日に効力を生ずる。

以上の証拠として、それぞれの全権委員は、この条約に署名調印した。

千九百六十五年六月二十二日に東京で、ひとしく正文である日本語、韓国語及び英語により本書二通を作成した。解釈に相違がある場合には、英語の本文による。

日本国のために
　椎名悦三郎
　高杉晋一
大韓民国のために
　李東元
　金東祚

資料9
日韓共同宣言――21世紀に向けた新たな日韓パートナーシップ〔1998年10月8日〕

1. 金大中大韓民国大統領夫妻は、日本国国賓として1998年10月7日から10日まで日本を公式訪問した。金大中大統領は、滞在中、小渕恵三日本国内閣総理大臣との間で会談を行った。両首脳は、過去の両国の関係を総括し、現在の友好協力関係を再確認するとともに、未来のあるべき両国関係について意見を交換した。

　この会談の結果、両首脳は、1965年の国交正常化以来築かれてきた両国間の緊密な友好協力関係をより高い次元に発展させ、21世紀に向けた新たな日韓パートナーシップを構築するとの共通の決意を宣言した。

2. 両首脳は、日韓両国が21世紀の確固たる善隣友好協力関係を構築していくためには、両国が過去を直視し相互理解と信頼に基づいた関係を発展させていくことが重要であることにつき意見の一致をみた。

　小渕総理大臣は、今世紀の日韓両国関係を回顧し、我が国が過去の一時期韓国国民に対し植民地支配により多大の損害と苦痛を与えたという歴史的事実を謙虚に受けとめ、これに対し、痛切な反省と心からのお詫びを述べた。

　金大中大統領は、かかる小渕総理大臣の歴史認識の表明を真摯に受けとめ、これを評価すると同時に、両国が過去の不幸な歴史を乗り越えて和解と善隣友好協力に基づいた未来志向的な関係を発展させるためにお互いに努力することが時代の要請である旨表明した。

　また、両首脳は、両国国民、特に若い世代が歴史への認識を深めることが重要であることについて見解を共有し、そのために多くの関心と努力が払われる必要がある旨強調した。

3. 両首脳は、過去の長い歴史を通じて交流と協力を維持してきた日韓両国が、1965年の国交正常化以来、各分野で緊密な友好協力関係を発展させてきており、このような協力関係が相互の発展に寄与したことにつき認識を共にした。小渕総理大臣は、韓国がその国民のたゆまざる努力により、飛躍的な発展と民主化を達成し、繁栄し成熟した民主主義国家に成長したことに敬意を表した。金大中大統領は、戦後の日本の平和憲法の下での専守防衛及び非核三原則を始めとする安全保障政策並びに世界経済及び開発途上国に対する経済支援等、国際社会の平和と繁栄に対し日本が果たしてきた役割を高く評価した。両首脳は、日韓両国が、自由・民主主義、市

場経済という普遍的理念に立脚した協力関係を、両国国民間の広範な交流と相互理解に基づいて今後更に発展させていくとの決意を表明した。

4. 両首脳は、両国間の関係を、政治、安全保障、経済及び人的・文化交流の幅広い分野において均衡のとれたより高次元の協力関係に発展させていく必要があることにつき意見の一致をみた。また、両首脳は、両国のパートナーシップを、単に二国間の次元にとどまらず、アジア太平洋地域更には国際社会全体の平和と繁栄のために、また、個人の人権が尊重される豊かな生活と住み良い地球環境を目指す様々な試みにおいて、前進させていくことが極めて重要であることにつき意見の一致をみた。

このため、両首脳は、20世紀の日韓関係を締めくくり、真の相互理解と協力に基づく21世紀に向けた新たな日韓パートナーシップを共通の目標として構築し、発展させていくことにつき、以下のとおり意見の一致をみるとともに、このようなパートナーシップを具体的に実施していくためにこの共同宣言に附属する行動計画を作成した。

両首脳は、両国政府が、今後、両国の外務大臣を総覧者として、定期的に、この日韓パートナーシップに基づく協力の進捗状況を確認し、必要に応じこれを更に強化していくこととした。

5. 両首脳は、現在の日韓関係をより高い次元に発展させていくために、両国間の協議と対話をより一層促進していくことにつき意見の一致をみた。

両首脳は、かかる観点から、首脳間のこれまでの緊密な相互訪問・協議を維持・強化し、定期化していくとともに、外務大臣を始めとする各分野の閣僚級協議を更に強化していくこととした。また、両首脳は、両国の閣僚による懇談会をできる限り早期に開催し、政策実施の責任を持つ関係閣僚による自由な意見交換の場を設けることとした。更に、両首脳は、これまでの日韓双方の議員間の交流実績を評価し、日韓・韓日議連における今後の活動拡充の方針を歓迎するとともに、21世紀を担う次世代の若手議員間の交流を慫慂していくこととした。

6. 両首脳は、冷戦後の世界において、より平和で安全な国際社会秩序を構築するための国際的努力に対し、日韓両国が互いに協力しつつ積極的に参画していくことの重要性につき意見の一致をみた。両首脳は、21世紀の挑戦と課題により効果的に対処していくためには、国連の役割が強化されるべきであり、これは、安保理の機能強化、国連の事務局組織の効率化、安定的な財政基盤の確保、国連平和維持活動の強化、途上国の経済・社会開発への協力等を通じて実現できることにつき意見を共にした。

かかる点を念頭に置いて、金大中大統領は、国連を始め国際社会における日本の貢献と役割を評価し、今後、日本のこのような貢献と役割が増大されていくことに対する期待を表明した。

また、両首脳は、軍縮及び不拡散の重要性、とりわけ、いかなる種類の大量破壊兵器であれ、その拡散が国際社会の平和と安全に対する脅威であることを強調するとともに、この分野における両国間の協力を一層強化することとした。

両首脳は、両国間の安保対話及び種々のレベルにおける防衛交流を歓迎し、これを一層強化していくこととした。また、両首脳は、両国それぞれが米国との安全保障体制を堅持するとともに、アジア太平洋地域の平和と安定のための多国間の対話努力を一層強化していくことの重要性につき意見の一致をみた。

7. 両首脳は、朝鮮半島の平和と安定のためには、北朝鮮が改革と開放を指向するとともに、対話を通じたより建設的な姿勢をとることが極めて重要であるとの認識を共有した。小渕総理大臣は、確固とした安保体制を敷きつつ和解・協力を積極的に進めるとの金大中大統領の対北朝鮮政策に対し支持を表明した。これに関連し、両首脳は、1992年2月に発効した南北間の和解と不可侵及び交流・協力に関する合意書の履行及び四者会合の順調な進展が望ましいことにつき意見の一致をみた。また、両首脳は、1994年10月に米国と北朝鮮との間で署名された「合意された枠組み」及び朝鮮半島エネルギー開発機構(KEDO)を、北朝鮮の核計画の推進を阻むための最も現実的かつ効果的なメカニズムとして維持していくことの重要性を確認した。この関連で、両首脳は、北朝鮮による先般のミサイル発射に対して、国連安全保障理事会議長が安保理を代表して表明した懸念及び遺憾の意を共有するとともに、北朝鮮のミサイル開発が放置されれば、日本、韓国及び北東アジア地域全体の平和と安全に悪影響を及ぼすことにつき意見の一致をみた。

両首脳は、両国が北朝鮮に関する政策を進めていく上で相互に緊密に連携していくことの重要性を再確認し、種々のレベルにおける政策協議を強化することで意見の一致をみた。

8. 両首脳は、自由で開かれた国際経済体制を維持・発展させ、また構造問題に直面するアジア経済の再生を実現していく上で、日韓両国が、各々抱える経済上の課題を克服しながら、経済分野における均衡のとれた相互協力関係をより一層強化していくことの重要性につき合意した。このため、両首脳は、二国間での経済政策協議をより一層強化するとともに、WTO、OECD、APEC等多国間の場での両国の政策協調を一層進めていくことにつき意見の一致をみた。

金大中大統領は、日本によるこれまでの金融、投資、技術移転等の多岐にわたる対韓国経済支援を評価するとともに、韓国の抱える経済的諸問題の解決に向けた努力を説明した。小渕総理

大臣は、日本経済再生のための諸施策及びアジア経済の困難の克服のために日本が行っている経済支援につき説明を行うとともに、韓国による経済困難の克服に向けた努力を引き続き支持するとの意向を表明した。両首脳は、財政投融資を適切に活用した韓国に対する日本輸出入銀行による融資について基本的合意に達したことを歓迎した。

両首脳は、両国間の大きな懸案であった日韓漁業協定交渉が基本合意に達したことを心から歓迎するとともに、国連海洋法条約を基礎とした新たな漁業秩序の下で、漁業分野における両国の関係が円滑に進展することへの期待を表明した。

また、両首脳は、今般、新たな日韓租税条約が署名の運びとなったことを歓迎した。更に、両首脳は、貿易・投資、産業技術、科学技術、情報通信、政労使交流等の各分野での協力・交流を更に発展させていくことで意見の一致をみるとともに、日韓社会保障協定を視野に入れて、将来の適当な時期に、相互の社会保障制度についての情報・意見交換を行うこととした。

9. 両首脳は、国際社会の安全と福祉に対する新たな脅威となりつつある国境を越える地球的規模の諸問題の解決に向けて、両国政府が緊密に協力していくことにつき意見の一致をみた。両首脳は、地球環境問題に関し、とりわけ温室効果ガス排出抑制、酸性雨対策を始めとする諸問題への対応における協力を強化するために、日韓環境政策対話を進めることとした。また、開発途上国への支援を強化するため、援助分野における両国間の協調を更に発展させていくことにつき意見の一致をみた。また、両首脳は、日韓逃亡犯罪人引渡条約の締結のための話し合いを開始するとともに、麻薬・覚せい剤対策を始めとする国際組織犯罪対策の分野での協力を一層強化することにつき意見の一致をみた。

10. 両首脳は、以上の諸分野における両国間の協力を効果的に進めていく上での基礎は、政府間交流にとどまらない両国国民の深い相互理解と多様な交流にあるとの認識の下で、両国間の文化・人的交流を拡充していくことにつき意見の一致をみた。

両首脳は、2002年サッカー・ワールドカップの成功に向けた両国国民の協力を支援し、2002年サッカー・ワールドカップの開催を契機として、文化及びスポーツ交流を一層活発に進めていくこととした。

両首脳は、研究者、教員、ジャーナリスト、市民サークル等の多様な国民各層間及び地域間の交流の進展を促進することとした。

両首脳は、こうした交流・相互理解促進の土台を形作る措置として、従来より進めてきた査証制度の簡素化を引き続き進めることとした。

また、両首脳は、日韓間の交流の拡大と相互理解の増進に資するために、中高生の交流事業の新設を始め政府間の留学生や青少年の交流プログラムの充実を図るとともに、両国の青少年を対象としてワーキング・ホリデー制度を1999年4月から導入することにつき合意した。また、両首脳は、在日韓国人が、日韓両国国民の相互交流・相互理解のための架け橋としての役割を担い得るとの認識に立ち、その地位の向上のため、引き続き両国間の協議を継続していくことで意見の一致をみた。

　両首脳は、日韓フォーラムや歴史共同研究の促進に関する日韓共同委員会等、関係者による日韓間の知的交流の意義を高く評価するとともに、こうした努力を引き続き支持していくことにつき意見の一致をみた。

　金大中大統領は、韓国において日本文化を開放していくとの方針を伝達し、小渕総理大臣より、かかる方針を日韓両国の真の相互理解につながるものとして歓迎した。

　11．小渕総理大臣と金大中大統領は、21世紀に向けた新たな日韓パートナーシップは、両国国民の幅広い参加と不断の努力により、更に高次元のものに発展させることができるとの共通の信念を表明するとともに、両国国民に対し、この共同宣言の精神を分かち合い、新たな日韓パートナーシップの構築・発展に向けた共同の作業に参加するよう呼びかけた。

　日本国内閣総理大臣　　小渕恵三
　大韓民国大統領　　　　金大中

　1998年10月8日、東京

資料10
韓国民官共同委員会見解〔韓日会談文書公開後続関連民官共同委員会開催に関する国務調整室報道資料・2005年8月26日〕

国務調整室 報道資料

仮訳

作成者　韓日会談文書公開等対策企画団

チョン・ビョンギユ課長

キム・トッコン事務官

2005.8.26（金）10：00以降から報道してください。

韓日会談文書公開後続対策関連民官共同委員会開催

　政府は8月26日午前、李海瓚国務総理の主催で韓日会談文書公開後続対策関連民官共同委員会を開催し、65年韓日請求権協定の効力範囲問題、及びこれ伴う政府対策の方向等について論議した。

　この日の委員会では、この間、民官共同委法理分科において会談文書の内容等をもとにして検討してきた韓日請求権協定の法的効力範囲等について論議し、次のように整理した。

　韓日請求権協定は基本的に日本の植民地支配賠償を請求するためのものではなく、サンフランシスコ条約第4条に基づく韓日両国間の財政的・民事的債権債務関係を解決するためのものであった。

　日本軍慰安婦問題等、日本政府・軍等の国家権力が関与した反人道的不法行為については、請求権協定により解決されたものとみることはできず、日本政府の法的責任が残っている。

　サハリン同胞、原爆被害者問題も韓日請求権協定の対象に含まれていない。

　また、委員会は、韓日協定交渉当時韓国政府が日本政府に対して要求した強制動員被害補償の性格、無償資金の性格、75年韓国政府補償の適正性問題等を検討し、次のように整理した。

　韓日交渉当時、韓国政府は日本政府が強制動員の法的賠償・補償を認めなかったため、「苦痛を受けた歴史的被害事実」に基づいて政治的次元で補償を要求したのであり、このような要求

が両国間無償資金算定に反映されたとみなければならない。

請求権協定を通じて日本から受け取った無償3億ドルは個人財産権(保険・預金等)、朝鮮総督府の対日債権等韓国政府が国家として有する請求権、強制動員被害補償問題解決の性格の資金等が包括的に勘案さているとみるべきである。

請求権協定は請求権の各項目別に金額を決定したのではなく、政治交渉を通じて総額決定方式で妥結したため、各項目別の受領金額を推定するのは困難であるが、政府は受領した無償資金中相当金額を強制動員被害者の救済に使用すべき道義的責任があると判断される。

※韓国政府が61年6次会談時に8項目の補償として日本に要求した総額12億2000万ドル中、強制動員被害補償として3億6000万ドル(約30％)と算定したことがある。

しかし、75年の韓国政府の補償当時強制動員負傷者を補償対象から除外するなど、道義的次元からみて被害者補償が不充分だったといえる側面がある。

政府はこのような委員会の議論結果をもとに、長期にわたって苦痛を受けてきた強制動員被害者の痛みを治癒するため、道義的・援護的次元と国民統合の側面から、政府支援対策を講じることにした。

強制動員被害者らに対し追加的支援対策を講じ、強制動員期間中の未払賃金等の未収金についても、日本から根拠資料を確保する努力をする等、政府が具体対策を講じる。

併せて、政府は日帝強制動員犠牲者に対する追悼及び後世に対する歴史教育のための追悼空間を造成する方案も検討

政府はまた、日帝強占下の反人道的不法行為に対しては外交的対応方案を持続的に講じることにした。

日本軍慰安婦問題は日本政府に対して法的責任認定等の持続的な責任追及をする一方、国連人権委等の国際機構を通じてこの問題を継続提起

「海南島虐殺事件」等、日本軍が関与した反人道的犯罪疑惑については真相究明をしたのち、政府対応方案を検討

この日の会議で李海瓚国務総理は、60年以上持続してきた強制動員被害者らの苦痛と痛みを治癒し、国民統合を図り、政府の道徳性を高めるためには、遅ればせながら彼らに関する支援措置が必要であると強調し、関係部署は社会各界の意見を幅広く収斂して充実した政府対策を準備し、外交的次元の努力も尽くすよう指示した。

資料11
カイロ宣言〔日本国ニ関スル英、米、華三国宣言・1943年12月1日〕

　「ローズヴェルト」大統領、蔣介石大元帥及「チャーチル」総理大臣ハ各自ノ軍事及外交顧問ト共ニ北「アフリカ」ニ於テ会議ヲ終了シ左ノ一般的声明発セラレタリ
　「各軍事使節ハ日本国ニ対スル将来ノ軍事行動ヲ協定セリ
　三大同盟国ハ海路、陸路及空路ニ依リ其ノ野蛮ナル敵国ニ対シ仮借ナキ弾圧ヲ加フルノ決意ヲ表明セリ右弾圧ハ既ニ増大シツツアリ
　三大同盟国ハ日本国ノ侵略ヲ制止シ且之ヲ罰スル為今次ノ戦争ヲ為シツツアルモノナリ右同盟国ハ自国ノ為ニ何等ノ利得ヲモ欲求スルモノニ非ズ又領土拡張ノ何等ノ念ヲモ有スルモノニ非ズ
　右同盟国ノ目的ハ日本国ヨリ千九百十四年ノ第一次世界戦争ノ開始以後ニ於テ日本国ガ奪取シ又ハ占領シタル太平洋ニ於ケル一切ノ島嶼ヲ剥奪スルコト並ニ満洲、台湾及膨湖島ノ如キ日本国ガ清国人ヨリ盗取シタル一切ノ地域ヲ中華民国ニ返還スルコトニ在リ
　日本国ハ又暴力及貪欲ニ依リ日本国ガ略取シタル他ノ一切ノ地域ヨリ駆逐セラルベシ
　前記三大国ハ朝鮮ノ人民ノ奴隷状態ニ留意シ軈テ朝鮮ヲ自由且独立ノモノタラシムルノ決意ヲ有ス
　右ノ目的ヲ以テ右三同盟国ハ同盟諸国中日本国ト交戦中ナル諸国ト協調シ日本国ノ無条件降伏ヲ齎スニ必要ナル重大且長期ノ行動ヲ続行スベシ」

資料12
ポツダム宣言〔米、英、華三国宣言・抜粋・1945年7月26日〕

　1　吾等合衆国大統領、中華民国政府主席及「グレート、ブリテン」国総理大臣ハ吾等ノ数億ノ国民ヲ代表シ協議ノ上日本国ニ対シ今次ノ戦争ヲ終結スルノ機会ヲ与フルコトニ意見一致セリ

　2　合衆国、英帝国及中華民国ノ巨大ナル陸、海、空軍ハ西方ヨリ自国ノ陸軍及空軍ニ依ル数倍ノ増強ヲ受ケ日本国ニ対シ最後ノ打撃ヲ加フルノ態勢ヲ整ヘタリ右軍事力ハ日本国ガ抵抗ヲ終止スルニ至ル迄同国ニ対シ戦争ヲ遂行スルノ一切ノ聯合国ノ決意ニ依リ支持セラレ且鼓舞セラレ居ルモノナリ

　3　蹶起セル世界ノ自由ナル人民ノ力ニ対スル「ドイツ」国ノ無益且無意義ナル抵抗ノ結果ハ日本国国民ニ対スル先例ヲ極メテ明白ニ示スモノナリ現在日本国ニ対シ集結シツツアル力ハ抵抗スル「ナチス」ニ対シ適用セラレタル場合ニ於テ全「ドイツ」国人民ノ土地、産業及生活様式ヲ必然的ニ荒廃ニ帰セシメタル力ニ比シ測リ知レザル程更ニ強大ナルモノナリ吾等ノ決意ニ支持セラルル吾等ノ軍事力ノ最高度ノ使用ハ日本国軍隊ノ不可避且完全ナル壊滅ヲ意味スベク又同様必然的ニ日本国本土ノ完全ナル破壊ヲ意味スベシ

　4　無分別ナル打算ニ依リ日本帝国ヲ滅亡ノ淵ニ陥レタル我儘ナル軍国主義的助言者ニ依リ日本国ガ引続キ統御セラルベキカ又ハ理性ノ経路ヲ日本国ガ履ムベキカヲ日本国ガ決定スベキ時期ハ到来セリ

　5　吾等ノ条件ハ左ノ如シ
　　吾等ハ右条件ヨリ離脱スルコトナカルベシ右ニ代ル条件存在セズ吾等ハ遅延ヲ認ムルヲ得ズ

　6　吾等ハ無責任ナル軍国主義ガ世界ヨリ駆逐セラルルニ至ル迄ハ平和、安全及正義ノ新秩序ガ生ジ得ザルコトヲ主張スルモノナルヲ以テ日本国国民ヲ欺瞞シ之ヲシテ世界征服ノ挙ニ出ヅルノ過誤ヲ犯サシメタル者ノ権力及勢力ハ永久ニ除去セラレザルベカラズ

　7　右ノ如キ新秩序ガ建設セラレ且日本国ノ戦争遂行能力ガ破砕セラレタルコトノ確証アルニ至ル迄ハ聯合國ノ指定スベキ日本国領域内ノ諸地点ハ吾等ノ茲ニ指示スル基本的目的ノ達成ヲ

確保スル為占領セラルベシ

8 「カイロ」宣言ノ条項ハ履行セラルベク又日本国ノ主権ハ本州、北海道、九州及四国竝ニ吾等ノ決定スル諸小島ニ局限セラルベシ

9 日本国軍隊ハ完全ニ武装ヲ解除セラレタル後各自ノ家庭ニ復帰シ平和的且生産的ノ生活ヲ営ムノ機会ヲ得シメラルベシ

10 吾等ハ日本人ヲ民族トシテ奴隷化セントシ又ハ国民トシテ滅亡セシメントスルノ意図ヲ有スルモノニ非ザルモ吾等ノ俘虜ヲ虐待セル者ヲ含ム一切ノ戦争犯罪人ニ対シテハ厳重ナル処罰加ヘラルベシ日本国政府ハ日本国国民ノ間ニ於ケル民主主義ノ傾向ノ復活強化ニ対スル一切ノ障礙ヲ除去スベシ言論、宗教及思想ノ自由竝ニ基本的人権ノ尊重ハ確立セラルベシ

11 日本国ハ其ノ経済ヲ支持シ且公正ナル実物賠償ノ取立ヲ可能ナラシムルガ如キ産業ヲ維持スルコトヲ許サルベシ但シ日本国ヲシテ戦争ノ為再軍備ヲ為スコトヲ得シムルガ如キ産業ハ此ノ限ニ在ラズ右目的ノ為原料ノ入手（其ノ支配トハ之ヲ区別ス）ヲ許サルベシ日本国ハ将来世界貿易関係ヘノ参加ヲ許サルベシ

12 前記諸目的ガ達成セラレ且日本国国民ノ自由ニ表明セル意思ニ従ヒ平和的傾向ヲ有シ且責任アル政府ガ樹立セラルルニ於テハ聯合国ノ占領軍ハ直ニ日本国ヨリ撤収セラルベシ

13 吾等ハ日本国政府ガ直ニ全日本国軍隊ノ無条件降伏ヲ宣言シ且右行動ニ於ケル同政府ノ誠意ニ付適当且充分ナル保障ヲ提供センコトヲ同政府ニ対シ要求ス右以外ノ日本国ノ選択ハ迅速且完全ナル壊滅アルノミトス

資料13
サンフランシスコ平和条約〔抜粋・1951年9月8日署名〕

　第2章　領域

　第4条
　（a）この条の（b）の規定を留保して、日本国及びその国民の財産で第2条に掲げる地域にあるもの並びに日本国及びその国民の請求権（債権を含む。）で現にこれらの地域の施政を行つている当局及びそこの住民（法人を含む。）に対するものの処理並びに日本国におけるこれらの当局及び住民の財産並びに日本国及びその国民に対するこれらの当局及び住民の請求権（債権を含む。）の処理は、日本国とこれらの当局との間の特別取極の主題とする。第2条に掲げる地域にある連合国又はその国民の財産は、まだ返還されていない限り、施政を行つている当局が現状で返還しなければならない。（国民という語は、この条約で用いるときはいつでも、法人を含む。）
　（b）日本国は、第2条及び第3条に掲げる地域のいずれかにある合衆国軍政府により、又はその指令に従つて行われた日本国及びその国民の財産の処理の効力を承認する。
　（c）日本国とこの条約に従つて日本国の支配から除かれる領域とを結ぶ日本所有の海底電線は、二等分され、日本国は、日本の終点施設及びこれに連なる電線の半分を保有し、分離される領域は、残りの電線及びその終点施設を保有する。

　第5章　請求権及び財産

　第14条
　（a）日本国は、戦争中に生じさせた損害及び苦痛に対して、連合国に賠償を支払うべきことが承認される。しかし、また、存立可能な経済を維持すべきものとすれば、日本国の資源は、日本国がすべての前記の損害又は苦痛に対して完全な賠償を行い且つ同時に他の債務を履行するためには現在充分でないことが承認される。
　よつて、
　1　日本国は、現在の領域が日本国軍隊によつて占領され、且つ、日本国によつて損害を与えられた連合国が希望するときは、生産、沈船引揚げその他の作業における日本人の役務を当該連合国の利用に供することによつて、与えた損害を修復する費用をこれらの国に補償することに資するために、当該連合国とすみやかに交渉を開始するものとする。その取極は、他の連合国に

追加負担を課することを避けなければならない。また、原材料からの製造が必要とされる場合には、外国為替上の負担を日本国に課さないために、原材料は、当該連合国が供給しなければならない。

2 (I) 次の (II) の規定を留保して、各連合国は、次に掲げるもののすべての財産、権利及び利益でこの条約の最初の効力発生の時にその管轄の下にあるものを差し押え、留置し、清算し、その他何らかの方法で処分する権利を有する。

(a) 日本国及び日本国民

(b) 日本国又は日本国民の代理者又は代行者

並びに

(c) 日本国又は日本国民が所有し、又は支配した団体

この (I) に明記する財産、権利及び利益は、現に、封鎖され、若しくは所属を変じており、又は連合国の敵産管理当局の占有若しくは管理に係るもので、これらの資産が当該当局の管理の下におかれた時に前記の (a)、(b) 又は (c) に掲げるいずれかの人又は団体に属し、又はこれらのために保有され、若しくは管理されていたものを含む。

(II) 次のものは、前記の (I) に明記する権利から除く。

(i) 日本国が占領した領域以外の連合国の一国の領域に当該政府の許可を得て戦争中に居住した日本の自然人の財産。但し、戦争中に制限を課され、且つ、この条約の最初の効力発生の日にこの制限を解除されない財産を除く。

(ii) 日本国政府が所有し、且つ、外交目的又は領事目的に使用されたすべての不動産、家具及び備品並びに日本国の外交職員又は領事職員が所有したすべての個人の家具及び用具類その他の投資的性質をもたない私有財産で外交機能又は領事機能の遂行に通常必要であつたもの

(iii) 宗教団体又は私的慈善団体に属し、且つ、もつぱら宗教又は慈善の目的に使用した財産

(iv) 関係国と日本国との間における千九百四十五年九月二日後の貿易及び金融の関係の再開の結果として日本国の管轄内にはいつた財産、権利及び利益。但し、当該連合国の法律に反する取引から生じたものを除く。

(v) 日本国若しくは日本国民の債務、日本国に所在する有体財産に関する権利、権原若しくは利益、日本国の法律に基いて組織された企業に関する利益又はこれらについての証書。但し、この例外は、日本国の通貨で表示された日本国及びその国民の債務にのみ適用する。

(III) 前記の例外から (i) から (v) までに掲げる財産は、その保存及び管理のために要した合理的な費用が支払われることを条件として、返還されなければならない。これらの財産が清算さ

れているときは、代りに売得金を返還しなければならない。

(Ⅳ) 前記の (Ⅰ) に規定する日本財産を差し押え、留置し、清算し、その他何らの方法で処分する権利は、当該連合国の法律に従つて行使され、所有者は、これらの法律によつて与えられる権利のみを有する。

(Ⅴ) 連合国は、日本の商標並びに文学的及び美術的著作権を各国の一般的事情が許す限り日本国に有利に取り扱うことに同意する。

(b) この条約に別段の定がある場合を除き、連合国は、連合国のすべての賠償請求権、戦争の遂行中に日本国及びその国民がとつた行動から生じた連合国及びその国民の他の請求権並びに占領の直接軍事費に関する連合国の請求権を放棄する。

第19条

(a) 日本国は、戦争から生じ、又は戦争状態が存在したためにとられた行動から生じた連合国及びその国民に対する日本国及びその国民のすべての請求権を放棄し、且つ、この条約の効力発生の前に日本国領域におけるいずれかの連合国の軍隊又は当局の存在、職務遂行又は行動から生じたすべての請求権を放棄する。

(b) 前記の放棄には、千九百三十九年九月一日からこの条約の効力発生までの間に日本国の船舶に関していずれかの連合国がとつた行動から生じた請求権並びに連合国の手中にある日本人捕虜及び非拘留者に関して生じた請求権及び債権が含まれる。但し、千九百四十五年九月二日以後いずれかの連合国が制定した法律で特に認められた日本人の請求権を含まない。

(c) 相互放棄を条件として、日本国政府は、また、政府間の請求権及び戦争中に受けた滅失又は損害に関する請求権を含むドイツ及びドイツ国民に対するすべての請求権(債権を含む。)を日本国政府及び日本国民のために放棄する。但し、(a) 千九百三十九年九月一日前に締結された契約及び取得された権利に関する請求権並びに (b) 千九百四十五年九月二日後に日本国とドイツとの間の貿易及び金融の関係から生じた請求権を除く。この放棄は、この条約の第16条及び第20条に従つてとられる行動を害するものではない。

(d) 日本国は、占領期間中に占領当局の指令に基づいて若しくはその結果として行われ、又は当時の日本国の法律によつて許可されたすべての作為又は不作為の効力を承認し、連合国民をこの作為又は不作為から生ずる民事又は刑事の責任に問ういかなる行動もとらないものとする。

資料14
世界人権宣言〔抜粋・1948年12月10日採択〕

第10条
　すべて人は、自己の権利及び義務並びに自己に対する刑事責任が決定されるに当っては、独立の公平な裁判所による公正な公開の審理を受けることについて完全に平等の権利を有する。

資料15
自由権規約〔市民的及び政治的権利に関する国際規約・抜粋・1966年12月16日採択〕

第14条
　1　すべての者は、裁判所の前に平等とする。すべての者は、その刑事上の罪の決定又は民事上の権利及び義務の争いについての決定のため、法律で設置された、権限のある、独立の、かつ、公平な裁判所による公正な公開審理を受ける権利を有する。(後略)

資料16
大韓民国憲法(第10号・現行憲法)〔抜粋・1987年10月29日公布〕

　前文

　悠久の歴史と伝統に輝く我が大韓国民は3・1運動により建立された大韓民国臨時政府の法統と不義に抗拒した4・19民主理念を継承し、祖国の民主改革と平和的統一の使命に立脚し、正義人道と同胞愛により民族の団結を強固にし全ての社会的弊習と不義を打破し自立と調和を基礎とする自由民主的基本秩序を更に確固とし政治、経済、社会、文化の全ての領域において各人の機会を均等にして能力を最高度に発揮させ自由と権利にともなう責任と義務を完遂させ内には国民生活の均等な向上を期して外には恒久的な国際平和と人類共栄に貢献することにより我らと我らの子孫の安全と自由と幸福を永遠に確保することを誓い1948年7月12日に制定され8次にわたって改正された憲法をここに国会の議決を経て国民投票により改正する。

資料17
日本国憲法〔抜粋・1946年11月3日公布〕

前文

　日本国民は、正当に選挙された国会における代表者を通じて行動し、われらとわれらの子孫のために、諸国民との協和による成果と、わが国全土にわたつて自由のもたらす恵沢を確保し、政府の行為によつて再び戦争の惨禍が起ることのないやうにすることを決意し、ここに主権が国民に存することを宣言し、この憲法を確定する。そもそも国政は、国民の厳粛な信託によるものであつて、その権威は国民に由来し、その権力は国民の代表者がこれを行使し、その福利は国民がこれを享受する。これは人類普遍の原理であり、この憲法は、かかる原理に基くものである。われらは、これに反する一切の憲法、法令及び詔勅を排除する。

　日本国民は、恒久の平和を念願し、人間相互の関係を支配する崇高な理想を深く自覚するのであつて、平和を愛する諸国民の公正と信義に信頼して、われらの安全と生存を保持しようと決意した。われらは、平和を維持し、専制と隷従、圧迫と偏狭を地上から永遠に除去しようと努めてゐる国際社会において、名誉ある地位を占めたいと思ふ。われらは、全世界の国民が、ひとしく恐怖と欠乏から免かれ、平和のうちに生存する権利を有することを確認する。

　われらは、いづれの国家も、自国のことのみに専念して他国を無視してはならないのであつて、政治道徳の法則は、普遍的なものであり、この法則に従ふことは、自国の主権を維持し、他国と対等関係に立たうとする各国の責務であると信ずる。

　日本国民は、国家の名誉にかけ、全力をあげてこの崇高な理想と目的を達成することを誓ふ。

資料18
柳井俊二・外務省条約局長(当時)**の国会答弁**〔抜粋・1991年8月27日参議院予算委員会・第121回国会参議院予算委員会会議録3号10頁〕

　清水澄子君　そこで、今おっしゃいましたように、政府間は円滑である、それでは民間の間でも円滑でなければならないと思いますが、これまで請求権は解決済みとされてまいりましたが、今後も民間の請求権は一切認めない方針を貫くおつもりでございますか。

　政府委員（谷野作太郎君）　先ほど申し上げたことの繰り返しになりますが、政府と政府との間におきましてはこの問題は決着済みという立場でございます。

　政府委員（柳井俊二君）　ただいまアジア局長から御答弁申し上げたことに尽きると思いますけれども、あえて私の方から若干補足させていただきますと、先生御承知のとおり、いわゆる日韓請求権協定におきまして両国間の請求権の問題は最終かつ完全に解決したわけでございます。
　その意味するところでございますが、日韓両国間において存在しておりましたそれぞれの国民の請求権を含めて解決したということでございますけれども、これは日韓両国が国家として持っております外交保護権を相互に放棄したということでございます。したがいまして、いわゆる個人の請求権そのものを国内法的な意味で消滅させたというものではございません。日韓両国間で政府としてこれを外交保護権の行使として取り上げることはできない、こういう意味でございます。

　＊編注：清水澄子氏は参議院議員、谷野作太郎氏は外務省アジア局長、柳井俊二氏は外務省条約局長（いずれも当時）。

資料19
伊藤哲雄・外務省条約局法規課長（当時）**「第二次世界大戦後の日本の賠償・請求権処理」**〔抜粋・外務省調査月報1994年度1号112頁〕

4　戦後処理条約における個人の請求権放棄

(3) 外交保護権の放棄

　日本政府は、戦時中の日本の行為により受けた損害により、国等の分離地域や連合国の国民より提起されている損害賠償請求に関して、個人の請求権の問題についても、サン・フランシスコ平和条約や日韓請求権・経済協力協定等の戦後処理の条約により、国家間の問題としては解決済みとの一貫した立場を取っている。又、これらの条約において規定する「国家が国民の請求権を放棄する」という文言の意味は、上記(2)で述べた個人が有する（又は有すると主張される）国内法上の個人の請求権自体を放棄するものではなく、国際法上、国家が自国民の請求権につき国家として有する外交保護権を放棄するものであるとの解釈も、日本政府がこれまで一貫して取ってきているところである（注61）。

　外交保護権とは、「私人が他国の国際違法行為によって損害を受けた場合に」その属する本国が有する「これを保護する国際法上の権利」である（注62）。戦時中の行為により生じた個人の請求権の問題を含め、外国の国際違法行為を追及するための国際法上の請求権を行使しうるのは、その個人の母国たる国家であり、その国民の受けた損害を国家自身の法益の侵害として把え、国家が自己の資格において外交保護権を行使して加害者に対して請求することになる。これが外交保護権の行使であり、請求により加害国から一定の支払いを受領した場合、あるいは何等かの政策判断で請求権（外交保護権）を放棄した場合、いずれの場合でも、被害者自身がどの程度の金銭的補償が受けられるかは、求償国の内部問題である。このことは、戦争賠償を受けとった戦勝国とその国民との関係についても適用される（注63）。

　（注61）　日本政府は、上記（注46）の在カナダ日本財産訴訟、シベリア抑留訴訟等において、戦後処理関係の条約に規定する国民の財産・請求権放棄の意味について、国（政府）と国民は異なる権利主体であり、論理的にも国が国民個人の財産・請求権を放棄することは出来ない等として、外交保護権放棄論を主張した。これに対しては、(イ) 第二次大戦後のイタリア、ハンガリー等枢軸国5ヵ国との平和条約における個人の請求権放棄に関する規定は、当該枢軸国が「国民のために（on behalf of）」請求権を放棄する、そして「すべての請求権は消滅させられる（be extinguished)」と規定しており（例えば、イタリア第76条、ハンガリー第32条）、国家が国民の権利を放棄し得る如き書き振りになっている、(ロ)「国及び国民の請求権を放棄する」との規定のうち、国の外交保護権の放棄は「国の請求権」の放棄の方に含まれるのであって、「国民の請求権」とは関係ない、(ハ) 国家は、適当な補償を行うことにより、国民の私権を消滅させることが出来るのであって、必要な措置をとれば、条約で個人の権利を放棄することも法理論的には可能である等の反論がある。尚、サン・フランシスコ講和会議において、オランダ代表は、第14条(b)で連合国が放棄することに同意した「国民の請求権」の正しい解釈として、各連合国政府が、条約発効後に自国民の私的請求権が消滅するように、そうした請求権を没収すること(expropriation)を含むものではない旨述べている（外務省　サン・フランシスコ会議議事録　英文　p.219）

（注62）　山本草二「国際法」p.547　外交保護権は、国際法上の国家の固有の権利であり、国家独自の判断で行使、不行使が決定され、その結果について自国民に補償の義務が当然に生じるものではない。

（注63）　入江前掲書（編注：入江啓四郎「日本講和条約の研究」1951　板垣書店）　p.248

資料20
日中共同声明〔日本国政府と中華人民共和国政府の共同声明・1972年9月29日〕

　日本国内閣総理大臣田中角栄は、中華人民共和国国務院総理周恩来の招きにより、千九百七十二年九月二十五日から九月三十日まで、中華人民共和国を訪問した。田中総理大臣には大平正芳外務大臣、二階堂進内閣官房長官その他の政府職員が随行した。

　毛沢東主席は、九月二十七日に田中角栄総理大臣と会見した。双方は、真剣かつ友好的な話合いを行った。

　田中総理大臣及び大平外務大臣と周恩来総理及び姫鵬飛外交部長は、日中両国間の国交正常化問題をはじめとする両国間の諸問題及び双方が関心を有するその他の諸問題について、終始、友好的な雰囲気のなかで真剣かつ率直に意見を交換し、次の両政府の共同声明を発出することに合意した。

　日中両国は、一衣帯水の間にある隣国であり、長い伝統的友好の歴史を有する。両国国民は、両国間にこれまで存在していた不正常な状態に終止符を打つことを切望している。戦争状態の終結と日中国交の正常化という両国国民の願望の実現は、両国関係の歴史に新たな一頁を開くこととなろう。

　日本側は、過去において日本国が戦争を通じて中国国民に重大な損害を与えたことについての責任を痛感し、深く反省する。また、日本側は、中華人民共和国政府が提起した「復交三原則」を十分理解する立場に立って国交正常化の実現をはかるという見解を再確認する。中国側は、これを歓迎するものである。

　日中両国間には社会制度の相違があるにもかかわらず、両国は、平和友好関係を樹立すべきであり、また、樹立することが可能である。両国間の国交を正常化し、相互に善隣友好関係を発展させることは、両国国民の利益に合致するところであり、また、アジアにおける緊張緩和と世界の平和に貢献するものである。

　一　日本国と中華人民共和国との間のこれまでの不正常な状態は、この共同声明が発出される日に終了する。
　二　日本国政府は、中華人民共和国政府が中国の唯一の合法政府であることを承認する。
　三　中華人民共和国政府は、台湾が中華人民共和国の領土の不可分の一部であることを重ねて表明する。日本国政府は、この中華人民共和国政府の立場を十分理解し、尊重し、ポツダム宣言第八項に基づく立場を堅持する。

四　日本国政府及び中華人民共和国政府は、千九百七十二年九月二十九日から外交関係を樹立することを決定した。両政府は、国際法及び国際慣行に従い、それぞれの首都における他方の大使館の設置及びその任務遂行のために必要なすべての措置をとり、また、できるだけすみやかに大使を交換することを決定した。

　五　中華人民共和国政府は、中日両国国民の友好のために、日本国に対する戦争賠償の請求を放棄することを宣言する。

　六　日本国政府及び中華人民共和国政府は、主権及び領土保全の相互尊重、相互不可侵、内政に対する相互不干渉、平等及び互恵並びに平和共存の諸原則の基礎の上に両国間の恒久的な平和友好関係を確立することに合意する。

　両政府は、右の諸原則及び国際連合憲章の原則に基づき、日本国及び中国が、相互の関係において、すべての紛争を平和的手段により解決し、武力又は武力による威嚇に訴えないことを確認する。

　七　日中両国間の国交正常化は、第三国に対するものではない。両国のいずれも、アジア・太平洋地域において覇権を求めるべきではなく、このような覇権を確立しようとする他のいかなる国あるいは国の集団による試みにも反対する。

　八　日本国政府及び中華人民共和国政府は、両国間の平和友好関係を強固にし、発展させるため、平和友好条約の締結を目的として、交渉を行うことに合意した。

　九　日本国政府及び中華人民共和国政府は、両国間の関係を一層発展させ、人的往来を拡大するため、必要に応じ、また、既存の民間取決めをも考慮しつつ、貿易、海運、航空、漁業等の事項に関する協定の締結を目的として、交渉を行うことに合意した。

　千九百七十二年九月二十九日に北京で

　　　日本国内閣総理大臣　　　　田中角栄
　　　日本国外務大臣　　　　　　大平正芳
　　　中華人民共和国国務院総理　周恩来
　　　中華人民共和国外交部長　　姫鵬飛

資料21
請求権協定年表

1910年	8月22日	日韓併合条約
1943年	11月27日	カイロ宣言
1945年	7月26日	ポツダム宣言（8月14日受諾）
	8月15日	日本敗戦、朝鮮解放
	12月6日	駐朝鮮米陸軍司令部軍政庁（米軍政庁）軍政令第33号を発する
1946年	11月3日	日本国憲法公布
1948年	7月17日	大韓民国制憲憲法公布
	8月15日	大韓民国政府樹立
	9月9日	朝鮮民主主義人民共和国政府樹立
	9月21日	韓米間の財産及び財政に関する最初の協定（韓米協定）締結
	12月12日	国連総会決議195（Ⅲ）
1950年	6月25日	朝鮮戦争勃発（〜53年7月27日）
1951年	7月10日	朝鮮戦争休戦会談開始
	9月8日	サンフランシスコ講和条約調印
	10月20日	第1次会談・予備会談開始
	11月28日	第1次会談・予備会談終了
1952年	1月18日	韓国政府、海洋主権宣言発表（李承晩ライン設定）
	2月15日	第1次会談・本会談開始
	4月24日	第1次会談・本会談終了
	4月28日	サンフランシスコ講和条約発効
1953年	4月15日	第2次会談開始
	7月23日	第2次会談終了
	7月27日	朝鮮戦争休戦協定調印
	10月6日	第3次会談開始
	10月21日	第3次会談終了
1955年	12月18日	日本が国連に加盟
1957年	12月31日	日韓会談再開のための日韓共同宣言
1958年	4月15日	第4次会談開始

1960年	4月15日	第4次会談終了
	4月19日	韓国で学生・市民による反政府デモに警官発砲、183人死亡（4月革命）
	4月26日	李承晩大統領、下野声明発表
	10月25日	第5次会談開始
1961年	5月15日	第5次会談終了
	5月16日	韓国で軍事クーデター（朴正煕）
	6月20日	日米首脳会談（池田・ケネディ）
	10月20日	第6次会談開始
	11月12日	日韓首脳会談（池田勇人・朴正煕）
1962年	11月11日	朴正煕（国家再建最高会議議長）訪日、池田首相らと会談
	11月12日	日韓外相会談（大平正芳・金鍾泌）金・大平メモ
	11月13日	朴正煕訪米（〜25日）
1964年	6月3日	第6次日韓会談終了
	同日	韓国で戒厳令発布
	12月3日	第7次日韓会談開始
1965年	2月20日	日韓基本条約仮調印
	5月16日	朴正煕訪米
	6月22日	日韓基本条約および4協定調印
	同日	第7次会談終了
	8月14日	韓国国会、日韓基本条約及び諸協定を批准
	12月11日	日本国会、4度の強行採決の末、日韓基本条約及び諸協定を批准
	12月17日	財産及び請求権に関する問題の解決並びに経済協力に関する日本国と大韓民国との間の協定第二条の実施に伴う大韓民国等の財産権に対する措置に関する法律公布

（吉澤文寿『日韓会談1965——戦後日韓関係の原点を検証する』〔高文研、2015年〕、李鍾元ほか『戦後日韓関係史』〔有斐閣アルマ・2017年〕の年表を参考に著者作成）

資料22
関係地図

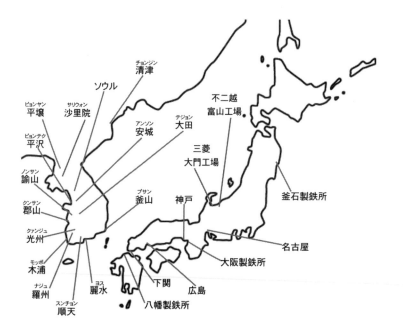

資料22　関係地図

参考文献

本文中に記述のあるもののほか、以下の文献を参考にした（順不同）。

- 李相烈「日韓国交正常化交渉過程における韓国政府の対日政策決定に関する一考察」東京大学大学院法学政治学研究科専修コース研究年報（2002年）。
- 李洋秀「日韓会談文書公開運動の残したもの──日韓関係」（日韓会談文書・全面公開を求める会ウェブサイト、2016年）。
- 出石直「戦後補償訴訟における元徴用工問題と日韓関係」現代韓国朝鮮研究15号（現代韓国朝鮮学会、2015年）。
- 太田修『日韓交渉──請求権問題の研究』（クレイン、2003年）。
- 太田修「日韓請求権問題の再考──脱植民地主義の視角から」文学部論集90号（佛教大学文学部、2006年）。
- 姜先姫「韓国における日本の経済協力」現代社会文化研究21号（新潟大学大学院現代社会文化研究科、2001年）。
- 金恩貞「日韓会談請求権問題における日本政府の政策的連続性」現代韓国朝鮮研究15号（現代韓国朝鮮学会、2015年）。
- 葛谷彩「ナチス時代の強制労働者補償問題──『終わることのない責任』？」社会科学論集49号（愛知教育大学地域社会システム講座、2011年）。
- 高翔龍『韓国法〔第3版〕』（信山社、2016年）。
- 小竹弘子『隠される日韓会談の記録』（創史社、2011年）。
- 笹田栄司「Column⑯最高裁判所裁判官の国民審査」笹田栄司ほか『トピックからはじめる統治制度憲法を考える』（有斐閣、2015年）。
- 白井京「人事聴聞会法」外国の立法217号（2003年）。
- 田村光彰『ナチス・ドイツの強制労働と戦後処理──国際関係における真相の解明と「記憶・責任・未来」基金』（社会評論社、2006年）。
- 東郷賢「ベトナム戦争と東アジアの経済成長」Musashi University Working Paper No.18（J-10）（武蔵大学、2013年）。
- 日韓会談文書・全面公開を求める会ウェブサイト。
- 原朗「日韓会談と日韓国交回復」三田学会雑誌109巻2号（慶應義塾経済学会、2016年）。
- 山本晴太「法律事務所のアーカイブ」（ウェブサイト）。

・吉澤文寿「日韓会談における対日請求権の具体的討議の分析」一橋論叢120巻2号（一橋大学一橋学会、1998年）。

・吉澤文寿『戦後日韓関係——国交正常化交渉をめぐって』（クレイン、2005年）。

・独立行政法人国際協力機構（JICA）『対韓無償資金協力および技術協力に関する調査報告書』（2013年）。

・吉澤文寿編著『五〇年目の日韓つながり直し——日韓請求権協定から考える』（社会評論社、2016年）。

著者

山本晴太(やまもと・せいた)弁護士、福岡県弁護士会
川上詩朗(かわかみ・しろう)弁護士、東京弁護士会
殷勇基(いん・ゆうき)弁護士、東京弁護士会
張界満(ちゃん・げまん)弁護士、第二東京弁護士会
金昌浩(きむ・ちゃんほ)弁護士、第二東京弁護士会
青木有加(あおき・ゆか)弁護士、愛知県弁護士会

徴用工裁判と日韓請求権協定
韓国大法院判決を読み解く

2019年9月5日　第1版第1刷

著　者　山本晴太、川上詩朗、殷勇基、張界満、金昌浩、青木有加
発行人　成澤壽信
編集人　北井大輔
発行所　株式会社現代人文社
　　　　〒160-0004　東京都新宿区四谷2-10八ツ橋ビル7階
　　　　Tel: 03-5379-0307　Fax: 03-5379-5388
　　　　E-mail: henshu@genjin.jp（編集）　hanbai@genjin.jp（販売）
　　　　Web: www.genjin.jp
発売所　株式会社大学図書
印刷所　株式会社平河工業社
装　丁　Malpu Design（宮崎萌美）

検印省略　Printed in Japan
ISBN978-4-87798-726-8　C0036
Ⓒ　2019　YAMAMOTO Seita, KAWAKAMI Shiro, et al.

◎本書の一部あるいは全部を無断で複写・転載・転訳載などをすること、または磁気媒体等に入力することは、法律で認められた場合を除き、著作者および出版者の権利の侵害となりますので、これらの行為をする場合には、あらかじめ小社または著者に承諾を求めて下さい。
◎乱丁本・落丁本はお取り換えいたします。